U0901045

扬州统计年鉴

YANGZHOU STATISTICAL YEARBOOK

2019

扬 州 市 统 计 局
国家统计局扬州调查队 编

中国统计出版社
China Statistics Press

图书在版编目(CIP)数据

扬州统计年鉴. 2019 / 扬州市统计局, 国家统计局扬州调查队编.
北京:中国统计出版社,2019.9
ISBN 978-7-5037-8933-5

Ⅰ. ①扬… Ⅱ. ①扬… ②国… Ⅲ. ①统计资料-扬州-2019-年鉴 Ⅳ. ①C832.533-54
中国版本图书馆 CIP 数据核字(2019)第 182292 号

扬州统计年鉴-2019

作　　者/ 扬州市统计局 国家统计局扬州调查队
责任编辑/ 钟 钰
装帧设计/ 刘 静
出版发行/ 中国统计出版社有限公司
地　　址/ 北京市丰台区西三环南路甲 6 号
邮政编码/ 100073
电　　话/ 邮购(010)63376909 书店(010)68783171
网　　址/ http://csp.stats.gov.cn
经　　销/ 新华书店
开　　本/ 890mm×1240mm 1/16
字　　数/ 64.8 万字
印　　张/ 27
版　　别/ 2019 年 9 月第 1 版
版　　次/ 2019 年 9 月第 1 次印刷
定　　价/ 300 元

如有印装差错,由本社发行部调换。

编　者　说　明

1、《扬州统计年鉴—— 2019》是一部内容丰富、信息密集的综合性统计资料汇编。本年鉴汇集了建国以来主要年份和2018年扬州市及各县(市)区国民经济和社会发展的统计资料,全面、系统地反映了改革开放中扬州经济、社会、科技等各方面的发展变化。

2、本年鉴收录了《统计法》、《江苏省统计条例》、《中华人民共和国统计法实施条例》,以供社会各界参考。

3、本年鉴的内容包括:综合、国民经济核算、人口与劳动力、固定资产投资与建筑业、人民生活、居民消费价格指数、农业、工业、国内贸易、服务业、交通运输和邮电、对外经济贸易和旅游、财政金融、能源电力、科学技术、教育文化和卫生、其他社会事业、城市建设和环境保护、乡镇资料、全省市县及长三角资料二十个部分。

4、按年鉴出版惯例,本年鉴标明年份采用出版年的年份。

5、2011年区划调整,市区历史数据资料已作相应调整。

6、有关表中使用的符号, 作如下说明:空白栏表示未掌握该项资料或该项数字小,不足计量单位的百分之一。“#”表示其中的主要指标。

《扬州统计年鉴》编辑部

二〇一九年九月

《扬州统计年鉴——2019》编辑委员会

《扬州统计年鉴——2019》编辑部

目 录

一、综合

二、国民经济核算

三、人口与劳动力

四、固定资产投资与建筑业

五、人民生活

六、居民消费价格指数

七、农业

八、工业

九、国内贸易

十、服务业

十一、交通运输和邮电

十二、对外经济贸易和旅游

十三、财政、金融

十四、能源、电力

十五、科学技术

十六、教育、文化和卫生

十七、其他社会事业

十八、城市建设与环境保护

十九、乡镇资料

二十、全省市县及长三角资料

附录

2018 年扬州市国民经济和社会发展统计公报

2019 年 3 月

2018 年,全市上下坚持以习近平新时代中国特色社会主义思想为指导,全面贯彻党的十九大精神,深入落实习近平总书记对江苏重要指示要求,全面落实省委省政府决策部署,践行新发展理念,把握稳中求进工作总基调,深化供给侧结构性改革,打好“三大攻坚战”,统筹做好改革发展稳定工作,全市高质量发展实现良好开局。

一、综合

经济运行稳中有进。经初步核算,全年实现地区生产总值 5466.17 亿元,比上年增长 6.7%。其中,第一产业增加值 273.34 亿元,增长 3.0%;第二产业增加值 2623.24 亿元,增长 5.8%,其中工业增加值 2283.60亿元,增长 6.4%;第三产业增加值 2569.59 亿元,增长 8.2%。按常住人口计算的人均地区生产总值为 120944 元,按年均汇率折算达 18277 美元。结构调整扎实推进,三次产业结构调整为 5:48:47,第三产业增加值占地区生产总值比重比上年提高 1.1 个百分点。

经济活力持续增强。年末全市有各类法人单位 109872 家,产业活动单位 8667 家。2018 年末全市工商部门登记的私营企业 141500 户,全年新登记私营企业 25606 户,新登记私营企业注册资本 1176.65 亿元。年末个体工商户 333668 户,全年新登记 54983 万户。年末全市就业人口 267.1 万人,第一产业就业人口 39.4万人,第二产业就业人口 120.4 万人,第三产业就业人口 107.3 万人。失业保持较低水平,年末全市城镇登记失业率 1.78%,城镇新增就业人数 79103 人。全年新增转移农村劳动力 15200 人。城镇失业人员再就业 85772 人,城乡就业困难人员就业再就业 16142 人。

居民消费价格温和上涨。全年居民消费价格比上年上涨 2.2%。其中食品烟酒类上涨 1.7%,衣着类上涨 4.2%,居住类上涨 1.8%,生活用品及服务类上涨 5.2%,交通和通信类上涨 4.2%,教育文化和娱乐类上涨 1.1%,医疗保健类上涨 0.2%,其他用品及服务类上涨 1.7%。

二、农林牧渔业

粮食播种面积、总产双增。全年粮食播种面积 594.14 万亩,增长 1.1%。其中,水稻 294.83 万亩,下降 1.8%;小麦 268.5 万亩,增长 2.7%。粮食总产 287.36 万吨,增长 0.4%。其中,水稻 179.43 万吨,下降 1.1%;小麦 99.84 万吨,增长 2.0%。

主要畜禽品种存出栏有升有降。全年生猪出栏116.84万头，下降0.6%；存栏51.04万头，下降7.6%。家禽出栏3726.77万只，增长3.7%；家禽存栏1141.84万只，下降4.4%。全市水产养殖面积112万亩，下降6.7%；水产品产量39.6万吨，下降1.98%，其中养殖产量为36.8万吨，捕捞产量为2.8万吨。

现代农业稳步发展。全市登记家庭农场3181家，成立农民专业合作社（含农地股份合作社）3763家，累计创成国家级示范合作社39个，创成省级示范家庭农场128个，建成市级以上现代农业园区50个，全市实现全市农业电商网上销售额达57.9亿元。

三、工业和建筑业

工业运行总体稳定。全年规模以上工业增加值增长5.1%，其中轻工业增长3.8%，重工业增长5.5%。分经济类型看，国有工业增长0.8%，集体工业下降17.3%，股份制工业增长6.7%，外商港澳台投资工业增长2.0%。在规模以上工业中，国有控股工业增长8.5%，民营工业增长5.7%。

先进制造业发展加快。全市先进制造业总产值增长10.1%，对规上工业产值增长的贡献率达56.9%。分产业看，海工装备和高技术船舶、新型电力装备、高端纺织服装、汽车及零部件（含新能源汽车）、生物医药和新型医疗器械、电子信息、高端装备、食品先进制造业产值分别增长21.9%、18%、12%、8.2%、8%、7.1%、4.7%、1%。全市高技术产业、装备制造业产值分别增长16.5%、8.9%，对规上工业产值增长的贡献率分别为5.5%、39.8%。

工业企业盈利能力提升。全年规模以上工业企业主营业务收入增长7.8%，利润增长46.6%。规模以上工业企业主营业务收入利润率、成本费用利润率分别为6.3%、6.7%，比上年分别提高1.7、1.8个百分点。规模以上工业企业资产负债率为51.7%，总资产贡献率为14.3%。全年规模以上工业企业产销率为97%。

表1　规模以上工业主要产品产量

指　　标	单位	2018年	比上年±%
布	万米	15611.22	12.2
呢绒	万米	324.6	0
服装	万件	11693.76	9.8
皮革鞋靴	万双	3754.67	7
人造板	万立方米	67.34	2.8
氢氧化钠（烧碱）（折100%）	万吨	29.29	-3.1
农用氮、磷、钾化学肥料总计（折纯）	吨	4849	-0.3
化学农药原药	吨	80586.84	-0.7
光电子器件	万只（片、套）	77512	9.1
电子元件	万只	29883.39	-6
水泥	万吨	1045.78	20.9
钢材	万吨	412.33	37.9

指　　标	单位	2018 年	比上年 ±%
灯具及照明装置	万台(套、个)	713.64	18.5
金属集装箱	万立方米	788.78	8.6
民用钢质船舶	万载重吨	173.05	-2.4
交流电动机	万千瓦	1359.28	8.3
电力电缆	万千米	186.82	228.5
通信及电子网络用电缆	万对千米	132.24	-24
太阳能电池(光伏电池)	千瓦	4124820	38.2
家用电冰箱	万台	426.35	20.4

用电量稳步增长。全社会用电量248.99亿千瓦时,增长5.0%。第一产业用电量2.84亿千瓦时,增加10.6%;第二产业168.74亿千瓦时,增长2.5%,其中,工业用电165.64亿千瓦时,增长2.1%;第三产业36.71亿千瓦时,增长13.1%;城乡居民生活用电40.70亿千瓦时,增长9.0%。

建筑业稳定健康发展。全市实现建筑业总产值3915亿元,增长7.7%;建筑业增加值340.34亿元,增长11.2%。房屋建筑施工面积28533.9万平方米,增长3.8%,其中新开工面积12094.1万平方米,下降1.6%;竣工产值3168.5亿元,增长2.5%;竣工面积10650.2万平方米,下降0.8%。

四、固定资产投资

投资保持较快增长。全市固定资产投资增长11%,其中:工业投资增长16.2%,服务业投资增长5.0%。

制造业投资持续扩张。全市制造业投资增长22.0%,占固定资产投资比重(不含房地产)达64.3%,占比较2017年提高6.8个百分点。重点行业增长较快,其中,化学原料和化学制品制造业投资增长49.4%,金属制品业投资增长47.2%,电气机械和器材制造业投资增长38.1%,汽车制造业投资增长21.5%。

重点项目扎实推进。连淮扬镇高铁扬州段完成投资83%。沪陕高速枣林湾互通、352省道江都段、金湾路万福路以南段、观潮路跨古运河大桥建成通车,完成真州路与文昌路交叉口立体化改造。京沪高速扩容先导段、328国道仪征段、扬州西外环路、芒稻河特大桥和通扬线航道整治工程开工建设,启动快速路网二期建设。瓜洲泵站完成水下主体工程,长江防洪能力提升一期工程全线开工。

五、国内贸易

消费品市场增势稳定。全市社会消费品零售总额1557.03亿元,增长9.2%。按经营单位所在地分,城镇消费品零售额1442.99亿元,增长9.1%;农村消费品零售额114.04亿元,增长9.3%。按行业分,批发业198.04亿元,增长10.3%;零售业1173.90亿元,增长9.2%;住宿业26.13亿元,增长10.3%;餐饮业158.95亿元,增长7.2%。全市限额以上批发和零售业实现零售额402.36亿元,增长4.8%。在22个大类商品的零售额统计中,增幅居前5位的是饮料类、中西药品类、石油及制品类、通讯器材类、日用品类,分别增长21.7%、21.3%、16.9%、14.0%、10.9%。

六、开放型经济

进出口规模继续扩大。全市实现进出口总额119.9亿美元，增长11.1%。其中，出口85.4亿美元，增长8.6%；进口34.5亿美元，增长17.7%。从出口行业看，全市十大出口行业累计出口48.8亿美元，较去年同期增加3.4亿美元，占全市出口总额的57.1%。十大出口行业中有八类实现增长，化学化工、新光源新能源、电动工具与机床等加工设备出口分别增长29.3%、22%、17.4%。从出口主体看，国有企业出口额减少15.9%，外资企业、私营企业出口额分别增长5.9%和19.3%。从贸易方式看，一般贸易进出口总额91.17亿美元，增长19.7%，占进出口总额比重76.0%；加工贸易进出口额21.49亿美元，下降13.2%，占进出口总额比重19.9%。从出口市场看，对前十出口国家（地区）累计出口额76.5亿美元，占全市出口89.6%；对东盟、南亚、台湾等市场出口保持较快增长，出口分别增长20.3%、33.5%、26.9%；对欧盟市场出口保持稳定，累计出口增长10.5%；对"一带一路"沿线国家地区累计出口额19亿美元，增长18%，占全市出口比重22.3%。

对外开放层次不断提升。全市实际利用外资12.20亿美元，增长12.3%。新设立135个外商投资项目，增长10.7%；新增合同外资25.15亿美元，增长6.1%；新设及净增资1000万美元以上企业83家，增长2.5%。来自"一带一路"沿线国家的实际外资2481万美元，增长129.3%。全市完成外经营业额9.68亿美元，增长6%。新批境外投资项目19个，中方协议投资额7456万美元，增长19.5%。在"一带一路"沿线19个国家完成外经营业额约6.79亿美元，占全市总量70.1%。

表2　2018年1－12月主要出口商品情况表

单位：万美元

名　　称	累计	累计同比（%）	占全市比重（%）
化学化工	118444	29.3	13.9
纺织制品	79716	12.1	9.3
鞋帽	48222	15.4	5.6
机动车辆与零配件	47642	15	5.6
新光源新能源	44405	22	5.2
电子纸与液晶装置	36026	－5.8	4.2
船舶	34968	－45.8	4.1
电动工具与机床等加工设备	32851	17.4	3.8
牙刷	24199	8.6	2.8
钢管	21657	17.2	2.5

七、交通、邮电和旅游

交通运输基本平稳。全市货运总量和货物周转量分别完成1.41亿吨和413.32亿吨公里，分别增长5.2%、5.8%。客运量和旅客周转量完成3101万人和27.91亿人公里，分别下降9.5%、6.7%。港口货物吞吐量14132万吨,增长6.9%;集装箱吞吐量50.8万标箱,下降0.3%。扬州泰州国际机场新开辟国内航线1条,国际航线2条,累计开通航线45条,其中国内32条,国际/地区13条;全年旅客吞吐量238.4万人次,增长29.8%,货邮吞吐量11136.8吨,增长18.8%。年末全市公路里程9729.92公里,年末高速公路里程293.68公里。截止2018年底,全市机动车保有量980156辆,其中汽车771252辆,私人轿车478516辆。

邮电通信业快速发展。全市邮政通讯业务收入73.15亿元,增长9.1%,其中,通讯业务收入45.54亿元,增长4.3%;邮政业务收入27.61亿元,增长18.2%。年末电话用户625.1万户,增长2.8%,其中移动电话用户531.7万户,增长4.5%。互联网宽带接入用户171.6万户,增长11.5%。

旅游业实现较快增长。全年接待境内外游客7044.23万人次,增长11.9%;实现旅游业总收入917.90亿元,增长15.2%。接待入境过夜游客7.64万人次,增长12.6%,其中,外国人5.17万人次,增长13.6%;港澳台同胞2.47万人次,增长10.6%。旅游外汇收入8341.10万美元,增长11.1%。接待国内游客7036.56万人次,增长11.9%,实现国内旅游收入904.76亿元,增长15.2%。全市拥有国家A级景区54家,旅行社个数157个,出境旅行社14个。

八、财政、金融

财政收入较快增长。全市一般公共预算收入340.03亿元,增长6.2%,其中,税收收入272.11亿元,增长12.7%,税收占一般公共预算收入比重为80%。主体税种中,增值税131.92亿元,增长16.4%;企业所得税38.73亿元,增长29.2%;个人所得税13.40亿元,增长26.6%;契税19.71亿元,下降9.5%。

表3　财政收入情况

单位:亿元

指　标　名　称	2018年	比上年±%
一般公共预算收入	340	6.2
#税收收入	272.1	12.7
增值税	131.9	16.4
营业税	0.1	-43
企业所得税(40%)	38.7	29.2
个人所得税(40%)	13.4	26.6
资源税	1.3	20.1
城市维护建设税	18.5	13.3
房产税	10.7	0.3
印花税	4.1	11.9
城镇土地使用税	8	-8.5
土地增值税	19.5	1
车船税	2.3	5
耕地占用税	3	-13.7

指 标 名 称	2018 年	比上年 ±%
契税	19.7	-9.5
附:上划中央收入	226.3	14.9
增值税(含营业税)	132	13.3
国内消费税	16.1	-17.8
企业所得税(60%)	58.1	29.2
个人所得税(60%)	20.1	26.6

支出结构持续改善。全市一般公共预算支出 563.57 亿元,增长 12.6%,其中一般公共服务支出 65.64 亿元,下降 5%;教育支出 92.33 亿元,增长 1.8%;科学技术支出 15.31 亿元,下降 23.3%;社会保障和就业支出 67.42 亿元,增长 21.5%;医疗卫生支出 39.36 亿元,下降 13.9%;交通运输支出 24.87 亿元,增长 66.1 %。

金融信贷规模扩大。年末人民币存款余额 5997.55 亿元,增长 5.2%,其中,住户存款余额 2860.65 亿元,增长 7.4%。人民币贷款余额 4630.51 亿元,增长 15.5%,其中,个人消费贷款 1356.17 亿元,增幅 20.9%;住房消费贷款 1210.79 亿元,增幅 23.7%。

表 4 年末金融机构人民币存贷款情况

单位:亿元

指 标 名 称	2018 年	比上年(±%)
金融机构各项存款余额	5997.55	5.2
#住户存款	2860.65	7.4
非金融企业存款	1894.02	4.1
广义政府存款	1187.04	-0.2
金融机构各项贷款余额	4630.51	15.5
#住户贷款	1716.02	17.8
非金融企业及机关团体贷款	2914.08	14.3
票据融资	266.77	27.4
个人消费贷款	1356.17	20.9
#住房消费	1210.79	23.7

证券市场保持稳定。全市证券资金账户数 67.79 万户,比上年增加 5.15 万户,增长 8.2%。证券交易额 9950.41 亿元,比上年减少 1780.62 亿元,下降 15.2%,其中,股票交易额 6714.03 亿元,比上年减少 1796.64 亿元,下降 21.1%,占交易额的 67.5%;基金交易额 546.86 亿元,比上年增加 102.51 亿元,增长 23.1%,占交易额的 8.1%。

保险行业稳定发展。全市各类保险机构实现保费收入 175.75 亿元,增长 11.1%。其中,财产险保费收入 37.20 亿元,增长 6.2%;人身险保费收入 138.55 亿元,增长 12.5%。保险赔款总支出 26.58 亿元,增长 8.0%,其中财产险支出 22.58 亿元,增长 7.1%;人身险支出 4.01 亿元,增长 13.2%。

九、科学技术和教育

科技创新能力持续增强。全年专利申请量和授权量分别是 41222 件和 22804 件,分别同比增长 26.3% 和 60.4%,其中企业申请量和授权量分别是 23498 件和 11847 件,分别同比增长 41.1% 和 82.5%;万人发明专利拥有量 12.51 件,比 2017 年末增长 27.5%。新投用科技产业综合体 65.7 万平方米,新入驻企业 1020 家,新获批省级孵化器 8 家、众创空间 14 家;新签约产学研合作项目 488 个,引进研创中心 42 家,新建国家级博士后科研工作站 4 家,新增省级企业技术中心 23 家、工程研究中心 11 家;新获批国家技术创新示范企业 2 家、省级示范智能制造车间 9 家;新入选国家"千人计划"3 人、"万人计划"5 人、省"双创计划"领军人才(团队)33 人。

教育事业全面发展。全市共有普通高校 8 所。普通高等教育招生 2.87 万人,在校生 8.69 万人,毕业生 2.29 万人;其中研究生教育招生 0.32 万人,在校生 0.79 万人,毕业生 0.19 万人。高等教育毛入学率达 60.2%,比上年提高 1.3 个百分点。高中阶段教育毛入学率达 100%。中等职业教育在校生 4.03 万人(不含技工学校)。特殊教育招生 0.015 万人,在校生 0.11 万人。全市小学在校生 214547 人,普通中学在校生 175123 人。全市共有幼儿园 354 所,比上年增加 56 所;在园幼儿 10.95 万人,比上年减少 0.34 万人。学前三年教育毛入园率达 99.4%。

十、文化、卫生和体育

公共文化服务水平提升。城乡公共文化服务体系不断完善。全市共有文化馆、群众艺术馆 7 个,公共图书馆 7 个,博物馆 16 个,美术馆 1 个,综合档案馆 7 个,向社会开放档案 9.15 万件。共有广播电台电视台 4 座,广播综合人口覆盖率和电视综合人口覆盖率均达 100%。全市有线电视用户 101 万户。开展公益文化活动 470 场,在全省率先实现公共文化机构全覆盖,"文明有礼 24 条"市民素质提升行动全面推开。

卫生事业稳步推进。2018 年末全市共有各类卫生机构 1813 个。其中,医院 80 个,疾病预防控制中心 7 个,妇幼卫生保健机构 8 个。各类卫生机构拥有病床 23355 张,其中医院拥有病床 17119 张。共有卫生技术人员 34255 人,其中执业医师、执业助理医师 11209 人,注册护士 11659 人,疾病预防控制中心卫生技术人员 406 人,妇幼卫生保健机构卫生技术人员 1278 人。

体育事业蓬勃发展。圆满承办第十九届省运会,新改建扬州体育公园、游泳健身中心、广陵体操馆等省运场馆 20 个,举办比赛 6115 场次,参赛人员 2 万人,扬州参赛总成绩创历史最好。

十一、城乡建设和生态环境

城乡建设不断完善。市区新建停车位 2343 个,新添置新能源公交车 242 辆,新辟调整公交线路 26 条,群众出行更为方便。加快推进"厕所革命",全市新改建公厕 53 座。新铺设污水管网 100 公里。新建垃圾分类小区380个，通过国家餐厨废弃物资源化利用和无害化处置试点验收。实施“三路一环”“六路一环一河”整治提升工程，出新建筑立面57万平方米，改造亮化道路65公里、楼宇1400栋。建设美丽乡村，疏浚县乡河道65条、村庄河塘873条。新改建农村公路238公里、农桥438座。完成2个省级特色田园乡村和10个省级美丽乡村建设试点，11个重点中心镇全部创成国家级生态镇。

生态环境建设力度不断加大。新增城市绿地158.5万平方米，新增植树665万株。林木覆盖率23.1%，自然湿地保护率51%，同比提升1.8个百分点。市区空气优良率66.6%，同比上升4.1个百分点；PM2.5平均浓度49微克/立方米，同比下降9.3%；全市32个省考断面水质达标率93.8%，其中，优于Ⅲ类水比例71.9%，无劣Ⅴ类断面，阶段性达到2020年水环境质量改善目标。紧紧围绕江淮生态大走廊规划建设的“八大工程”，全年完成24个重点项目，投资27.24亿。“一带一廊”沿岸、高等级公路等重点交通干线沿线绿化率达100%。宝应、邗江、仪征、高邮创成省级生态文明建设示范县区。全市创成示范乡镇18个、示范村14个。

十二、人口、人民生活和社会保障

人口总量保持稳定。全市总户数147.2万户，户籍人口458.34万人，其中男性228.70万人，女性230.13万人，男性占总人口的49.84%，女性占总人口的50.16%。

年末全市常住人口453.1万人，比上年末增加2.28万人，增长0.51%。0－14岁人口51.09万人，15－64岁人口324.97万人，65岁及以上人口77.04万人。全年人口出生率7.43‰，比上年上升0.03个千分点；人口死亡率7.92‰，比上年上升0.61个千分点；人口自然增长率－0.49‰，比上年下降0.58个千分点。常住人口城镇化率67.13%。

居民收入稳定增长。全体居民人均可支配收入34076元，比上年增长8.9%，其中，工资性收入20360元，增长8.8%；经营净收入5672元，增长8.7%；财产净收入2734元，增长9.7%；转移净收入5310元，增长9.1%。按常住地分，城镇居民人均可支配收入41999元，增长8.2%；农村居民人均可支配收入21457元，增长8.9%。城乡居民收入差距进一步缩小，城乡居民收入比由上年的1.97:1缩小为1.96:1。居民人均消费支出20683元，比上年增长7.7%。按常住地分，城镇居民人均消费支出23718元，增长7.4%；农村居民人均消费支出15848元，增长7.3%。

社会保障体系日益完善。年末全市城乡基本养老、城乡基本医疗、失业、工伤、生育保险参保人数分别为106.52万人、434.80万人、67.03万人、80.61万人和74.62万人。城乡居民基本养老保险基础养老金最低标准由每人每月125元提高到135元。城乡居民医保人均财政补助最低标准提高到每人每年510元。

注：1、本公报数为初步统计数，人均GDP按常住人口计算。

2、公报中地区生产总值、各产业增加值绝对数按当年价格计算，增长速度按可比价格计算。

1

综　合

编辑:项月

1－1 行政区划和土地面积

（2018 年）

地　区	镇（个）	乡（个）	街道办事处（个）	村民委员会（个）	居民委员会（个）	土地面积（平方公里）
全　市	**62**	**5**	**14**	**1002**	**386**	**6591**
市　区	29	4	12	467	225	2306
开发区	3		1	28	25	88
广陵区	6	1	4	83	59	335
邗江区	7	3	7	97	70	553
江都区	13			259	71	1330
宝应县	14			223	59	1462
仪征市	9			137	52	902
高邮市	10	1	2	175	50	1922

1－1　续表　　（2018 年）

地　区	乡（镇）、街道名称
开发区	朴席镇　施桥镇　八里镇　扬子津街道
广陵区	东关街道　汶河街道　曲江街道　文峰街道　湾头镇　李典镇　杭集镇　泰安镇　沙头镇　头桥镇　汤汪乡
邗江区	邗上街道　蒋王街道　汉河街道　新盛街道　梅岭街道　瘦西湖街道　甘泉街道　双桥乡　瓜洲镇　公道镇　槐泗镇　方巷镇　杨寿镇　杨庙镇　西湖镇　平山乡　城北乡
江都区	仙女镇　邵伯镇　大桥镇　丁伙镇　小纪镇　樊川镇　真武镇　丁沟镇　宜陵镇　郭村镇　浦头镇　武坚镇　吴桥镇
宝应县	安宜镇　范水镇　山阳镇　曹甸镇　鲁垛镇　西安丰镇　望直港镇　小官庄镇　夏集镇　射阳湖镇　广洋湖镇　柳堡镇　黄塍镇　泾河镇
仪征市	真州镇　青山镇　新城镇　新集镇　大仪镇　陈集镇　马集镇　刘集镇　月塘镇
高邮市	高邮街道　马棚街道　三垛镇　界首镇　临泽镇　送桥镇　车逻镇　卸甲镇　汤庄镇　龙虬镇　甘垛镇　周山镇　菱塘乡

1－2 扬州气象

（2018 年）

月 份	气温（℃）					日照时数	降雨量		风（米/秒）	
	平均气温	极端最高		极端最低			雨日（天）	雨量总量（毫米）	平均风速	极大风速
		℃	日期	℃	日期					
全年	**16.6**	**37.3**	**7 月 26 日**	**－9.7**	**1 月 12 日**	**1973.9**	**146**	**1288.0**	**1.7**	**17.2**
1 月	1.5	14.5	15 日	－9.7	1 月 12 日	114.9	9	90.2	1.8	11.0
2 月	4.0	20.0	14 日	－8.4	4 日	154.2	7	32.0	1.8	11.6
3 月	11.7	28.8	28 日	－3.2	9 日	162.3	15	67.1	2.1	14.4
4 月	17.5	31.0	30 日	5.0	7 日	201.4	8	32.2	1.9	12.4
5 月	21.8	36.5	16 日	9.6	9 日	151.2	15	258.5	1.7	12.5
6 月	26.0	37.1	26 日	17.1	1 日	208.1	7	63.2	1.8	11.6
7 月	29.5	37.3	26 日	23.3	8 日	219.6	16	237.4	1.9	16.6
8 月	29.2	36.6	10 日	20.4	24 日	211.1	17	236.9	2.0	17.2
9 月	24.2	34.4	3 日	15.4	30 日	151.9	16	36.8	1.4	10.2
10 月	16.8	26.9	3 日	5.8	27 日	210.1	8	26.3	1.4	10.7
11 月	11.8	23.6	4 日	2.9	23 日	112.2	12	94.4	1.4	10.1
12 月	5.3	17.8	12 月 2 日	－7.7	29 日	76.9	16	113.0	1.7	11.7

1－2 续表

（2018 年）

月 份	日最大降雨量		最小相对湿度		降雪		雾日（天）	结冰日期（天）	霜日（天）
	雨量（毫米）	日期	%	日期	雨日（天）	积雪（天）			
全年	**141.8**	**8 月 17 日**	**18**	**10 月 28 日**	**14**	**16**	**42**	**44**	**40**
1 月	30.2	4 日	25	10 日、14 日	9	12	9	19	11
2 月	13.7	28 日	19	12 日、13 日	0	2	2	13	15
3 月	18.9	5 日	23	29 日	0	0	3	2	4
4 月	17.9	5 日	20	7 日、15 日	0	0	1	0	0
5 月	100.9	6 日	22	3 日	0	0	2	0	0
6 月	41.4	28 日	25	8 日	0	0	0	0	0
7 月	106.4	6 日	41	20 日	0	0	2	0	0
8 月	141.8	17 日	44	8 日	0	0	0	0	0
9 月	9.6	21 日	31	23 日	0	0	2	0	0
10 月	13.4	9 日	18	28 日	0	0	3	0	0
11 月	30.6	7 日	37	1 日	0	0	10	0	0
12 月	26.8	4 日	30	28 日	5	2	8	10	10

1－3　国民经济主要指标

（2018 年）

项　　目	单位	1985 年	1990 年	1995 年	2000 年	2005 年	2010 年	2016 年	2017 年	2018 年
一、人 口										
户籍人口	万人	417.95	436.5	443.87	450.62	456.31	459.12	461.67	459.98	458.83
二、在岗职工人数	万人	51	58	63	45.25	34.73	38.16	96.89	92.98	89.99
#国有单位	万人	29	33	37	27.24	18.1	16.94	16.8	15.93	17.66
城镇集体单位	万人	22	25	22	9.61	2.87	2.75	2.26	2.21	1.44
三、地区生产总值（当年价）	亿元	41.06	89.05	299.2	472.12	990.85	2257.02	4516.4	5064.92	5466.17
第一产业	亿元	12.87	21.75	46.22	63.91	94.76	161.37	251.39	262.02	273.34
第二产业	亿元	20.74	47.48	170.87	250.19	551.70	1255.12	2257.83	2475.88	2623.24
第三产业	亿元	7.45	19.82	82.11	158.02	344.39	840.53	2007.18	2327.02	2569.59
人均地区生产总值	元	984	2048	6749	10515	21911	50401	100644	112559	120944
五、固定资产投资										
固定资产投资	亿元	11.68	20.16	99.38	128.25	410.07	1331.85	3288.68	3690.09	-
六、财 政										
一般公共预算收入	亿元	3.56	6.66	8.87	16.34	49.55	167.78	345.3	320.18	340.03
一般公共预算支出	亿元	2.01	4.93	12.62	23.00	62.22	201.68	478.97	507.64	563.57
七、物 价										
市区商品零售价格指数	%	109.2	103.8	112.5	98.2	100.6	102.7	100.5	102.2	102.9
市区居民消费价格指数	%	108.8	104.8	116.1	100.4	101.9	103.4	102.4	101.7	102.2
八、人民生活										
职工工资总额	亿元	4.53	11.45	36.86	44.83	62.48	134.36	654.28	657.48	695.72

1－3　续表

项　　目	单位	1985 年	1990 年	1995 年	2000 年	2005 年	2010 年	2016 年	2017 年	2018 年
在岗职工平均工资	元	906	1976	5945	9732	18165	35429	67611	71663	75996
城镇常住居民人均可支配收入	元	813	1750	5378	6734	11379	21766	35659	38828	41999
农村常住居民人均可支配收入	元		941	2390	3464	5215	9462	18057	19694	21457
城乡居民住户存款	亿元	5.82	27.87	112.1	276.05	604.65	1252.39	2560.98	2664.64	2860.65
九、运输										
客 运 量	万人	7127	5763	4961	6207	8144	7276	3852.2	3427	3100.75
货 运 量	万吨	2134	1985	5718	4686	5855	9333	12324	13374	14127
十、国内外贸易										
社会消费品零售总额	亿元	21.74	41.12	101.18	152.04	306.89	726.12	1358.80	1494.01	1557.03
注册外资实际到账额	万美元		1330	13347	8264	52580	205645	120392	108660	122044
出口总额	万美元				60583	190532	605680	725903	786778	854167
十一、教 育										
高等学校在校学生	万人	1.05	1.34	1.81	3.07	5.91	7.33	7.44	8.28	7.90
普通中学在校学生	万人	21.46	19.48	19.12	19.99	26.41	22.25	17.56	17.50	17.51
小学在校学生	万人	45.02	37.62	32.31	37.51	26.57	22.74	21.26	21.05	21.45
十二、卫 生										
卫生机构数	个	731	805	788	756	1208	2028	1780	1756	1813
卫生机构床位数	张	8469	10010	10937	10506	11765	14685	20683	22215	23355
卫生技术人员数	人	11827	13707	16204	16347	15269	22826	25273	28609	29202
#执业(助理)医师	人	5104	6309	7335	7595	7003	7881	10405	10872	11209

1－4 扬州国民经济占全省的比重

（2018 年）

项目	单位	江苏	扬州	扬州占全省的比重（%）
户籍人口	万人	8050.70	458.83	5.70
地区生产总值（当年价格）	亿元	92595.40	5466.17	5.90
第一产业	亿元	4141.72	273.34	6.60
第二产业	亿元	41248.52	2623.24	6.36
第三产业	亿元	47205.16	2569.59	5.44
社会消费品零售总额	亿元	33230.35	1557.03	4.69
出口总额	亿美元	4040.44	85.42	2.11
注册外资实际到帐额	亿美元	255.92	12.20	4.77
一般公共预算收入	亿元	8630.16	340.03	3.94
一般公共预算支出	亿元	11658.22	563.57	4.83
普通高等学校在校学生数	万人	180.63	7.90	4.37
卫生机构床位数	万张	49.08	2.34	4.76
卫生技术人员数	万人	59.00	2.92	4.95
#执业（助理）医师	万人	23.34	1.12	4.80
在岗职工平均工资	元	84688	75996	
城镇常住居民人均可支配收入	元	47200	41999	
农村常住居民人均可支配收入	元	20845	21457	

1－5　全市人均国民经济主要指标

（2018 年）

项　　　目	单位	1985 年	1990 年	1995 年	2000 年	2005 年	2010 年	2015 年	2016 年	2017 年	2018 年
地区生产总值	元	984	2048	6749	10515	21911	50401	90965	100644	112559	120944
粮　　食	公斤	596	548	502	501	497	626	702	651	621	626
棉　　花	公斤	4	4	6	2	1.5	1.2	0.2	0.2	0.1	0.1
油　　料	公斤	13	11	17	28	27	17	16	14.9	14.2	8.5
水 产 品	公斤	8	14	28	50	78	83	89	86.9	88.0	86.3
固定资产投资	元	280	464	2242	2856	9007	29019	63758	71277	80223	
一般公共预算收入	元	85	153	200	364	1088	3656	7515	7484	6961	7411
一般公共预算支出	元	48	113	285	512	1366	4394	9714	10381	11036	12283
社会消费品零售总额	元	520	943	2282	3386	6740	15821	27606	29450	32480	33935
出口总额	美元				135	418	1320	1721	1573	1710	1862
城乡居民储蓄存款余额	元	139	638	2528	6148	13280	27288	53042	55505	57929	62347
高等学校在校学生	人/万人	25	31	54	68	130	160	169	161	180	172
医院、卫生院病床数	张/万人	20	23	25	23	26	32	40	45	48	51
卫生技术人员数	人/万人	28	31	37	36	34	50	59	55	62	64
#医生	人/万人	12	14	17	17	15	17	22	23	24	24
农村常住居民人均可支配收入	元		941	2390	3464	5215	9462	16619	18057	19694	21457
城镇常住居民人均可支配收入	元	813	1750	5378	6734	11379	21766	32946	35659	38828	41999

1－6 扬州的一天

（2018 年）

项目	单位	1985 年	1990 年	1995 年	2000 年	2005 年	2010 年	2015 年	2016 年	2017 年	2018 年
地区生产总值	万元	1125	2440	8197	12935	27147	61836	111669	123737	138765	149758
第一产业	万元	353	596	1266	1751	2596	4421	6626	6887	7179	7489
第二产业	万元	568	1301	4681	6855	15115	34387	56622	61858	67832	71870
第三产业	万元	204	543	2250	4329	9435	23028	48421	54991	63754	70400
粮食产量	吨	6808	6538	6084	6169	6204	7865	8614	8205	7820	7873
棉花产量	吨	46.0	50.0	73.0	28.0	19.0	14.7	2.9	3.1	1.0	0.17
油料产量	吨	145	132	201	341	336	220	196	188	179	179
水产品产量	吨	88	158	338	621	977	1042	1092	1096	1109	1085
社会消费品零售总额	万元	596	1128	2772	4165	8408	19894	33889	37126	40932	42658
出口总额	万美元				166	522	1659	2113	1983	2156	2340
固定资产投资完成额	万元	320	552	2723	3514	11235	36489	78269	89855	101098	8
一般公共预算收入	万元	98	182	243	447	1357	4597	9226	9434	8772	9316
客运量	万人	19.53	15.8	13.59	17.01	22.31	19.93	11.39	10.53	9.36	8
货运量	万吨	5.85	5.44	15.67	12.84	16.04	25.57	33.32	33.67	36.54	39
住户存款	万元	159	764	3071	7563	16566	34312	65115	69972	72804	78374

1－7　个体工商户登记情况

（2018 年）

行　　业	期　末　实　有			
	合　　计		其中:城镇	
	户　数（户）	资金数额（万元）	户　数（户）	资金数额（万元）
总　　计	**333668**	**3240510**	**268284**	**2527427**
按行业分				
农、林、牧、渔业	6360	149400	3717	68726
采矿业	12	152	5	55
制造业	30361	390666	18613	222026
电力、热力、燃气及水生产和供应业	33	1301	20	334
建筑业	1801	27677	1426	19594
批发和零售业	195457	1677638	157237	1356454
交通运输、仓储和邮政业	23050	181148	18975	137602
住宿和餐饮业	30330	381032	27616	351248
信息传输、软件和信息技术服务业	922	7868	738	6251
金融业	39	414	35	377
房地产业	1104	7324	1083	7169
租赁和商务服务业	5147	49165	4423	39890
科学研究和技术服务业	889	8230	806	7550
水利、环境和公共设施管理业	58	623	41	365
居民服务、修理和其他服务业	33727	313664	29539	268775
教育	811	8605	772	8221
卫生和社会工作	358	5810	333	5561
文化、体育和娱乐业	3209	29793	2905	27230

1－8　私营企业登记情况

（2018 年）

行　　业	合　　计		其中:城镇	
	户　数（户）	注册资本（出资数额）（万元）	户　数（户）	注册资本（出资金额）（万元）
总　　计	**141500**	**72463291**	**118296**	**61520885**
按行业分				
农、林、牧、渔业	3616	1255874	2408	829509
采矿业	9	2265.00	5	2100.00
制造业	44302	25037686.13	29378	17978684.51
电力、热力、燃气及水生产和供应业	281	435224.37	261	385072.86
建筑业	11408	10069074.81	10549	8846008.52
批发和零售业	42752	10002323.55	38563	9247602.41
交通运输、仓储和邮政业	2815	916350.44	2557	845645.29
住宿和餐饮业	1678	355162.41	1618	344799.41
信息传输、软件和信息技术服务业	3103	1085285.52	2971	1007154.50
金融业	531	2158981.05	509	1986152.05
房地产业	3167	2838340.82	2927	2540442.58
租赁和商务服务业	11206	7694742.53	10747	7438373.23
科学研究和技术服务业	9983	8887921.69	9571	8438015.06
水利、环境和公共设施管理业	220	149076.20	201	127010.20
居民服务、修理和其他服务业	3755	1019298.71	3449	959170.45
教育	494	64527.33	482	62282.70
卫生和社会工作	151	72570	145	71000
文化、体育和娱乐业	2029	418587	1955	411862

2

国民经济核算

编辑:滕蔓

2－1　历年地区生产总值

（按当年价格计算）　　单位：亿元

年份	地区生产总值	第一产业	第二产业	工　业	建筑业	第三产业	人均地区生产总值（元）
1978	14.38	6.24	5.83	5.27	0.56	2.31	363
1979	15.85	6.98	6.32	5.57	0.75	2.55	396
1980	17.56	6.99	7.64	6.53	1.11	2.93	434
1981	19.84	8.21	8.18	7.22	0.96	3.45	487
1982	22.77	9.16	9.59	8.02	1.57	4.02	554
1983	26.21	9.78	11.40	9.07	2.33	5.03	633
1984	33.18	12.98	13.80	11.46	2.34	6.40	798
1985	41.06	12.87	20.74	17.81	2.93	7.45	984
1986	47.83	13.96	25.02	21.81	3.21	8.85	1141
1987	56.28	15.00	30.15	26.56	3.59	11.13	1332
1988	73.00	18.80	38.93	35.02	3.91	15.27	1711
1989	78.39	19.14	41.55	37.61	3.94	17.70	1819
1990	89.05	21.75	47.48	43.18	4.30	19.82	2048
1991	101.42	18.31	60.24	55.46	4.78	22.87	2318
1992	130.67	22.26	77.62	71.41	6.21	30.79	2975
1993	174.57	27.27	103.80	94.28	9.53	43.50	3961
1994	241.33	39.22	139.08	124.00	15.08	63.02	5457
1995	299.20	46.22	170.87	153.94	16.93	82.11	6749
1996	351.15	55.09	195.42	173.60	21.82	100.64	7903
1997	376.68	57.75	202.24	178.68	23.56	116.69	8455
1998	401.60	59.41	210.35	184.19	26.16	131.84	8997
1999	426.98	61.65	221.90	199.36	22.54	143.43	9552
2000	472.12	63.91	250.19	225.01	25.18	158.02	10515
2001	500.31	66.83	263.20	233.23	29.97	170.28	11091
2002	544.28	69.29	286.04	248.05	37.99	188.95	12044
2003	631.77	73.32	347.16	301.38	45.78	211.29	13949
2004	767.65	83.51	438.09	379.26	58.83	246.05	16908
2005	990.85	94.76	551.70	478.05	73.65	344.39	21911
2006	1135.69	100.99	639.60	564.41	75.19	395.10	25336
2007	1370.36	111.47	777.28	694.38	82.90	481.61	30730
2008	1665.59	134.10	943.16	839.96	103.20	588.33	37299
2009	1878.97	144.88	1063.19	934.77	128.42	670.90	41910
2010	2257.02	161.37	1255.12	1100.39	154.73	840.53	50401
2011	2664.87	184.54	1460.27	1273.27	187.00	1020.06	59722
2012	2974.55	205.19	1594.05	1384.25	209.80	1175.31	66615
2013	3367.25	212.78	1763.12	1532.29	234.28	1391.35	75354
2014	3750.13	227.35	1933.65	1682.38	238.55	1589.13	83821
2015	4075.92	241.86	2066.69	1804.17	242.16	1767.37	90965
2016	4516.40	251.39	2257.83	1986.12	274.08	2007.18	100644
2017	5064.92	262.02	2475.88	2170.55	306.00	2327.02	112559
2018	5466.17	273.34	2623.24	2283.60	340.34	2569.59	120944

2-2 历年地区生产总值指数

（按可比价计算，以1978年为100）　　单位：%

年份	地区生产总值	第一产业	第二产业	工业	建筑业	第三产业	人均地区生产总值
1978	100.0	100.0	100.0	100.0	100.0	100.0	100.0
1979	103.9	98.9	107.2	105.3	125.9	109.2	102.7
1980	110.5	89.7	129.7	123.0	191.8	118.2	108.1
1981	123.1	102.5	139.4	136.7	166.2	137.3	119.4
1982	139.0	107.4	165.2	154.2	267.9	158.7	133.8
1983	160.3	110.4	198.6	176.9	401.6	198.6	153.1
1984	196.8	139.0	239.2	222.0	398.3	246.5	187.2
1985	236.7	125.0	346.5	331.1	490.5	262.1	224.5
1986	267.0	125.0	409.8	397.2	527.5	290.7	251.9
1987	299.1	121.2	475.8	465.3	573.8	334.3	280.1
1988	345.0	123.6	570.3	569.4	578.3	375.0	320.1
1989	345.8	120.4	572.5	576.1	538.7	383.4	317.6
1990	373.2	126.1	624.4	629.5	577.0	407.4	339.6
1991	425.9	108.8	801.5	822.3	608.8	450.3	385.1
1992	526.5	127.6	992.4	1026.8	697.6	578.7	474.3
1993	603.5	130.4	1145.0	1189.2	740.8	708.1	541.8
1994	687.0	136.4	1350.5	1375.1	1064.9	775.1	614.8
1995	766.4	152.0	1483.2	1524.5	1107.5	901.5	683.9
1996	858.3	168.3	1625.8	1653.0	1380.0	1071.8	764.2
1997	935.2	185.1	1722.8	1749.0	1485.8	1229.4	830.4
1998	1028.3	197.7	1875.2	1899.7	1652.6	1397.3	911.3
1999	1133.2	211.5	2070.2	2141.5	1433.1	1558.0	1003.2
2000	1251.7	222.2	2308.1	2390.6	1571.1	1728.6	1103.1
2001	1352.8	235.7	2506.1	2589.3	1739.2	1869.7	1186.7
2002	1503.0	250.1	2819.4	2879.3	2130.5	2079.1	1316.1
2003	1704.4	255.3	3298.7	3391.8	2377.6	2330.7	1488.5
2004	1954.9	272.4	3862.8	3995.5	2667.7	2647.7	1704.3
2005	2248.2	288.7	4523.3	4698.8	3006.5	3026.3	1968.5
2006	2589.9	302.6	5310.4	5572.7	3289.1	3492.3	2287.4
2007	2996.5	317.7	6234.4	6670.6	3351.6	4058.1	2660.2
2008	3398.1	333.6	7150.8	7724.5	3546.0	4614.1	3011.4
2009	3867.0	350.6	8187.7	8867.7	3964.4	5306.2	3414.9
2010	4389.0	366.4	9383.1	10180.1	4467.8	6043.7	3879.4
2011	4924.5	381.1	10556.0	11503.6	4892.3	6841.5	4368.2
2012	5500.7	400.5	11833.3	12861.0	5606.6	7669.3	4874.9
2013	6160.8	422.9	13288.8	14558.6	5965.4	8628.0	5455.0
2014	6838.4	438.2	14737.2	16218.3	6383.0	9680.6	6044.1
2015	7542.8	453.9	16299.4	17921.2	7142.5	10716.4	6654.6
2016	8251.8	453.9	17635.9	19462.5	7521.1	12013.1	7266.8
2017	8912.0	463.9	18817.5	20961.1	7483.5	13226.4	7826.3
2018	9509.1	477.8	19908.9	22302.6	7595.7	14311.0	8317.0

2－3 历年地区生产总值构成

（按当年价格计算）

单位：%

年份	地区生产总值	第一产业	第二产业			第三产业
				工业	建筑业	
1978	100.00	43.42	40.53	36.62	3.91	16.05
1979	100.00	44.03	39.86	35.14	4.72	16.11
1980	100.00	39.80	43.52	37.20	6.32	16.68
1981	100.00	41.39	41.25	36.39	4.86	17.36
1982	100.00	40.24	42.11	35.20	6.91	17.65
1983	100.00	37.32	43.48	34.58	8.90	19.20
1984	100.00	39.13	41.57	34.53	7.04	19.30
1985	100.00	31.34	50.51	43.38	7.13	18.15
1986	100.00	29.18	52.31	45.59	6.72	18.51
1987	100.00	26.66	53.57	47.19	6.38	19.77
1988	100.00	25.75	53.33	47.97	5.36	20.92
1989	100.00	24.41	53.01	47.98	5.03	22.58
1990	100.00	24.42	53.32	48.49	4.83	22.26
1991	100.00	18.06	59.40	54.68	4.72	22.54
1992	100.00	17.04	59.40	54.65	4.75	23.56
1993	100.00	15.62	59.46	54.00	5.46	24.92
1994	100.00	16.25	57.63	51.38	6.25	26.12
1995	100.00	15.45	57.11	51.45	5.66	27.44
1996	100.00	15.69	55.65	49.44	6.21	28.66
1997	100.00	15.33	53.69	47.44	6.25	30.98
1998	100.00	14.79	52.38	45.87	6.51	32.83
1999	100.00	14.44	51.97	46.69	5.28	33.59
2000	100.00	13.54	52.99	47.66	5.33	33.47
2001	100.00	13.36	52.61	46.62	5.99	34.03
2002	100.00	12.73	52.55	45.57	6.98	34.72
2003	100.00	11.61	54.95	47.70	7.25	33.44
2004	100.00	10.88	57.07	49.41	7.66	32.05
2005	100.00	9.56	55.68	48.25	7.43	34.76
2006	100.00	8.89	56.32	49.70	6.62	34.79
2007	100.00	8.13	56.73	50.67	6.05	35.14
2008	100.00	8.05	56.63	50.43	6.20	35.32
2009	100.00	7.71	56.58	49.75	6.83	35.71
2010	100.00	7.15	55.61	48.75	6.86	37.24
2011	100.00	6.92	54.80	47.78	7.02	38.28
2012	100.00	6.90	53.59	46.54	7.05	39.51
2013	100.00	6.32	52.36	45.51	6.96	41.32
2014	100.00	6.06	51.56	44.86	6.36	42.38
2015	100.00	5.93	50.71	44.26	5.94	43.36
2016	100.00	5.57	49.99	43.98	6.07	44.44
2017	100.00	5.17	48.89	42.85	6.04	45.94
2018	100.00	5.00	47.99	41.78	6.23	47.01

2-4 分地区生产总值(2018年)

单位:亿元

指　　标	全市	市区				宝应	仪征	高邮
			广陵	邗江	江都			
地区生产总值	**5466.17**	**3475.94**	**795.75**	**955.16**	**1070.05**	**630.46**	**673.94**	**669.02**
第一产业	273.34	100.01	10.03	21.10	66.95	71.79	23.84	77.71
第二产业	2623.24	1630.54	351.07	365.02	494.44	282.24	347.49	291.33
工业	2283.60	1433.18	321.58	296.37	407.85	230.35	306.19	232.32
建筑业	340.34	197.36	29.49	68.65	86.59	51.96	41.37	59.01
第三产业	2569.59	1745.38	434.65	569.04	508.66	276.43	302.61	299.98
交通运输、仓储和邮政业	189.43	110.24	16.91	19.75	64.45	13.86	11.48	27.37
批发和零售业	380.03	252.42	96.35	67.79	67.53	32.12	74.75	24.96
住宿和餐饮业	84.13	62.18	14.90	19.41	21.39	12.05	10.24	15.11
金融业	320.26	174.28	45.36	51.15	46.01	26.29	25.38	24.59
房地产业	358.36	294.69	72.20	110.84	82.87	32.09	58.54	36.76
其他服务业	1219.21	846.15	188.28	297.94	223.96	155.72	119.72	165.83
营利性服务业	606.93	450.39	96.31	197.90	77.25	49.18	33.23	58.82
非营利性服务业	612.28	395.76	91.97	100.04	146.71	106.54	86.49	107.01
人均地区生产总值(元)	120944	142020	149873	136481	105476	83032	118401	89970

2-5 分地区生产总值发展速度(2018年)

(按可比价计算,以上年为100)

单位:%

指　　标	全市	市区				宝应	仪征	高邮
			广陵	邗江	江都			
地区生产总值	**106.7**	**106.8**	**106.7**	**108.1**	**105.0**	**106.6**	**106.7**	**108.0**
第一产业	103.0	102.2	98.5	101.8	103.3	103.4	102.6	103.7
第二产业	105.8	104.2	103.9	104.6	102.0	106.0	105.8	109.8
工业	106.4	104.6	104.2	105.4	102.1	106.5	106.2	111.2
建筑业	101.5	100.9	100.8	101.0	101.0	103.7	102.3	103.5
第三产业	108.2	109.6	109.4	110.8	108.6	108.0	108.1	107.2
交通运输、仓储和邮政业	105.3	114.8	117.2	108.9	117.3	102.8	104.4	104.0
批发和零售业	108.9	103.6	104.2	103.2	104.5	103.3	108.8	104.3
住宿和餐饮业	107.4	104.9	104.4	105.2	104.0	106.4	109.0	106.3
金融业	114.1	106.5	102.1	118.2	100.6	105.2	100.8	105.5
房地产业	101.8	101.8	111.5	98.9	93.7	103.1	96.4	90.3
其他服务业	108.7	114.2	113.0	116.9	112.8	111.3	115.6	113.6
营利性服务业	117.3	120.0	113.5	123.1	114.8	121.1	117.1	118.7
非营利性服务业	100.8	108.2	112.5	106.1	111.6	107.0	114.9	110.6
人均地区生产总值(元)	**106.3**	**106.1**	**106.3**	**106.8**	**104.6**	**106.4**	**106.2**	**107.8**

2－6　分地区生产总值（2010年可比价）

单位：亿元

指　标	全市	市区				宝应	仪征	高邮
			广陵	邗江	江都			
2010	2257.02	1494.83	351.34	373.53	493.39	249.13	286.85	264.72
2011	2531.78	1681.68	395.26	419.10	555.56	279.02	323.85	297.81
2012	2826.80	1884.24	443.48	469.81	621.45	308.40	361.74	328.78
2013	3165.90	2112.18	496.97	526.19	695.74	346.63	405.51	369.88
2014	3513.53	2352.97	553.13	587.23	772.97	385.54	451.74	410.57
2015	3875.34	2590.34	599.33	650.00	854.01	426.64	495.76	453.53
2016	4239.62	2831.24	653.87	712.41	932.58	466.68	542.36	496.39
2017	4578.79	3046.41	695.72	772.97	1007.19	504.49	585.75	537.10
2018	4886.81	3252.48	742.42	835.61	1058.05	537.58	624.91	579.87

注：广陵、邗江、仪征均为含功能区大口径数据

2－7　市区 2009－2018 年地区生产总值

（按当年价格计算）　　单位：亿元

年　份	地　　区 生产总值	第一产业	第二产业			第三产业	人均地区 生产总值 （元）
				工　业	建筑业		
2009	830.87	19.77	483.79	440.5	43.29	327.31	61278
2010	989.48	21.98	562.68	510.13	52.55	404.82	71684
2011	1745.7	68.26	970.8	859.9	110.9	706.64	72574
2012	1949.19	73.17	1069.1	944.57	124.53	806.92	80824
2013	2182.33	80.5	1158.72	1025.21	133.51	943.11	90352
2014	2432.28	81.33	1251.27	1106.27	140.1	1099.68	100661
2015	2639.82	87.67	1321.89	1165.31	156.8	1230.26	109000
2016	2900.3	91.21	1420.61	1262.33	158.6	1388.48	119578
2017	3248.4	95.97	1556.51	1378.62	178.01	1595.92	133566
2018	3475.94	100.01	1630.54	1433.18	197.36	1745.39	142020

注：2011 年起实行新区划调整

2－8　市区 2009－2018 年地区生产总值发展速度

（按可比价计算，以上年为 100）　　单位：%

年　份	地　　区 生产总值	第一产业	第二产业			第三产业	人均地区 生产总值
				工　业	建筑业		
2009	113.9	103.7	114.7	114.9	108.2	115	113.6
2010	114.8	104.4	115.4	115.9	110.3	114.6	113.3
2011	112.6	102.9	113	113.4	109.1	113.1	112.3
2012	112	104.5	112.4	111.9	115.9	112.3	111.7
2013	112.1	104.8	111.6	112.2	107	113.5	111.9
2014	111.5	101	108	107.9	104.9	116.6	111.4
2015	110.1	103.5	108.2	107.6	113.1	113.1	109.9
2016	109.3	100.1	108.5	109	104.3	110.8	109.1
2017	107.6	102.1	106.3	107.1	99.4	109.3	107.3
2018	106.8	102.2	104.2	104.6	100.9	109.6	106.1

注：2011 年起实行新区划调整

2－9　江都区2009－2018年地区生产总值

（按当年价格计算）　　单位：亿元

年　份	地　区 生产总值	第一产业	第二产业			第三产业	人均地区 生产总值 （元）
				工　业	建筑业		
2009	402.08	32.63	228.04	194.97	33.07	141.41	39928
2010	488.88	36.72	275.86	236.34	39.52	176.3	48559
2011	578.02	42.1	318.9	271.4	47.5	217.02	57414
2012	639.06	46.25	341.35	288	53.35	251.46	63499
2013	713.06	50.9	369.06	311.88	57.18	293.1	70827
2014	792.61	52.8	397.59	335.51	62.26	342.22	78616
2015	862.87	56.6	424.81	358.42	66.58	381.46	85636
2016	939.63	59.65	453.94	384.55	69.6	426.04	93222
2017	1055.12	63.55	500.81	422.59	78.22	490.76	104457
2018	1070.05	66.95	494.44	407.85	86.59	508.66	105476

2－10　江都区2009－2018年地区生产总值发展速度

（按可比价计算，以上年为100）　　单位：%

年　份	地　区 生产总值	第一产业	第二产业			第三产业	人均地区 生产总值
				工　业	建筑业		
2009	114.5	105.6	115.4	114.9	119	115.5	114.5
2010	114.9	104	116.5	117.1	111.8	115	114.6
2011	112.6	104.1	112.4	113	108.9	114.6	112.2
2012	111.9	104.6	112.4	112.1	114.7	112.5	111.9
2013	112	105	111.5	112.4	106.3	114.1	111.9
2014	111.1	103.4	110.9	111.5	107.1	112.5	111
2015	110.5	103.6	110.6	110	114.5	111.4	110.6
2016	109.2	100.4	109.1	109.6	106.3	110.5	109.1
2017	108.0	103.9	106.9	108.2	99.5	109.8	107.8
2018	105.0	103.3	102.0	102.1	101.0	108.6	104.6

2－11　宝应县 2009－2018 年地区生产总值

（按当年价格计算）　　单位:亿元

年　份	地　区 生产总值	第一产业	第二产业			第三产业	人均地区 生产总值 （元）
				工　业	建筑业		
2009	199.29	38.76	93.04	74.72	18.32	67.49	24373
2010	242.86	43.17	116.58	94.76	21.82	83.11	30924
2011	291.53	49.75	139.45	112.35	27.1	102.33	38754
2012	323.03	55.43	151.85	121.5	30.35	115.75	42982
2013	364.42	59.94	168.76	136.31	32.45	135.72	48483
2014	418.3	61.6	189.8	154.29	35.51	166.9	55525
2015	458.02	65.63	204	165.96	38.04	188.39	60669
2016	506.3	66.44	226.31	187.64	38.73	213.55	66962
2017	574.93	68.77	257.42	211.75	45.74	248.74	75828
2018	630.46	71.79	282.24	230.35	51.96	276.43	83032

2－12　宝应县 2009－2018 年地区生产总值发展速度

（按可比价计算,以上年为 100）　　单位:%

年　份	地　区 生产总值	第一产业	第二产业			第三产业	人均地区 生产总值
				工　业	建筑业		
2009	113.6	105.3	116.2	115.6	119	115	113.6
2010	113.2	105.5	115.7	116.6	111.4	113.6	113
2011	112	105	113.9	114.2	112.5	113.1	113.2
2012	110.5	104.6	111.9	111.4	114.5	111.4	110.6
2013	112.4	104.2	112.8	112.7	112.8	115.6	112.4
2014	111.2	103.7	111.4	112.2	107.6	113.9	111
2015	110.7	103.7	111.3	110.5	114.7	112.2	110.4
2016	109.4	100	110.3	111.8	103.6	111.7	109.2
2017	108.1	102.1	107.2	108.1	102.8	110.9	107.8
2018	106.6	103.4	106.0	106.5	103.7	108.0	106.4

2－13　仪征市2009－2018年地区生产总值

（按当年价格计算）　　单位:亿元

年份	地区生产总值	第一产业	第二产业			第三产业	人均地区生产总值（元）
				工业	建筑业		
2009	227.29	13.05	137.27	121.42	15.85	76.97	41158
2010	280.7	15.13	168.63	149.83	18.8	96.94	50278
2011	333.41	17.71	196.19	173.69	22.5	119.51	59215
2012	370.27	19.3	212.86	187.73	25.13	138.11	65843
2013	410.16	21.23	231.75	204.87	26.88	157.18	72965
2014	465.06	21.13	255.76	226.38	29.38	118.17	82633
2015	501.97	22.29	270.78	239.26	31.55	208.9	88947
2016	557.05	23.42	294.21	262.33	31.91	239.42	98555
2017	628.36	23.28	328.81	292.03	36.87	276.27	110871
2018	673.94	23.84	347.49	306.19	41.37	302.61	118401

2－14　仪征市2009－2018年地区生产总值发展速度

（按可比价计算,以上年为100）　　单位:%

年份	地区生产总值	第一产业	第二产业			第三产业	人均地区生产总值
				工业	建筑业		
2009	113.5	106.2	113.4	112.9	117.8	114.9	114.5
2010	114.8	102.4	115.8	116.3	111	115	114
2011	112.9	105.2	112.5	113	108.4	114.9	113.6
2012	111.7	104.6	112.2	111.8	115.6	112	111.9
2013	112.1	104.1	112.7	113	110.4	112.2	112.1
2014	111.4	103.4	111.3	111.4	110.5	112.4	111.3
2015	109.7	103.8	109	108.2	115.2	111.7	109.4
2016	109.4	100.6	108.9	109.7	103	111.1	109.3
2017	108.0	99.6	106.8	107.4	102.3	110.3	107.7
2018	106.7	102.6	105.8	106.2	102.3	108.1	106.2

2－15　高邮市2009－2018年地区生产总值

（按当年价格计算）　　单位：亿元

年份	地区生产总值	第一产业	第二产业	工业	建筑业	第三产业	人均地区生产总值（元）
2009	213.24	40.6	106.25	87.75	18.5	66.39	28409
2010	255.81	44.38	127.54	105.5	22.04	83.89	34227
2011	302.5	50.47	145.63	119.13	26.5	106.4	40746
2012	336	55.96	156.05	126.29	29.76	123.99	45436
2013	381.5	62.79	173.31	141.24	32.07	145.4	51592
2014	445.2	62.72	201.13	166.28	34.85	181.35	60203
2015	483.85	66.34	215.53	177.86	37.68	201.98	65421
2016	537.5	69.59	237.86	194.85	43.01	230.05	72563
2017	608.41	74.09	267.85	215.81	52.04	266.47	81908
2018	669.02	77.71	291.33	232.32	59.01	299.98	89970

2－16　高邮市2009－2018年地区生产总值发展速度

（按可比价计算，以上年为100）　　单位：%

年份	地区生产总值	第一产业	第二产业	工业	建筑业	第三产业	人均地区生产总值
2009	114.2	105.7	116.8	115.5	124.7	115.4	114.2
2010	113.8	104.1	117.1	119.3	104.6	114.1	113.5
2011	112.3	104.1	113.6	114.6	108.9	114.5	114.5
2012	110.4	104.7	111.6	110.9	114.7	111.5	110.9
2013	112.5	105	114.1	115.4	107.8	113.5	112.5
2014	111	103.6	110.6	111.6	105.3	112.2	110.9
2015	110.5	103.6	110.1	109.1	115.7	113.3	110.4
2016	109.5	100.3	111	109.9	116.1	110.8	109.3
2017	108.2	103.7	107.9	108.1	107.2	109.7	107.9
2018	108.0	103.7	109.8	111.2	103.5	107.2	107.8

3

人口与劳动力

编辑:苏正明　王敏

3－1　主要年份分地区总人口

单位:万人

年份	全市	市区	#江都	宝应	仪征	高邮
1949	262.03	126.46	71.63	53.64	30.39	51.54
1950	265.24	127.68	72.82	54.40	30.84	52.32
1951	274.95	134.92	74.05	55.66	31.14	53.23
1952	278.49	135.07	75.37	57.76	31.47	54.19
1953	283.39	137.08	77.20	58.47	32.57	55.27
1954	288.09	137.74	78.40	59.85	33.73	56.77
1955	297.56	141.73	79.79	61.69	34.73	59.41
1956	305.47	144.39	81.45	64.38	35.51	61.19
1957	308.92	146.64	83.05	65.55	36.10	60.63
1958	307.63	143.48	79.51	65.22	36.24	62.69
1959	307.83	142.76	77.27	65.76	36.61	62.70
1960	291.27	138.69	72.37	59.97	34.71	57.90
1961	288.67	138.62	72.65	58.11	34.07	57.87
1962	292.70	141.15	74.56	59.15	34.66	57.74
1963	292.30	141.15	73.45	59.48	35.31	56.36
1964	294.83	142.76	74.08	60.08	35.87	56.12
1965	304.27	146.85	76.15	61.97	37.06	58.39
1966	313.68	150.89	78.58	64.06	38.42	60.31
1967	324.76	155.98	81.64	65.90	39.90	62.98
1968	335.66	160.11	84.38	68.95	41.32	65.28
1969	345.37	163.19	87.12	71.86	42.75	67.57
1970	356.37	167.57	90.02	74.54	43.83	70.43
1971	362.99	170.68	91.69	76.05	44.64	71.62
1972	369.10	173.10	93.05	77.28	45.45	73.27
1973	374.38	175.41	94.39	78.31	46.03	74.63
1974	379.07	177.69	95.57	79.24	46.56	75.58
1975	384.32	180.41	97.31	80.27	47.14	76.50
1976	388.85	182.73	98.69	81.20	47.65	77.27
1977	393.44	185.00	99.84	82.20	48.14	78.10
1978	398.43	187.50	100.90	83.24	48.84	78.85
1979	402.27	189.87	101.23	83.90	49.34	79.16
1980	406.00	191.38	101.93	84.32	50.80	79.50
1981	409.10	192.89	102.66	84.86	51.59	79.76
1982	413.18	194.91	103.57	85.57	52.51	80.19

单位:万人

年份	全市	市区	#江都	宝应	仪征	高邮
1983	415.12	195.93	103.81	85.84	52.96	80.39
1984	416.56	196.67	103.91	85.99	53.35	80.55
1985	417.95	197.68	103.98	86.00	53.78	80.49
1986	420.56	198.97	104.22	86.41	54.48	80.70
1987	424.46	200.89	105.04	87.12	55.24	81.21
1988	428.60	202.91	105.83	87.93	55.99	81.77
1989	433.16	204.92	106.49	89.04	56.71	82.49
1990	436.50	206.58	107.26	89.81	57.15	82.96
1991	438.60	207.43	107.52	90.12	57.77	83.28
1992	439.91	208.06	107.11	90.62	58.06	83.17
1993	441.58	208.94	107.00	91.00	58.39	83.25
1994	442.83	210.03	106.81	91.15	58.57	83.08
1995	443.87	210.95	106.93	91.03	58.74	83.15
1996	444.87	211.94	106.94	90.66	59.09	83.18
1997	446.14	212.84	106.91	90.86	59.10	83.34
1998	446.59	213.35	106.92	90.89	59.13	83.22
1999	447.39	213.62	106.76	91.07	59.46	83.24
2000	450.62	216.12	107.56	91.56	59.55	83.39
2001	451.59	217.14	107.48	91.88	59.55	83.02
2002	452.22	217.98	107.22	91.73	59.35	83.16
2003	453.61	219.20	106.69	91.99	59.36	83.06
2004	454.29	220.31	106.46	91.99	59.28	82.71
2005	456.31	222.18	106.53	92.10	59.32	82.71
2006	458.64	223.66	106.85	92.54	59.71	82.73
2007	459.25	224.96	106.90	91.86	59.71	82.72
2008	459.79	228.63	106.84	91.97	56.80	82.40
2009	458.79	225.35	106.59	91.61	59.82	82.01
2010	459.12	229.14	106.65	91.38	56.52	82.08
2011	460.05	229.94	106.86	91.42	56.62	82.06
2012	458.42	230.13	106.88	90.31	56.24	81.74
2013	459.84	230.88	106.93	90.72	56.42	81.82
2014	461.34	231.84	106.90	91.13	56.56	81.81
2015	461.12	231.92	106.26	91.16	56.45	81.58
2016	461.67	232.47	105.94	91.25	56.47	81.48
2017	459.98	233.01	105.21	89.49	56.30	81.18
2018	458.83	230.09	104.47	88.76	59.16	80.82

3－2　主要年份分地区女性人口

单位:万人

年份	全市	市区	#江都	宝应	仪征	高邮
1949	133.57	65.43	37.21	27.23	15.17	25.74
1950	135.55	66.25	38.14	27.64	15.46	26.20
1951	141.77	70.96	39.16	28.34	15.62	26.85
1952	143.18	70.72	40.05	29.51	15.95	27.00
1953	149.10	73.83	42.41	30.53	16.67	28.07
1954	147.59	72.02	41.37	30.38	16.84	28.35
1955	152.06	73.56	41.79	31.34	17.41	29.75
1956	157.36	75.88	43.07	32.80	17.81	30.87
1957	158.85	76.90	44.13	33.49	18.25	30.21
1958	160.58	76.13	42.66	34.06	18.55	31.84
1959	158.74	74.38	41.17	33.87	18.53	31.96
1960	150.95	72.74	38.91	30.84	17.62	29.75
1961	149.98	73.08	39.05	29.99	17.25	29.66
1962	151.62	74.03	39.63	30.61	17.39	29.59
1963	151.37	74.46	39.60	30.60	17.70	28.61
1964	148.84	72.70	38.01	30.39	17.72	28.03
1965	153.85	74.86	39.21	31.39	18.41	29.19
1966	158.60	76.96	40.46	32.34	19.05	30.25
1967	163.69	79.25	41.81	33.19	19.83	31.42
1968	169.01	81.27	43.11	34.66	20.54	32.54
1969	174.04	82.95	44.41	36.17	21.26	33.66
1970	179.48	85.08	45.80	37.49	21.76	35.15
1971	182.76	86.67	46.73	38.23	22.13	35.73
1972	185.59	87.78	47.40	38.79	22.50	36.52
1973	188.13	88.88	48.00	39.21	22.87	37.17
1974	190.28	89.82	48.59	39.65	23.12	37.69
1975	192.38	90.78	49.18	40.08	23.38	38.14
1976	191.43	88.90	46.79	40.49	23.57	38.47
1977	196.34	92.73	50.16	40.91	23.81	38.89
1978	198.63	93.91	50.75	41.43	24.10	39.19
1979	200.11	94.80	50.67	41.69	24.28	39.34
1980	202.02	95.69	51.28	42.01	24.81	39.51
1981	202.63	96.02	51.22	42.17	25.04	39.40
1982	204.08	96.77	51.70	42.36	25.43	39.52

单位:万人

年份	全市	市区	#江都	宝应	仪征	高邮
1983	204.91	97.26	51.82	42.40	25.64	39.61
1984	205.54	97.53	51.86	42.45	25.84	39.72
1985	206.06	97.90	51.83	42.48	26.00	39.68
1986	207.10	98.41	51.96	42.64	26.33	39.72
1987	208.84	99.25	52.29	42.97	26.64	39.98
1988	210.78	100.15	52.69	43.39	27.12	40.12
1989	212.72	100.89	52.79	43.88	27.40	40.55
1990	214.56	101.83	53.24	44.24	27.61	40.88
1991	215.40	102.10	53.29	44.31	27.92	41.07
1992	216.01	102.32	52.94	44.52	28.05	41.12
1993	216.28	102.50	52.75	44.62	28.15	41.01
1994	197.27	83.22	52.68	44.77	28.27	41.01
1995	218.30	103.78	52.70	45.02	28.42	41.08
1996	219.21	104.44	52.82	44.89	28.63	41.25
1997	219.62	105.03	52.90	44.60	28.60	41.39
1998	220.09	105.43	52.93	44.68	28.61	41.37
1999	220.48	105.72	52.83	44.72	28.84	41.20
2000	222.45	106.83	53.14	45.11	28.94	41.57
2001	222.95	107.40	53.12	45.28	29.01	41.26
2002	223.77	108.25	53.14	45.20	28.89	41.42
2003	224.61	108.85	52.83	45.38	28.99	41.39
2004	224.97	109.43	52.73	45.45	28.96	41.13
2005	225.95	110.37	52.75	45.52	29.03	41.03
2006	227.52	111.24	53.02	45.69	29.28	41.31
2007	228.38	112.20	53.14	45.46	29.35	41.37
2008	228.79	114.11	53.11	45.51	27.92	41.26
2009	228.53	112.58	53.04	45.34	29.51	41.10
2010	228.91	114.68	53.15	45.20	27.89	41.15
2011	229.60	115.26	53.31	45.20	27.98	41.16
2012	228.40	115.47	53.36	44.44	27.78	40.71
2013	229.56	115.96	53.43	44.66	27.93	41.02
2014	230.53	116.58	53.45	44.88	28.04	41.04
2015	230.67	116.76	53.17	44.93	28.02	40.96
2016	231.12	117.15	53.05	44.99	28.07	40.92
2017	230.49	117.55	52.71	44.12	28.04	40.78
2018	230.13	116.21	52.39	43.76	29.54	40.62

3-3 主要年份人口出生率

单位:‰

年份	全市	市区	#江都	宝应	仪征	高邮
1954	41.45	41.08	50.43	40.00	40.81	34.79
1955	33.31	30.77	33.69	32.62	33.24	33.55
1956	36.81	33.46	36.13	38.75	41.19	37.00
1957	36.27	34.28	35.41	40.33	34.39	36.73
1958	23.86	23.87	23.48	27.01	23.74	20.92
1959	22.58	21.82	23.42	26.76	19.07	20.12
1960	13.86	18.35	16.43	10.01	12.55	12.80
1961	12.84	14.57	12.00	12.35	11.69	13.16
1962	28.55	25.49	24.15	36.63	30.88	25.18
1963	34.28	35.09	30.90	36.50	41.20	28.70
1964	39.36	34.48	39.00	38.60	39.20	43.80
1965	41.39	33.96	41.90	44.10	40.20	45.20
1966	38.45	31.51	39.98	42.23	40.64	39.30
1967	38.42	30.06	40.19	41.36	38.70	41.49
1968	38.89	32.14	39.20	46.48	37.91	39.63
1969	37.10	31.13	38.35	42.11	37.22	38.01
1970	31.65	28.02	32.20	37.50	29.60	32.60
1971	27.02	23.41	27.24	29.28	25.06	29.86
1972	24.25	17.73	23.86	26.26	24.46	28.85
1973	20.11	16.19	21.10	20.73	19.92	21.91
1974	18.52	15.84	19.83	20.00	18.63	18.17
1975	18.34	16.93	19.75	19.60	17.54	17.24
1976	17.33	16.28	18.81	18.84	15.30	15.95
1977	17.42	15.61	17.91	19.18	16.47	16.74
1978	17.42	14.94	17.01	20.11	18.13	15.65
1979	16.31	14.93	16.67	18.34	17.59	14.45
1980	14.04	13.66	15.41	13.08	16.26	12.33
1981	13.78	14.97	14.35	13.26	15.03	10.75
1982	13.18	14.51	13.20	12.44	16.25	10.38
1983	10.05	11.30	9.50	10.19	11.11	8.49
1984	9.07	9.39	8.32	8.13	10.43	8.54
1985	9.48	9.99	8.52	8.42	10.92	8.74

单位:‰

年　份	全　市	市　区	#江　都	宝　应	仪　征	高　邮
1986	11.87	11.90	10.77	11.26	12.54	11.32
1987	13.85	13.48	13.65	13.99	14.29	13.36
1988	13.16	13.55	12.94	13.70	13.39	12.11
1989	15.23	14.54	14.55	16.06	16.17	14.44
1990	14.93	13.76	15.24	16.25	15.56	14.48
1991	12.75	11.23	11.99	14.63	14.27	13.01
1992	11.18	10.30	10.40	11.83	12.31	11.30
1993	10.47	9.84	9.66	11.04	12.81	9.87
1994	9.72	9.85	9.29	9.90	11.35	9.31
1995	9.84	9.96	10.10	9.54	10.01	10.40
1996	9.22	10.10	9.65	8.30	10.55	9.13
1997	9.23	9.90	9.14	9.77	8.52	8.84
1998	9.05	9.51	9.24	8.91	10.41	8.37
1999	8.47	8.81	8.53	8.52	9.19	8.20
2000	9.63	10.09	10.06	11.38	9.39	8.14
2001	7.86	8.03	8.42	8.15	7.93	7.03
2002	8.36	8.29	8.73	8.08	7.45	9.47
2003	7.53	8.85	9.09	3.88	6.49	8.84
2004	8.93	9.17	9.71	9.73	7.51	8.43
2005	10.19	9.77	9.66	11.02	10.94	9.77
2006	6.92	6.84	6.86	7.09	6.78	7.08
2007	8.07	7.69	7.29	8.77	7.90	8.45
2008	7.58	7.63	6.54	8.01	7.17	7.28
2009	7.18	7.49	7.02	8.25	7.26	5.08
2010	7.72	8.05	7.52	9.09	7.23	5.79
2011	7.87	8.28	7.14	8.78	8.10	6.31
2012	8.79	8.86	7.96	9.26	8.96	7.97
2013	8.74	8.76	7.59	9.64	9.43	7.22
2014	8.91	8.89	7.66	9.43	9.75	7.75
2015	8.95	8.85	7.60	9.31	9.11	8.71
2016	8.66	8.62	7.42	8.72	9.38	8.24
2017	9.87	12.16	7.73	10.02	10.19	9.96
2018	8.13	7.94	6.14	8.55	8.13	8.21

3－4　主要年份人口死亡率

单位:‰

年　份	全　市	市　区	#江　都	宝　应	仪　征	高　邮
1954	16.94	16.55	21.70	17.56	13.26	14.06
1955	15.13	13.88	16.45	15.17	11.04	15.56
1956	13.59	12.56	14.96	13.77	13.67	12.84
1957	13.42	12.58	14.67	13.76	7.19	14.91
1958	12.84	11.92	13.91	14.39	8.39	13.48
1959	21.32	23.49	27.61	16.07	21.96	19.53
1960	40.06	28.84	36.95	53.38	35.27	40.99
1961	19.98	19.47	22.87	17.61	20.53	20.20
1962	13.06	12.37	12.89	15.52	9.19	13.57
1963	10.77	10.02	10.40	13.60	8.30	11.20
1964	10.52	9.58	10.40	12.30	8.30	10.10
1965	10.00	8.68	9.50	12.40	7.10	9.90
1966	7.67	7.22	7.29	9.62	6.05	7.09
1967	8.13	7.11	7.77	10.24	6.15	7.82
1968	8.99	7.72	8.90	9.27	7.08	8.91
1969	6.54	6.80	6.18	7.98	5.28	5.94
1970	6.54	6.97	6.60	7.60	5.90	5.60
1971	7.12	6.95	7.09	8.70	5.87	6.36
1972	6.88	6.71	6.58	8.47	6.04	6.58
1973	6.46	6.18	6.30	7.47	5.80	5.96
1974	6.51	6.49	6.37	7.49	5.96	6.04
1975	6.34	6.49	6.39	7.28	5.73	5.79
1976	6.33	6.64	6.46	7.04	5.59	5.80
1977	6.33	6.48	6.04	7.17	5.69	5.92
1978	6.07	6.26	5.93	6.91	5.40	5.74
1979	5.86	5.71	5.64	6.90	5.24	5.48
1980	6.75	6.41	6.68	7.09	6.95	6.27
1981	6.19	6.10	6.14	6.52	5.71	6.11
1982	5.67	5.72	5.69	6.05	5.32	5.42
1983	6.00	5.94	6.02	6.54	5.45	5.93
1984	6.13	5.93	6.09	6.34	5.51	6.00
1985	6.22	5.98	6.19	6.66	5.53	6.21

3－4　续表　　　　　　　　　　　　　　　　　　　　　　　　　　　　　　单位:‰

年　份	全　市	市　区	#江　都	宝　应	仪　征	高　邮
1986	6.24	6.02	6.33	6.31	5.85	6.27
1987	6.20	5.86	6.31	6.36	6.13	6.03
1988	6.74	6.42	6.67	7.06	6.36	6.93
1989	6.13	5.64	6.15	6.44	5.81	6.21
1990	6.71	6.09	6.69	6.90	6.20	7.12
1991	6.45	6.06	6.51	6.72	5.72	6.71
1992	6.86	6.49	7.17	7.34	6.06	7.05
1993	6.51	6.02	6.61	6.81	6.12	6.57
1994	6.73	6.22	7.08	7.20	6.07	6.84
1995	6.82	6.18	7.17	7.08	5.89	7.43
1996	6.95	6.29	7.34	7.20	6.77	7.39
1997	6.66	6.00	6.96	6.87	5.93	6.90
1998	7.14	6.85	7.39	7.04	6.84	7.43
1999	6.44	6.06	7.12	6.58	4.99	6.68
2000	7.56	6.89	7.53	7.79	8.22	7.40
2001	6.43	6.79	7.39	6.40	5.08	6.47
2002	6.23	6.81	7.48	5.24	4.92	6.73
2003	6.40	7.54	8.08	4.10	4.55	7.26
2004	8.43	7.49	8.41	10.96	8.78	7.84
2005	6.39	7.10	7.69	4.46	3.67	8.50
2006	5.55	6.37	6.64	4.05	3.55	6.39
2007	8.92	6.76	7.30	13.82	9.82	8.70
2008	6.39	7.02	7.61	5.37	4.42	7.12
2009	8.86	7.97	9.00	10.34	10.49	8.53
2010	9.35	8.08	9.77	12.97	9.37	8.36
2011	7.62	6.83	7.55	8.72	7.44	8.22
2012	10.15	8.76	10.07	13.20	11.50	9.72
2013	7.07	7.47	8.29	5.48	7.36	7.50
2014	6.65	6.98	7.74	4.13	7.96	7.55
2015	7.15	7.66	8.52	4.64	7.69	8.15
2016	6.74	7.36	8.41	4.32	6.80	7.62
2017	11.48	10.81	10.12	22.33	8.76	9.38
2018	8.27	7.89	8.79	9.53	7.76	8.37

3-5 主要年份人口自然增长率

单位:‰

年 份	全 市	市 区	#江 都	宝 应	仪 征	高 邮
1954	24.28	24.54	28.73	22.44	27.55	19.73
1955	18.38	16.89	17.24	17.45	22.2	18.99
1956	23.22	20.90	21.17	24.98	27.52	24.16
1957	22.84	21.70	20.74	26.57	27.2	21.82
1958	11.02	11.95	9.57	12.62	15.35	7.44
1959	1.26	-1.67	-4.19	10.69	-2.89	0.59
1960	-26.21	-10.48	-20.52	-43.37	-22.72	-28.19
1961	-7.14	-4.90	-10.87	-5.26	-8.84	-7.04
1962	15.49	13.11	11.26	21.11	21.69	11.61
1963	23.51	25.07	20.5	22.9	32.9	17.5
1964	28.84	24.90	28.6	26.3	30.9	33.7
1965	31.39	25.28	32.4	31.7	33.1	35.3
1966	30.78	24.28	32.69	32.61	34.59	32.21
1967	30.29	22.95	32.42	31.12	32.55	33.67
1968	29.9	24.43	30.3	37.21	30.83	30.72
1969	30.56	24.34	32.17	34.13	31.94	32.07
1970	25.1	21.05	25.6	29.9	23.7	27
1971	19.9	16.46	20.15	20.58	19.19	23.5
1972	17.37	11.03	17.28	17.79	18.42	22.27
1973	13.65	10.02	14.8	13.26	14.12	15.95
1974	12.01	9.36	13.46	12.51	12.67	12.13
1975	12	10.44	13.36	12.32	11.81	11.45
1976	11	9.63	12.35	11.8	9.71	10.15
1977	11.09	9.14	11.87	12.01	10.78	10.82
1978	11.36	8.67	11.08	13.2	12.73	9.91
1979	10.45	9.22	11.03	11.44	12.35	8.97
1980	7.29	7.25	8.73	5.99	9.31	6.06
1981	7.59	8.87	8.21	6.74	9.32	4.64
1982	7.51	8.79	7.51	6.39	10.93	4.96
1983	4.05	5.36	3.48	3.65	5.66	2.56
1984	2.94	3.46	2.23	1.79	4.92	2.54
1985	3.27	4.00	2.33	1.76	5.39	2.53

3-5 续表

单位:‰

年份	全市	市区	#江都	宝应	仪征	高邮
1986	5.62	5.88	4.44	4.95	6.69	5.05
1987	7.66	7.63	7.34	7.63	8.16	7.33
1988	6.42	7.13	6.27	6.64	7.03	5.18
1989	9.1	8.90	8.4	9.62	10.36	8.23
1990	8.22	7.67	8.55	9.35	9.36	7.36
1991	6.3	5.18	5.48	7.91	8.55	6.3
1992	4.32	3.81	3.23	4.49	6.25	4.25
1993	3.95	3.82	3.05	4.23	6.69	3.3
1994	2.99	3.63	2.21	2.7	5.28	2.47
1995	3.02	3.78	2.93	2.46	4.12	2.97
1996	2.27	3.81	2.31	1.1	3.78	1.74
1997	2.57	3.91	2.18	2.9	2.59	1.94
1998	1.91	2.66	1.85	1.87	3.57	0.94
1999	2.03	2.75	1.41	1.94	4.2	1.52
2000	2.07	3.20	2.53	3.59	1.18	0.73
2001	1.43	1.25	1.04	1.75	2.84	0.55
2002	2.13	1.48	1.25	2.84	2.53	2.74
2003	1.13	1.31	1.01	-0.23	1.94	1.59
2004	0.5	1.68	1.3	-1.23	-1.27	0.59
2005	3.81	2.66	1.97	6.56	7.27	1.27
2006	1.37	0.47	0.21	3.03	3.23	0.69
2007	-0.85	0.93	-0.01	-5.05	-1.92	-0.25
2008	1.19	0.61	-1.08	2.64	2.74	0.16
2009	-1.68	-0.49	-1.98	-2.09	-3.23	-3.45
2010	-1.63	-0.04	-2.25	-3.89	-2.14	-2.56
2011	0.25	1.45	-0.41	0.07	0.66	-1.91
2012	-1.36	0.1	-2.11	-3.93	-2.54	-1.75
2013	1.67	1.29	-0.69	4.16	2.06	-0.28
2014	2.26	1.91	-0.08	5.3	1.8	0.2
2015	1.8	1.19	-0.92	4.67	1.42	0.56
2016	1.92	1.26	-0.99	4.4	2.58	0.62
2017	-1.61	1.35	-2.39	-12.31	1.43	0.58
2018	-0.14	0.05	-2.65	-0.98	0.37	-0.16

3－6　分地区人口数及构成

(2018 年)　　单位:人

地　区	总人口			性别比
	合计	男	女	
全　市	**4588341**	**2287001**	**2301340**	**99.38**
市　区	2301032	1138848	1162184	97.99
广陵	494013	243334	250679	97.07
邗江	762288	374662	387626	96.66
江都	1044731	520852	523879	99.42
宝　应	887550	449926	437624	102.81
仪　征	591570	296214	295356	100.29
高　邮	808189	402013	406176	98.98

3－7　分地区人口自然变动

(2018)　　单位:人

地　区	出　生		死　亡		自然增长	
	人　数	‰	人　数	‰	人　数	‰
全　市	**37309**	**8.13**	**37961**	**8.27**	**－652**	**－0.14**
市　区	18275	7.94	18149	7.89	126	0.05
广陵	3909	7.91	4080	8.26	－171	－0.35
邗江	7956	10.44	4885	6.41	3071	4.03
江都	6410	6.14	9184	8.79	－2774	－2.65
宝　应	7590	8.55	8458	9.53	－868	－0.98
仪　征	4807	8.13	4593	7.76	214	0.37
高　邮	6637	8.21	6761	8.37	－124	－0.16

3－8　分地区户数、平均人口及人口密度

(2018 年)

地　区	户　数 (户)	平均每户人数 (人)	年平均人口 (人)	人口密度 (人/平方公里)
全　市	**1478164**	**3.10**	**4594071**	**696.15**
市　区	762668	3.02	2315532	997.85
广陵	169976	2.91	494212	1474.67
邗江	246977	3.09	772906	1189.22
江都	345715	3.02	1048415	785.51
宝　应	269682	3.29	891223	607.08
仪　征	193534	3.06	577302	655.84
高　邮	252280	3.20	810015	420.49

3－9　主要年份从业人员

（2018）　　　　单位：万人

年　份	农　村 劳动力	在岗职工 人　　数	国　有	集　体	其它所有制
1978	142.37	37.72	19.09	18.63	
1979	138.17	36.92	20.83	16.09	
1980	139.43	40.04	23.02	17.02	
1981	141.08	42.49	24.89	17.60	
1982	147.82	44.96	27.25	17.71	
1983	151.51	46.12	28.26	17.86	
1984	158.78	48.55	27.47	21.02	0.06
1985	166.74	51.39	29.31	22.02	0.06
1986	169.18	54.16	30.95	23.14	0.07
1987	171.22	55.93	31.84	23.67	0.42
1988	174.25	58.20	33.52	24.19	0.49
1989	176.86	57.63	32.94	24.15	0.54
1990	182.66	58.28	33.11	24.52	0.65
1991	182.05	59.65	34.03	24.75	0.87
1992	179.06	60.14	35.27	23.82	1.05
1993	179.67	60.95	37.35	21.50	2.10
1994	185.17	61.14	35.68	21.08	4.38
1995	184.14	63.00	37.00	22.00	4.00
1996	182.22	61.67	36.17	20.06	5.43
1997	182.49	60.36	36.23	18.65	5.48
1998	178.68	51.91	31.26	13.74	6.91
1999	172.27	48.28	29.27	11.99	7.03
2000	166.67	45.25	27.24	9.61	8.40
2001	162.77	41.04	24.02	7.41	9.61
2002	160.26	38.31	20.96	5.21	12.15
2003	163.16	35.65	19.76	3.99	11.90
2004	164.62	33.48	18.43	3.20	11.85
2005	165.31	34.73	18.10	2.87	13.75
2006	166.05	34.73	17.72	2.71	14.30
2007	167.27	35.73	17.79	2.58	15.36
2008	166.90	35.88	16.78	2.86	16.24
2009	169.20	37.14	16.94	2.74	17.46
2010	177.14	38.16	16.94	2.75	17.47
2011	181.05	40.68	18.95	2.89	18.84
2012	180.62	41.33	18.35	2.96	20.02
2013	180.78	84.39	16.94	2.02	65.43
2014	182.48	89.42	17.19	2.49	69.74
2015	180.65	85.18	17.05	2.40	65.73
2016	181.45	96.89	16.80	2.28	77.81
2017	181.66	92.98	15.93	2.21	74.84
2018	180.59	89.99	17.66	1.44	70.89

3－10 分行业城镇非私营单位在岗职工平均人数

（2018 年） 单位：人

项　　目	合　计	国有经济	集体经济	其他经济
总　计	**915473**	**176063**	**14445**	**724965**
农、林、牧、渔业	110	35	29	46
采矿业	6702	0	0	6702
制造业	214998	1516	3566	209916
电力、热力、燃气及水生产和供应业	6376	1765	3	4608
建筑业	471839	43575	2113	426151
批发和零售业	16162	1465	729	13968
交通运输、仓储和邮政业	17543	7683	1032	8828
住宿和餐饮业	7946	490	25	7431
信息传输、软件和信息技术服务业	8991	1017	0	7974
金融业	10216	5932	1334	2950
房地产业	9029	190	76	8763
租赁和商务服务业	15776	4547	478	10751
科学研究、技术服务业	10572	3538	173	6861
水利、环境和公共设施管理业	5940	3685	1035	1220
居民服务、修理和其他服务业	991	304	36	651
教育	44274	38845	1298	4131
卫生和社会工作	15052	11126	2280	1646
文化、体育和娱乐业	3234	1116	157	1961
公共管理、社会保障和社会组织	49722	49234	81	407

3－11　分行业城镇非私营单位在岗职工工资总额

（2018 年）　　单位：千元

项　　目	合　计	国有经济	集体经济	其他经济
总　计	**69572197**	**16712571**	**1096528**	**51763098**
农、林、牧、渔业	7055	3285	1515	2255
采矿业	635463	0	0	635463
制造业	15397934	157356	206046	15034532
电力、热力、燃气及水生产和供应业	703335	239087	138	464110
建筑业	33202364	2903926	122306	30176132
批发和零售业	1038301	176810	74130	787361
交通运输、仓储和邮政业	1174539	600215	48517	525807
住宿和餐饮业	398501	22818	1216	374467
信息传输、软件和信息技术服务业	801777	125165	0	676612
金融业	1316228	759806	177996	378426
房地产业	741027	12642	5953	722432
租赁和商务服务业	943622	174241	23333	746048
科学研究、技术服务业	917967	372213	9079	536675
水利、环境和公共设施管理业	445856	322616	60749	62491
居民服务、修理和其他服务业	87367	21631	1427	64309
教育	4449935	4015222	117106	317607
卫生和社会工作	1705462	1343264	233720	128478
文化、体育和娱乐业	205745	96588	8635	100522
公共管理、社会保障和社会组织	5399719	5365686	4662	29371

3－12　分行业城镇非私营单位在岗职工平均工资

（2018 年）　　　　单位:元

项　　　　目	合　　计	国有经济	集体经济	其他经济
总　计	**75996**	**94924**	**75911**	**71401**
农、林、牧、渔业	64136	93857	52241	49022
采矿业	94817			94817
制造业	71619	103797	57781	71622
电力、热力、燃气及水生产和供应业	110310	135460	46000	100718
建筑业	70368	66642	57883	70811
批发和零售业	64243	120689	101687	56369
交通运输、仓储和邮政业	66952	78122	47013	59561
住宿和餐饮业	50151	46567	48640	50393
信息传输、软件和信息技术服务业	89176	123073		84852
金融业	128840	128086	133430	128280
房地产业	82072	66537	78329	82441
租赁和商务服务业	59814	38320	48814	69393
科学研究、技术服务业	86830	105204	52480	78221
水利、环境和公共设施管理业	75060	87548	58695	51222
居民服务、修理和其他服务业	88160	71155	39639	98785
教育	100509	103365	90220	76884
卫生和社会工作	113305	120732	102509	78055
文化、体育和娱乐业	63619	86548	55000	51261
公共管理、社会保障和社会组织	108598	108983	57556	72165

3－13　城镇非私营单位从业人员平均工资

（2018 年）　　单位:元

项　　目	合　计	国有经济	集体经济	其他经济
总　计	**74616**	**91545**	**74833**	**70334**
农、林、牧、渔业	63667	93857	52241	48234
采矿业	94817	0	0	94817
制造业	71326	103021	58900	71307
电力、热力、燃气及水生产和供应业	108501	135460	46000	98626
建筑业	69188	66816	55424	69522
批发和零售业	63926	120208	100915	56280
交通运输、仓储和邮政业	66231	76683	46936	59217
住宿和餐饮业	49363	46567	48640	49539
信息传输、软件和信息技术服务业	87875	123073	0	83499
金融业	99004	96999	133430	93444
房地产业	78870	65955	79060	79130
租赁和商务服务业	59074	38402	48814	67911
科学研究、技术服务业	86048	104945	52264	77270
水利、环境和公共设施管理业	73064	83403	58695	51087
居民服务、修理和其他服务业	87771	70727	39639	98785
教育	98757	101484	88923	76960
卫生和社会工作	109078	116201	95879	77418
文化、体育和娱乐业	62827	81167	55000	51180
公共管理、社会保障和社会组织	104956	105294	57556	71291

4

固定资产投资和建筑业

编辑:顾鸿浩　钱小军　毛媛慧

4-1 主要年份固定资产投资主要指标比上年增长情况

单位:%

年　份	投资完成额	新增固定资产	房屋竣工面积	#住宅竣工面积
1979	38.8	29.6	24.5	34.0
1980	124.1	87.9	37.6	34.3
1981	-6.7	3.4	4.3	14.4
1982	79.1	39.9	19.0	23.3
1983	54.7	23.0	12.0	8.7
1984	24.8	95.5	219.6	289.9
1985	17.1	122.5	16.1	35.5
1986	22.9	-22.0	-8.7	-17.7
1987	23.8	17.2	-27.1	-25.8
1988	1.4	43.2	-7.8	-13.7
1989	9.1	-14.2	23.5	30.2
1990	2.5	34.4	-5.7	-10.2
1991	18.6	-8.8	-0.3	12.0
1992	25.8	18.1	-26.0	-29.8
1993	76.1	48.4	141.1	88.7
1994	70.2	57.6	-36.6	-22.4
1995	10.3	64.5	7.9	11.0
1996	11.9	2.7	-12.9	-16.6
1997	4.1	-17.5	4.0	3.5
1998	10.3	26.0	5.6	4.2
1999	-10.1	25.1	-4.2	-0.8
2000	11.7	10.5	-1.4	-4.1
2001	12.4	-16.0	-0.8	-4.5
2002	25.1	13.6	0.0	-5.3
2003	37.1	27.7	1.1	4.7
2004	33.6	49.9	22.1	7.7
2005	24.2	26.4	16.2	-2.0
2006	30.1	4.7	-21.7	-28.3
2007	34.6	36.7	6.4	1.4
2008	32.3	26.5	-16.0	7.8
2009	12.0	25.4	49.4	30.1
2010	25.2	37.1	15.2	-9.8
2011	10.8	13.0	-18.6	-4.0
2012	20.9	38.1	118.8	56.6
2013	20.3	-22.0	19.8	1.6
2014	19.3	36.1	1.9	-19.9
2015	18.2	32.3	-39.3	-11.6
2016	15.3	-12.6	-19.5	16.7
2017	12.2	42.9	-17.5	-10.8
2018	11.0	2.3	-18.6	-19.2

注:2018 年起新增固定资产统计范围由计划总投资 500 万元及以上调整为 5000 万元及以上项目。

4－2　固定资产投资基本指标比上年增长情况

（2018 年）　　　　单位：%

项　　目	总　　计	#项目投资	#房地产开发投资
一、投资总额	**11.0**	**4.7**	**40.0**
1、按经济类型分			
国有经济	－16.0	－16.0	－32.0
集体经济	－52.7	－52.7	－100.0
股份合作	100.1	100.1	
联营企业	－54.8	－54.8	
有限责任公司	－7.4	0.5	－19.2
股份有限公司	－15.6	－22.8	384.5
私营企业	25.3	10.7	148.7
其他企业	69.6	69.6	
港澳台商投资	20.5	16.0	27.5
外商投资	55.4	41.5	97.6
个体私营	122.6	122.6	
2、按构成分			
建筑安装工程	14.8	13.2	20.9
设备工器具购置	－7.7	－7.7	－1.2
其他费用	41.1	－21.1	118.4
3、按产业分			
第一产业	40.6	40.6	
第二产业	16.4	16.4	
第三产业	5.0	－15.5	40.0
二、房屋建筑面积			
施工面积	－2.0	－6.1	－1.0
竣工面积	－18.6	－32.2	－14.5
#住宅	－19.2	－24.4	－18.8

4－3　1979－2018年各地区固定资产投资比上年增长情况

单位:%

年份	全市	市区	开发区	广陵	邗江	江都	宝应	仪征	高邮
1979	38.8	45.3			68.3	117.2	177.2	-27.3	119.0
1980	124.1	72.8			62.1	129.7	-11.6	1487.4	86.8
1981	-6.7	-6.7			-68.7	-34.7	-28.0	-24.2	-23.1
1982	79.1	36.5			115.9	84.1	123.3	195.5	101.0
1983	54.7	12.0			25.2	-5.8	45.0	116.8	-22.2
1984	24.8	-14.9			-27.2	36.5	-6.4	-30.3	40.4
1985	17.1	43.8			99.1	46.2	171.5	-26.5	120.7
1986	22.9	184.4			769.0	822.4	14.3	67.8	38.3
1987	23.8	28.4			54.9	-6.8	56.7	43.2	30.4
1988	1.4	17.8			14.1	25.1	30.7	-12.1	13.9
1989	9.1	10.9			7.1	39.3	-32.1	11.6	-53.3
1990	2.5	-5.2			-15.6	-4.5	100.4	13.1	68.9
1991	18.6	35.8			40.7	32.6	36.4	-15.9	8.4
1992	25.8	27.8			40.4	-9.9	26.9	10.7	101.5
1993	76.1	64.4			106.4	23.5	48.7	90.2	195.5
1994	70.2	49.0			15.8	87.0	41.0	209.1	21.0
1995	10.3	23.0			33.1	5.2	29.7	-4.5	-16.3
1996	11.9	32.7			-14.2	-8.3	15.9	-42.5	119.2
1997	4.1	24.6			41.3	-9.4	-2.1	-27.7	8.9
1998	10.3	5.2			-1.2	25.3	12.0	37.9	19.9
1999	-10.1	-7.8			17.7	19.8	14.4	-45.1	7.0
2000	11.7	8.8			13.8	13.4	9.9	37.6	13.4
2001	12.4	6.7		19.7	14.4	10.7	10.3	53.1	12.5
2002	25.1	22.7		71.7	21.2	20.4	15.7	45.6	20.1
2003	37.1	43.0		52.5	42.9	41.1	27.9	18.6	33.8
2004	33.6	31.2		45.4	51.0	50.5	46.5	34.9	40.1
2005	24.2	14.1		42.5	30.9	39.5	63.3	40.1	41.3
2006	30.1	31.6		30.2	23.7	24.7	38.6	20.3	27.7
2007	34.6	30.8		41.8	40.2	46.1	37.3	42.3	43.7
2008	32.3	30.3	62.7	49.0	29.8	35.5	30.3	34.7	41.6
2009	12.0	12.5	13.3	15.1	11.4	12.5	10.2	10.0	12.9
2010	25.2	26.8	27.0	26.1	26.8	26.9	26.5	16.8	26.9
2011	10.8	11.0	13.3	91.2	27.8	11.7	13.0	6.3	13.7
2012	20.9	21.1	21.2	21.1	21.0	21.0	20.8	21.0	21.2
2013	20.3	20.9	20.5	28.1	14.7	20.8	20.5	20.1	20.7
2014	19.3	19.6	19.8	19.7	19.6	19.6	19.5	19.3	19.6
2015	18.2	18.5	17.9	17.9	18.7	19.0	20.3	19.6	20.0
2016	15.3	15.4	15.6	15.3	15.4	15.5	15.1	15.2	15.4
2017	12.2	7.3	-14.0	-24.9	27.9	17.4	18.9	16.8	23.6
2018	11.0	8.4	12.1	13.1	16.7	-2.3	11.6	15.5	16.0

4－4　各地区项目投资基本指标比上年增长情况

（2018年）　　　　单位:%

项　　目	全 市	市 区	开发区	广 陵	邗 江	江 都
一、计划总投资	**1.0**	**－10.1**	**－6.2**	**－7.7**	**－4.8**	**－17.9**
其中:本年新开工项目	17.2	－9.2	－37.0	7.8	－16.3	－1.7
二、自年初累计完成投资	**4.7**	**0.4**	**6.8**	**10.6**	**－1.7**	**－2.6**
其中:本年新开工	19.2	－5.6	－20.8	－2.5	－14.7	2.1
其中:国有经济控股	－18.1	－9.8	－37.6	－6.8	－34.6	174.9
其中:基础设施投资	－11.5	－10.3	－26.8	41.4	－27.1	－11.7
其中:民间投资	11.1	2.9	214.5	15.0	11.4	－11.0
其中:高新投资	26.0	44.4	36.5	－26.3	58.8	69.4
其中:高耗能投资	12.5	－22.2	－70.1	119.4	－28.1	－25.5
其中:城建投资	－10.6	－14.8	－35.4	21.9	－60.4	3.0
1、按构成分						
建筑安装工程	13.2	6.4	19.1	24.3	－7.3	12.3
设备工器具购置	－7.7	－6.6	37.7	5.8	25.7	－29.7
其他费用	－21.1	－41.6	－91.9	－22.6	－12.9	
其中:建设用地费	16.7	88.0	－8.9	90.2	32.0	
2、按建设性质分						
其中:(1)新建	－5.8	－10.5	50.7	－11.1	－36.9	2.9
其中:(2)扩建	21.6	10.9	－34.8	2.0	110.7	－23.3
其中:(3)改建	8.1	5.4	－11.6	46.6	8.1	3.7
其中:(7)单纯购置	－8.1	－1.6	－3.4	41.5	－40.7	
3、按登记注册类型分						
内资企业	3.5	－0.8	－1.5	8.2	－2.3	－2.3
国有企业	－16.0	－3.0	－35.3	64.7	－53.8	167.6
集体企业	－52.7	－69.5		81.1	－12.7	－99.5
股份合作企业	100.1	－35.1				－35.1
联营企业	－54.8	－90.2			－100.0	－100.0
集体联营企业	－14.7	－100.0				－100.0
国有与集体联营企业	－83.3	－83.3			－100.0	

项　　目	全 市	市 区	开发区	广 陵	邗 江	江 都
有限责任公司	0.5	－16.1	13.8	－21.3	－7.4	－26.3
国有独资公司	21.4	4.2	－83.8	－29.2	9.5	674.6
其他有限责任公司	－3.2	－20.9	29.7	－19.1	－17.4	－31.1
股份有限公司	－22.8	－22.9	－77.7	104.4	34.4	－30.4
私营企业	10.7	9.0	237.9	29.5	12.7	－2.3
私营独资企业	18.2	24.5	621.0		168.3	0.5
私营有限责任公司	10.0	9.2	195.9	23.0	－6.2	11.9
私营股份有限公司	－25.9	－62.2			418.8	－85.4
其他企业	69.6	67.6	1166.5	－73.2	－13.9	80.9
港、澳、台商投资企业	16.0	－3.9	54.0	－41.9	－25.6	－74.1
合资经营企业(港或澳、台资)	－3.7	110.7	250.2	－75.1	12.6	167.9
合作经营企业(港或澳、台资)	6.7					
港、澳、台商独资经营企业	25.6	－25.7	23.5	－16.9	－39.7	－91.0
外商投资企业	41.5	72.6	26.8	306.3	71.2	111.7
中外合资经营企业	58.8	186.9	350.7	219.8	229.4	72.8
外资企业	17.5	－3.8	－14.1	425.1	－100.0	
个体经营	122.6					
个体户	101.7					
4、按产业分						
①第一产业	40.6	8.5			－50.8	
②第二产业	16.4	14.3	42.0	2.4	21.4	－0.3
工业	16.2	14.3	42.0	2.4	21.4	－0.3
③第三产业	－15.5	－19.6	－36.9	18.9	－29.3	－9.4
5、按国民经济行业分						
农林牧渔业	9.1	35.5			－50.8	1105.9
采矿业	－32.1	－30.3	－26.6		－100.0	－100.0

项　　目	全　市	市　区	开发区	广　陵	邗　江	江　都
制造业	22.0	18.6	75.9	8.6	24.9	0.0
电力热力燃气及水的生产和供应业	-30.7	-41.6	25.9	-77.5	-100.0	-13.6
建筑业	193.4					
批发和零售业	-49.8	-50.0	-100.0	-82.5	-79.7	-10.2
交通运输仓储和邮政业	-19.8	-13.1		688.5	-12.3	-39.5
住宿和餐饮业	-37.2	-18.4		-43.7	-37.3	8.5
信息传输软件和信息技术服务业	-59.3	-60.6	-85.4		-59.3	482.9
金融业	564.0	-53.2			-100.0	
房地产业	-32.9	-35.0			-89.1	-35.7
租赁和商务服务业	-22.1	-7.1	-52.8	72.9	-12.7	10.0
科学研究和技术服务业	97.6	-13.6		-100.0	70.7	13.5
水利环境和公共设施管理业	2.6	8.5	-34.4	23.5	-2.0	56.9
居民服务修理和其它服务业	-32.8	-31.8		-38.4	-100.0	185.7
教育	-49.6	-38.4	-36.2	47.9	-37.7	-83.5
卫生和社会工作	48.9	-15.6		-4.3	-48.0	0.6
文化体育和娱乐业	-24.1	-47.3	-100.0	141.7	-60.6	-92.8
公共管理社会保障和社会组织	-1.7	-33.6			-54.8	-52.5
三、项目个数						
1、施工项目个数	19.6	14.1	33.3	70.1	-2.0	13.3
其中:本年新开工	38.7	22.2	48.6	105.1	-5.9	24.8
2、本年投产项目个数	17.4	12.3	36.6	58.1	-4.9	14.2
四、房屋建筑面积						
1、房屋施工面积	-6.1	-36.4	20.2	-35.4	-52.8	5.5
其中:住宅	17.3	-61.3			-100.0	
2、房屋竣工面积	-32.2	28.4	-27.2	155.5	13.7	
其中:住宅	-24.4	-61.3			-100.0	
3、房屋竣工价值	-37.8	53.1	-100.0	1109.0	-7.3	
其中:住宅	-60.6	-58.9			-100.0	

4－4　续表3　（2018年）　单位:%

项　　目	宝　应	仪　征	高　邮
一、计划总投资	**11.3**	**27.2**	**14.9**
其中:本年新开工项目	17.8	186.9	40.2
二、自年初累计完成投资	**17.4**	**3.5**	**10.3**
其中:本年新开工	25.4	250.3	26.8
其中:国有经济控股	14.0	－45.5	37.8
其中:基础设施投资	38.2	－19.2	－34.6
其中:民间投资	18.6	57.4	5.5
其中:高新投资	－3.0	148.3	－36.6
其中:高耗能投资	78.6	47.8	12.0
其中:城建投资	2.2	16.9	－70.7
1、按构成分			
建筑安装工程	31.4	30.9	6.1
设备工器具购置	9.1	－53.6	25.9
其他费用	－21.0	149.8	－22.0
其中:建设用地费	－12.0	131.6	－34.1
2、按建设性质分			
其中:(1)新建	24.8	－11.5	－10.7
其中:(2)扩建	29.8	22.0	69.4
其中:(3)改建	1.9	15.8	12.3
其中:(7)单纯购置	－100.0		－20.9
3、按登记注册类型分			
内资企业	16.4	3.1	7.9
国有企业	32.6	－64.8	36.2
集体企业	433.8	26.3	－100.0
股份合作企业			
联营企业			
集体联营企业			
国有与集体联营企业			

项　　目	宝　应	仪　征	高　邮
有限责任公司	27.5	32.3	37.6
国有独资公司	－1.5	88.4	469.6
其他有限责任公司	33.6	27.7	18.2
股份有限公司	6.5	－39.0	－50.5
私营企业	7.2	37.3	8.0
私营独资企业	－9.4	46.8	20.2
私营有限责任公司	12.8	44.4	1.7
私营股份有限公司	43.5	－72.1	614.2
其他企业	240.3	603.0	－57.7
港、澳、台商投资企业	－19.3	8.8	354.1
合资经营企业（港或澳、台资）	20.4	－78.5	673.8
合作经营企业（港或澳、台资）		－5.0	
港、澳、台商独资经营企业			
外商投资企业	－31.7	121.1	278.8
中外合资经营企业	175.5	3.6	－15.5
外资企业	341.4	－18.1	48.9
个体经营	3.6	346.7	－76.4
个体户	－4.7		
4、按产业分			
①第一产业	535.7	－2.5	－4.6
②第二产业	13.3	17.7	19.6
工业	13.3	16.9	19.5
③第三产业	19.8	－12.9	－20.3
5、按国民经济行业分			
农林牧渔业	580.4	－31.7	－37.3
采矿业	－100.0		

项　　目	宝　应	仪　征	高　邮
制造业	5.1	30.0	22.6
电力热力燃气及水的生产和供应业	403.1	－64.4	－7.7
建筑业			56.8
批发和零售业	2210.0	4.2	－85.1
交通运输仓储和邮政业	14.7	－51.4	－8.4
住宿和餐饮业	－82.6	－85.7	－44.4
信息传输软件和信息技术服务业	17.1		
金融业			
房地产业	－57.0	－30.1	
租赁和商务服务业	－57.6	－29.5	－21.4
科学研究和技术服务业	452.1		325.3
水利环境和公共设施管理业	4.0	21.8	－78.0
居民服务修理和其它服务业		－100.0	－100.0
教育	－5.5	－94.2	－4.3
卫生和社会工作	124.6	－65.8	385.7
文化体育和娱乐业	292.2	－13.4	－100.0
公共管理社会保障和社会组织		400.0	－80.6
三、项目个数			
1、施工项目个数	14.1	80.7	5.0
其中:本年新开工	24.5	571.4	8.7
2、本年投产项目个数	3.7	86.1	4.3
四、房屋建筑面积			
1、房屋施工面积	61.4	66.4	－41.6
其中:住宅	－52.6	48.6	
2、房屋竣工面积	－54.2	－21.6	－68.8
其中:住宅	－52.6	－10.6	
3、房屋竣工价值	－15.7	－44.0	－78.6
其中:住宅	－82.6	－55.0	

4－5　各地区固定资产投资比上年增长情况

（2018 年）　　　　　　　　　　单位:%

地　区	总　计	#项目投资	#房地产开发投资
全　市	**11.0**	**4.7**	**40.0**
开发区	12.1	6.8	35.2
广　陵	13.1	10.6	17.0
邗　江	16.7	－1.7	58.8
江　都	－2.3	－2.6	1.0
宝　应	11.6	17.4	－22.4
仪　征	15.5	3.5	－152.9
高　邮	16.0	10.3	61.1

4－6　房地产开发投资完成额

（2018 年）　　　　单位：万元

项　　目	全　市	市　区	开发区	广　陵	邗　江	江　都
本年完成投资	**6209779**	**4444451**	**366221**	**1109017**	**2426906**	**542307**
一、按登记注册类型分						
内资企业	5459934	3815643	288597	979284	2124898	422864
国有企业	1700					
集体企业						
股份合作企业						
有限责任公司	2068964	1496373	187127	221529	998939	88778
股份有限公司	49366	40468			11500	28968
私营企业	3339904	2278802	101470	757755	1114459	305118
港、澳、台商投资企业	497855	380018	25022	129733	196800	28463
与港澳台商合资经营企业	338121	229144	19241	845	196800	12258
港澳台商独资经营企业	159734	150874	5781	128888		16205
其他港澳台投资企业						
外商投资企业	251990	248790	52602		105208	90980
中外合资经营企业	251990	248790	52602		105208	90980
外资企业						
二、按资质等级分						
一级	75936	72611			72611	
二级	1009214	359697	116559	56793	138156	48189
三级	96969	64057	100		6982	56975
四级						
暂定	4131519	3225602	249562	681769	1896039	398232
其他	896141	722484		370455	313118	38911
三、按构成分						
建筑工程	3706481	2594407	183099	563269	1576814	271225
安装工程	516742	369910	9522	87278	272022	1088
设备工器具购置	59096	41076	822	4029	34925	1300
其他费用	1927460	1439058	172778	454441	543145	268694
旧建筑物购置费	4024	4006		4006		
土地购置费	1680641	1262517	132789	418406	446093	265229
四、按工程用途分						
住宅	4558687	3214944	301634	773905	1660403	479002
90 平方米及以下	723062	518965	31728	95897	383641	7699
90－144 平方米	2743265	1911330	237687	641305	785071	247267
144 平方米以上	1092360	784649	32219	36703	491691	224036
别墅、高档公寓	246698	125376	23793	2579	99004	
办公楼	164018	116895	9477	44743	52075	10600
商业营业用房	921707	594525	37733	170795	337903	48094
其他	565367	518087	17377	119574	376525	4611

项目	宝应	仪征	高邮
本年完成投资	**333879**	**742470**	**688979**
一、按登记注册类型分			
内资企业	333879	742470	567942
国有企业			1700
集体企业			
股份合作企业			
有限责任公司	62300	396295	113996
股份有限公司			8898
私营企业	271579	346175	443348
港、澳、台商投资企业			117837
与港澳台商合资经营企业			108977
港澳台商独资经营企业			8860
其他港澳台投资企业			
外商投资企业			3200
中外合资经营企业			3200
外资企业			
二、按资质等级分			
一级			3325
二级	210994	242522	196001
三级	600	25400	6912
四级			
暂定	122285	369104	414528
其他		105444	68213
三、按构成分			
建筑工程	189949	593011	329114
安装工程	37609	48669	60554
设备工器具购置	1194	5017	11809
其他费用	105127	95773	287502
旧建筑物购置费			18
土地购置费	95990	92198	229936
四、按工程用途分			
住宅	273043	544736	525964
90平方米及以下	32093	109662	62342
90-144平方米	210699	263658	357578
144平方米以上	30251	171416	106044
别墅、高档公寓	9308	91025	20989
办公楼		23357	23766
商业营业用房	50840	167196	109146
其他	9996	7181	30103

4－7 房地产开发企业资金和土地情况

（2018年）　　单位：万元、平方米

项目	全市	市区	开发区	广陵	邗江	江都
上年末结余资金	**2685707**	**2261839**	**186835**	**391477**	**1400711**	**282816**
本年资金来源小计	8287221	6244240	788272	1323509	3561486	570973
国内贷款	1001012	959954	110000	142479	707455	20
银行贷款	883595	842537	110000	101416	631121	
非银行金融机构贷款	117417	117417		41063	76334	20
利用外资	13678					
自筹资金	1992886	1393921	47755	494129	698603	153434
定金及预收款	3464854	2681424	440888	432741	1447901	359894
个人按揭贷款	1559448	1046726	157370	229223	612946	47187
其他到位资金	255343	162215	32259	24937	94581	10438
各项应付款合计	2151632	1723904	186626	515106	936994	85178
工程款	1240903	1061380	144861	270462	614171	31886
待开发土地面积	1659417	906229	60343	166881	440566	238439
购置土地面积	1397590	632714		275969	356745	
土地成交价款	708639	391024		207560	183464	
拆迁补偿费	2983					

项　　目	宝　应	仪　征	高　邮
上年末结余资金	**100146**	**231174**	**92548**
本年资金来源小计	464472	732562	845947
国内贷款	17800	7400	15858
银行贷款	17800	7400	15858
非银行金融机构贷款			
利用外资			13678
自筹资金	149894	309763	139308
定金及预收款	155630	247997	379803
个人按揭贷款	140911	166026	205785
其他到位资金	237	1376	91515
各项应付款合计	19208	139364	269156
工程款	2883	54549	122091
待开发土地面积		376779	376409
购置土地面积	248463	56040	460373
土地成交价款	117100	12860	187655
拆迁补偿费		57	2926

4－8　房地产开发销售情况

（2018 年）　　单位:万元、平方米

项　　目	全　市	市　区	开发区	广　陵	邗　江	江　都
商品房销售面积	**7461666**	**4694460**	**526693**	**881806**	**2491303**	**794658**
住宅	6654145	4138835	483920	720499	2166002	768414
#90 平方米及以下	442553	332178	23587	30491	261709	16391
144 平方米以上	961009	603149	50509	68875	365144	118621
#别墅、高档公寓	228273	110789	20657	953	89179	
办公楼	138026	124145	14855	86336	22438	516
商业营业用房	370459	157105	17224	22991	91186	25704
其他	299036	274375	10694	51980	211677	24
现房销售面积	**987038**	**560484**	**78086**	**55595**	**401043**	**25760**
住宅	701690	361497	62656	14022	259408	25411
#90 平方米及以下	77173	40788	8722	9272	20758	2036
144 平方米以上	170572	114103	14539	1231	97483	850
#别墅、高档公寓	75670	36760	449		36311	
办公楼	14773	14773	2085	10467	2221	
商业营业用房	140378	54657	6403	6812	41093	349
其他	130197	129557	6942	24294	98321	
期房销售面积	**6474628**	**4133976**	**448607**	**826211**	**2090260**	**768898**
住宅	5952455	3777338	421264	706477	1906594	743003
#90 平方米及以下	365380	291390	14865	21219	240951	14355
144 平方米以上	790437	489046	35970	67644	267661	117771
#别墅、高档公寓	152603	74029	20208	953	52868	
办公楼	123253	109372	12770	75869	20217	516
商业营业用房	230081	102448	10821	16179	50093	25355
其他	168839	144818	3752	27686	113356	24
待售面积	**1940375**	**1546096**	**324623**	**281682**	**909175**	**30616**
住宅	715943	495100	63181	17361	391496	23062
#90 平方米及以下	76941	37959	3083	247	28019	6610
144 平方米以上	233557	194404	18274	5274	166891	3965

项　　目	全　市	市　区	开发区	广　陵	邗　江	江　都
#别墅、高档公寓	141173	85485	13346		72139	
办公楼	110075	110075	78167		29678	2230
商业营业用房	692500	523821	68213	244501	207659	3448
其他	421857	417100	115062	19820	280342	1876
商品房销售额	**7474918**	**5437761**	**639200**	**1066539**	**2938030**	**793992**
住宅	6746377	4942415	587999	915418	2678907	760091
#90平方米及以下	431285	349626	23828	30459	281201	14138
144平方米以上	1180252	882779	81624	111415	547334	142406
#别墅、高档公寓	261429	149728	32702	2495	114531	
办公楼	166663	151094	16090	106360	28186	458
商业营业用房	416705	216581	27094	31181	124869	33437
其他	145173	127671	8017	13580	106068	6
现房销售额	**726057**	**485051**	**79899**	**36486**	**354513**	**14153**
住宅	537612	356848	69974	11493	261660	13721
#90平方米及以下	69463	44803	9299	7936	26535	1033
144平方米以上	169805	128297	20274	861	106782	380
#别墅、高档公寓	65069	33153	459		32694	
办公楼	12767	12767	1500	10106	1161	
商业营业用房	118296	58240	6875	9037	41896	432
其他	57382	57196	1550	5850	49796	
期房销售额	**6748861**	**4952710**	**559301**	**1030053**	**2583517**	**779839**
住宅	6208765	4585567	518025	903925	2417247	746370
#90平方米及以下	361822	304823	14529	22523	254666	13105
144平方米以上	1010447	754482	61350	110554	440552	142026
#别墅、高档公寓	196360	116575	32243	2495	81837	
办公楼	153896	138327	14590	96254	27025	458
商业营业用房	298409	158341	20219	22144	82973	33005
其他	87791	70475	6467	7730	56272	6

项　　目	宝 应	仪 征	高 邮
商品房销售面积	**786677**	**792473**	**1188056**
住宅	778286	710308	1026716
#90平方米及以下	40086	17658	52631
144平方米以上	18192	212640	127028
#别墅、高档公寓	9952	79481	28051
办公楼		13881	
商业营业用房	7475	45179	160700
其他	916	23105	640
现房销售面积	**53897**	**47321**	**325336**
住宅	50600	40765	248828
#90平方米及以下	3867	3718	28800
144平方米以上		22821	33648
#别墅、高档公寓		14539	24371
办公楼			
商业营业用房	3297	6556	75868
其他			640
期房销售面积	**732780**	**745152**	**862720**
住宅	727686	669543	777888
#90平方米及以下	36219	13940	23831
144平方米以上	18192	189819	93380
#别墅、高档公寓	9952	64942	3680
办公楼		13881	
商业营业用房	4178	38623	84832
其他	916	23105	
待售面积	**75037**	**42430**	**276812**
住宅	22346	18540	179957
#90平方米及以下	3802		35180
144平方米以上		3960	35193

项　　目	宝　应	仪　征	高　邮
#别墅、高档公寓	6414	3190	46084
办公楼			
商业营业用房	52340	23890	92449
其他	351		4406
商品房销售额	**553266**	**676467**	**807424**
住宅	538872	612692	652398
#90平方米及以下	31021	14319	36319
144平方米以上	20098	184774	92601
#别墅、高档公寓	13774	76228	21699
办公楼		15569	
商业营业用房	14008	31276	154840
其他	386	16930	186
现房销售额	**28481**	**36559**	**175966**
住宅	23980	29719	127065
#90平方米及以下	2151	3475	19034
144平方米以上		18329	23179
#别墅、高档公寓		13551	18365
办公楼			
商业营业用房	4501	6840	48715
其他			186
期房销售额	**524785**	**639908**	**631458**
住宅	514892	582973	525333
#90平方米及以下	28870	10844	17285
144平方米以上	20098	166445	69422
#别墅、高档公寓	13774	62677	3334
办公楼		15569	
商业营业用房	9507	24436	106125
其他	386	16930	

4－9　房地产开发施工、竣工情况

（2018 年）　　单位:平方米

项　　目	全　市	市　区	开发区	广　陵	邗　江	江　都
房屋施工面积	**29282251**	**17598282**	**1690676**	**4487557**	**8931535**	**2488514**
住宅	21024983	11777755	1255506	2753917	5945337	1822995
#90 平方米及以下	3058871	1996926	165050	499155	1290807	41914
144 平方米以上	3396137	1923620	205787	201503	1139183	377147
#别墅、高档公寓	1381781	553751	105942	4064	443745	
办公楼	1390248	1083673	72796	605175	357623	48079
商业营业用房	3651279	2097433	156122	308993	1040746	591572
其他	3215741	2639421	206252	819472	1587829	25868
房屋新开工面积	**9848791**	**6482715**	**647088**	**1274866**	**3622204**	**938557**
住宅	7070102	4451179	524694	936983	2100667	888835
#90 平方米及以下	765911	629703	41483	112917	474799	504
144 平方米以上	1352934	843594	47873	12723	521226	261772
#别墅、高档公寓	481650	130787	34875	4064	91848	
办公楼	418764	343337	8086	41635	293616	
商业营业用房	1018387	590353	55529	164962	335790	34072
其他	1341538	1097846	58779	131286	892131	15650
房屋竣工面积	**5741962**	**2916565**	**467585**	**541230**	**1702420**	**205330**
住宅	3802341	1369252	290978	245910	761376	70988
#90 平方米及以下	677852	224741	5160	85092	133985	504
144 平方米以上	322434	239703	60090		179613	
#别墅、高档公寓	203129	155187	50790		104397	
办公楼	228905	228905	24482	198296	6127	
商业营业用房	1064777	756268	40235	61265	520682	134086
其他	645939	562140	111890	35759	414235	256

项　　目	宝　应	仪　征	高　邮
房屋施工面积	**2793621**	**4365634**	**4524714**
住宅	2441283	3405485	3400460
#90 平方米及以下	202321	484060	375564
144 平方米以上	115876	853076	503565
#别墅、高档公寓	72877	678200	76953
办公楼	387	220879	85309
商业营业用房	310726	566587	676533
其他	41225	172683	362412
房屋新开工面积	**505535**	**1460641**	**1399900**
住宅	444313	1331657	842953
#90 平方米及以下	35759	49834	50615
144 平方米以上	20691	293942	194707
#别墅、高档公寓	15750	301414	33699
办公楼		1879	73548
商业营业用房	60306	47271	320457
其他	916	79834	162942
房屋竣工面积	**1194468**	**461011**	**1169918**
住宅	1166353	253413	1013323
#90 平方米及以下	111366	88713	253032
144 平方米以上	7780	29209	45742
#别墅、高档公寓	7361	13219	27362
办公楼			
商业营业用房	12391	200906	95212
其他	15724	6692	61383

4－10　房地产开发企业财务情况

（2018 年）　　单位:万元

项　　目	全　市	市　区	开发区	广　陵	邗　江	江　都
企业个数	371	38	114	51	30	11
一、期末资产负债						
流动资产合计	21458720	2604351	8228978	2604667	1285412	2128760
#应收账款	1939242	160482	742815	361117	83859	337440
存货	10893477	1442999	4289885	1122188	550492	875066
固定资产原价	629990	99261	324465	58024	60373	3424
累计折旧	151416	8276	83761	16916	11839	1559
#本年折旧	30459	5497	11466	2939	2823	363
在建工程	840635	173335	50944	4914	522	532656
资产总计	27610026	3829237	10781182	2834589	1402452	3184283
流动负债合计	16237028	2485392	6329064	1834047	1102316	968882
#应付账款	2101834	309471	985353	232451	143825	49641
非流动负债合计	4404577	446022	1886726	328293	61032	1214268
负债合计	20641605	2931415	8215790	2162340	1163348	2183150
所有者权益合计	6968421	897823	2565392	672249	239104	1001134
#实收资本	4640212	706093	1700287	484937	159994	446085
二、损益及分配						
营业收入	9553216	1335536	3471403	1044783	783153	549953
主营业务收入	9528009	1334829	3470620	1043669	783153	548998
土地转让收入	2910		2910			
商品房销售收入	9413228	1328441	3416190	1036104	780675	528621
自持物业收入	29822	4499	7857	443	2037	227
房屋出租收入	15811	4498	4047	443	2037	227
其他主营业务收入	82049	1890	43662	7123	442	20150
营业成本	6757711	911397	2312089	830741	603919	387932
主营业务成本	6719189	911222	2299867	823958	603919	387932
营业税金及附加	338652	66579	114466	40188	11637	8298
主营业务税金及附加	335839	66245	112713	40009	11631	8193
其他业务利润	24396	9571	399	1893	765	684
销售费用	193431	23548	72216	22830	8235	6681
管理费用	186157	14423	84783	22020	14571	6485
财务费用	34330	1618	18132	5474	2244	317
投资收益	15442	5106	7346	－358	73	2357
营业利润	2084010	323211	875831	125224	142685	128551
营业外收入	17232	312	2390	7348	6764	846
营业外支出	40761	26839	4678	1628	494	479
利润总额	2073313	296684	873558	130379	148955	143174
应交所得税	276434	41786	136114	25139	16533	8379
三、人工成本及增值税						
应付职工薪酬	127708	10056	60856	9288	6449	5150
应交增值税	375969	32737	169675	49009	19941	23163

4－10　续表　　　　　　　　　（2018 年）　　　　　　　　　单位：万元

项　　　　目	宝　应	仪　征	高　邮
企业个数	35	30	62
一、期末资产负债			
流动资产合计	1787656	1202170	1616726
#应收账款	86373	90076	77081
存货	928110	712979	971758
固定资产原价	28765	20461	35218
累计折旧	11155	6225	11685
#本年折旧	1824	2405	3144
在建工程	8103	25053	45108
资产总计	2040729	1635566	1901988
流动负债合计	1139919	1003100	1374309
#应付账款	205495	119615	55983
非流动负债合计	257969	175049	35218
负债合计	1397888	1178149	1409526
所有者权益合计	642841	457417	492462
#实收资本	545213	219699	377905
二、损益及分配			
营业收入	937811	628152	802426
主营业务收入	916887	627630	802223
土地转让收入			
商品房销售收入	901253	625901	796044
自持物业收入	12602	1226	931
房屋出租收入	2602	1026	931
其他主营业务收入	3033	503	5248
营业成本	649851	425594	636187
主营业务成本	640215	420908	631168
营业税金及附加	51655	21560	24270
主营业务税金及附加	51400	21481	24168
其他业务利润	1394	711	8979
销售费用	26120	17461	16340
管理费用	15044	12526	16306
财务费用	3069	2490	987
投资收益	197	6	715
营业利润	194237	185209	109062
营业外收入	－1178	415	336
营业外支出	3912	2150	582
利润总额	189147	183477	107940
应交所得税	13535	22607	12342
三、人工成本及增值税			
应付职工薪酬	9452	14556	11900
应交增值税	36072	29796	15577

4－11 分地区建筑业生产经营情况

（2018 年）

项　　目	全 市	市 区	开发区	广 陵	邗 江	江 都
企业个数(个)	670	394	36	77	147	134
一、建筑业合同情况(万元)						
签订合同额	57394582	32714522	869806	10451308	5850725	15542683
上年结转合同额	25168112	15757069	297988	4829872	1534149	9095060
本年新签合同额	32226470	16957453	571818	5621436	4316576	6447623
二、承包工程完成情况(万元)						
直接从建设单位承揽工程完成的产值	35533011	19652532	593430	5815048	4432065	8811989
自行完成施工产值	35523069	19645466	591888	5814901	4431997	8806679
分包出去工程的产值	9942	7066	1542	147	68	5310
从建设单位以外承揽工程完成的产值	3626536	2222958	72331	140090	373281	1637257
三、建筑业总产值(万元)	**39149605**	**21868424**	**664219**	**5954991**	**4805278**	**10443936**
其中:装饰装修产值	1412712	1074509	30792	269744	618058	155915
在外省完成的产值	22031304	13622368	145228	4197348	1876284	7403508
建筑工程产值	36674718	19529338	640431	5740846	4197886	8950174
安装工程产值	2378643	2285043	23268	208124	601189	1452462
其他建筑业产值	96243	54043	520	6020	6204	41299
四、竣工产值(万元)	**31684775**	**17738321**	**240685**	**5286175**	**3947052**	**8264410**
五、房屋施工面积(万平方米)	**28545**	**13747**	**121**	**4617**	**2066**	**6942**
其中:房屋新开工面积	12101	5000	57	1459	1174	2310

4－11　续表　（2018 年）

项　　目	宝　应	仪　征	高　邮
企业个数(个)	114	73	89
一、建筑业合同情况(万元)			
签订合同额	7409919	5005319	12264822
上年结转合同额	2608421	2463006	4339616
本年新签合同额	4801498	2542313	7925207
二、承包工程完成情况(万元)			
直接从建设单位承揽工程完成的产值	4624610	3235572	8020296
自行完成施工产值	4622324	3235278	8020001
分包出去工程的产值	2287	294	295
从建设单位以外承揽工程完成的产值	689112	141674	572792
三、建筑业总产值(万元)	**5311435**	**3376953**	**8592793**
其中:装饰装修产值	98433	78842	160929
在外省完成的产值	3646641	1696466	3065828
建筑工程产值	5275190	3344568	8525623
安装工程产值	32562	26526	34512
其他建筑业产值	3683	5858	32658
四、竣工产值(万元)	**4927613**	**1978752**	**7040089**
五、房屋施工面积(万平方米)	**6363**	**1936**	**6498**
其中:房屋新开工面积	2875	1013	3213

4－12　分地区建筑业财务情况

（2018 年）　　　　单位:万元

项　　目	全　市	市　区	开发区	广　陵	邗　江	江　都
一、期末资产负债						
流动资产合计	14891090	2133201	2146252	3117476	1903845	417043
应收工程款	4930080	737267	940078	877151	713661	95312
存货	4585595	749362	776061	902855	557382	94418
固定资产原价	1980385	345961	210388	440395	390320	44604
固定资产累计折旧	810799	147127	97659	214831	128956	13711
固定资产本年折旧	130253	33074	10371	20736	23674	1958
在建工程	376320	4447	86685	48232	13785	1071
资产合计	17687300	2678722	2596876	3624339	2229925	565415
流动负债合计	8130283	1485697	1372188	1549325	966537	344581
应付账款	2726393	824873	553657	313538	227849	108077
非流动负债合计	914667	117766	47586	24244	100346	1349
负债合计	9243281	1611335	1435105	1587524	1066913	487595
所有者权益	8444019	1067386	1161771	2036815	1163012	77820
二、损益及分配						
营业收入	26418156	4982532	3646730	6116758	3635362	420870
主营业务收入	26146842	4793870	3639424	6099147	3585223	417708
营业成本	23677372	4542883	3253222	5550537	3145794	386716
主营业务成本	23461245	4390828	3246616	5529544	3114926	384453
营业税金及附加	382050	50740	71026	64542	91156	4762
主营业务税金及附加	371553	43992	69375	64241	90491	4750
其他业务利润	33371	30290	326	1194	(222)267	
销售费用	108574	13104	6704	20540	39135	305
管理费用	626879	125072	63372	154185	91314	12940
财务费用	205975	47766	25482	27518	44170	2492
投资收益	11211	7167	2552	389	92	697
营业利润	1442494	209723	229559	299703	223886	14357
营业外收入	11686	4756	426	2725	818	228
营业外支出	11906	5197	211	4846	344	181
利润总额	1442271	209282	229775	297579	224361	14405
应交所得税	284801	50562	39321	69429	53193	4145
三、人工成本及增值税						
本年应付职工薪酬	6505449	970101	980809	1583669	1052966	36647
应交增值税	824556	126121	76829	218764	110484	8210

项　　目	宝　应	仪　征	高　邮
一、期末资产负债			
流动资产合计	756692	2428236	1988345
应收工程款	319082	523976	723552
存货	112890	633345	759282
固定资产原价	41014	228656	279047
固定资产累计折旧	13213	101879	93423
固定资产本年折旧	3451	16339	20651
在建工程	201275	5028	15797
资产合计	805097	2855388	2331538
流动负债合计	399671	1186501	825784
应付账款	182816	294055	221528
非流动负债合计	44797	543858	34719
负债合计	446119	1730426	878264
所有者权益	358978	1124962	1453274
二、损益及分配			
营业收入	557329	2524897	4533678
主营业务收入	556239	2523183	4532049
营业成本	439322	2248820	4110078
主营业务成本	438889	2248049	4107942
营业税金及附加	5388	50662	43774
主营业务税金及附加	5288	50426	42991
其他业务利润	188	884	445
销售费用	1718	2739	24330
管理费用	17260	50986	111750
财务费用	6153	29157	23237
投资收益	0	104	210
营业利润	87443	157122	220700
营业外收入	18	1443	1272
营业外支出	83	538	507
利润总额	87378	158027	221465
应交所得税	3414	20927	43811
三、人工成本及增值税			
本年应付职工薪酬	89599	649859	1141800
应交增值税	17219	88776	178152

4－13 分资质等级建筑业企业生产经营情况

(2018 年)

项目	施工总承包	特级	一级	二级	三级
企业个数	393	10	46	118	219
一、建筑业合同情况(万元)					
签订的建筑合同额	54670099	27747818	15277461	7403505	4241316
上年结转建筑合同额	23936696	13339635	6401585	2877639	1317837
本年新签建筑合同额	30733403	14408183	8875876	4525866	2923479
二、承包工程完成情况(万元)					
直接从建设单位承揽工程完成的产值	33851781	15946176	10100693	4787298	3017614
自行完成施工产值	33844575	15946176	10100405	4786712	3011282
分包出去工程的产值	7206	288	586	6332	
从建设单位以外承揽工程完成的产值	2827622	579042	750749	872467	625364
三、建筑业总产值(万元)	**36672197**	**16525217**	**10851154**	**5659180**	**3636646**
其中:装饰装修产值	578764	379669	126075	25942	47078
在外省完成的产值	20883938	11295496	6410104	2055868	1122470
建筑工程产值	34990944	15983748	9943182	5462000	3602014
安装工程产值	1602092	516594	869478	190930	25090
其他建筑业产值	79160	24874	38494	6249	9543
四、竣工产值(万元)	**30015874**	**13931259**	**8749958**	**4413220**	**2921438**
五、房屋施工面积(万平方米)	**28400**	**13680**	**7719**	**4497**	**2503**
其中:房屋新开工面积	12051	5597	3040	2199	1216

4－13 续表 （2018 年）

项　　目	专业承包	一　级	二　级	三　级	不分等级
企业个数	277	38	74	150	15
一、建筑业合同情况（万元）					
签订的建筑合同额	2724483	1237485	992112	485750	9137
上年结转建筑合同额	1231416	547339	643364	40492	222
本年新签建筑合同额	1493067	690145	348749	445258	8915
二、承包工程完成情况（万元）					
直接从建设单位承揽工程完成的产值	1681230	758439	542681	374570	5541
自行完成施工产值	1678494	758439	542403	372208	5445
分包出去工程的产值	2736	278	2362	96	
从建设单位以外承揽工程完成的产值	798914	479860	227557	77084	14413
三、建筑业总产值（万元）	**2477408**	**1238299**	**769960**	**449292**	**19858**
其中：装饰装修产值	833948	657159	110562	65924	304
在外省完成的产值	1147367	651766	387851	97003	10747
建筑工程产值	1683774	1001865	380979	295345	5585
安装工程产值	776551	235874	385128	144066	11484
其他建筑业产值	17083	560	3853	9881	2789
四、竣工产值（万元）	**1668901**	**749134**	**556211**	**352518**	**11038**
五、房屋施工面积（万平方米）	**145**	**37**	**56**	**40**	**13**
其中：房屋新开工面积	50	19	7	10	13

4-14　分行业建筑业企业生产经营情况

（2018年）

项　　目	建筑业	房屋建筑业	土木工程建筑业	建筑安装业	建筑装饰和其他建筑业
企业个数	670	304	122	125	119
一、建筑业合同情况（万元）					
签订的建筑合同额	57394582	50088763	4439506	1862599	1003714
上年结转建筑合同额	25168112	22885996	1474711	520288	287118
本年新签建筑合同额	32226470	27202768	2964795	1342311	716596
二、承包工程完成情况（万元）					
直接从建设单位承揽工程完成的产值	35533011	30416507	2960769	1394126	761609
自行完成施工产值	35523069	30409837	2957873	1393756	761603
分包出去工程的产值	9942	6670	2896	370	6
从建设单位以外承揽工程完成的产值	3626536	2189444	287851	795504	353737
三、建筑业总产值（万元）	**39149605**	**32599281**	**3245724**	**2189260**	**1115340**
其中：装饰装修产值	1412712	570479	5216	12890	824128
在外省完成的产值	22031304	19376114	1011009	1251753	392429
建筑工程产值	36674718	31473188	3159691	998353	1043486
安装工程产值	2378643	1054730	80208	1177013	66693
其他建筑业产值	96243	71363	5825	13894	5161
四、竣工产值（万元）	**31684775**	**27198905**	**2215341**	**1465406**	**805123**
五、房屋施工面积（万平方米）	**28545**	**28092**	**310**	**101**	**42**
其中：房屋新开工面积	12101	11814	215	55	17

4－15　全市建筑企业总产值前50名

（2018年）　　单位：万元

单　位　名　称	地区	建筑业总产值	位次
江苏省华建建设股份有限公司	广陵区	3686274	1
江苏江都建设集团有限公司	江都区	2658217	2
江苏弘盛建设工程集团有限公司	高邮市	2192066	3
江苏邗建集团有限公司	邗江区	1702657	4
安宜建设集团有限公司	宝应县	1331189	5
江苏省江建集团有限公司	江都区	1313371	6
江苏扬建集团有限公司	广陵区	1221694	7
江苏天宇建设集团有限公司	宝应县	1195826	8
江苏兴厦建设工程集团有限公司	高邮市	1101905	9
江苏润扬建设工程集团有限公司	高邮市	811864	10
江苏瑞沃建设集团有限公司	高邮市	740483	11
江苏东晟新诚建设集团有限公司	仪征市	661844	12
江苏华江建设集团有限公司	江都区	656000	13
江苏仪征苏中建设有限公司	仪征市	588671	14
江苏华轩建设工程有限公司	宝应县	558220	15
扬州一建集团有限公司	仪征市	526334	16
江苏龙坤集团有限公司	江都区	515995	17
江苏扬州建工建设集团有限公司	江都区	470820	18
江苏建宇建设集团有限公司	高邮市	410170	19
扬州市江都第六建设工程有限公司	江都区	340097	20
江苏沪武建设集团有限公司	江都区	330877	21
江苏鼎鑫建设工程有限公司	江都区	328400	22
江苏尚榉建设集团有限公司	仪征市	301851	23
江苏新纪元公用事业建设有限公司	开发区	298373	24
江苏亘顺建设工程有限公司	仪征市	292686	25

单　位　名　称	地区	建筑业总产值	位次
江苏兴业环境集团有限公司	邗江区	286689	26
江苏华泰路桥建设集团有限公司	高邮市	281133	27
江苏江安集团有限公司	江都区	265619	28
江苏龙腾坤鑫建设发展有限公司	江都区	254447	29
扬州市第五建筑安装工程有限公司	江都区	240093	30
扬州市宝祥建设工程有限公司	江都区	231017	31
扬州裕元建设有限公司	邗江区	224451	32
江苏省天地人建设集团有限公司	邗江区	208644	33
江苏恒远建设工程有限公司	江都区	189780	34
江苏伟业安装集团有限公司	邗江区	187739	35
江苏协和装饰工程有限公司	邗江区	184165	36
扬州市建设安装工程有限公司	江都区	180993	37
江苏华宇装饰集团有限公司	邗江区	180806	38
江苏省水利建设工程有限公司	邗江区	180561	39
江苏丰祥建设工程有限公司	宝应县	171315	40
江苏邮城建设工程有限公司	高邮市	170176	41
扬州市润泽建设工程有限公司	高邮市	159760	42
江苏港宇建设工程有限公司	宝应县	154671	43
江苏清源建设有限公司	开发区	150089	44
中机环建集团有限公司	邗江区	145474	45
江苏威达建设有限公司	江都区	143282	46
江苏弘发建设工程有限公司	高邮市	140290	47
江苏中都建设工程有限公司	江都区	131833	48
扬州惠丰建筑安装工程有限公司	高邮市	130804	49
江苏亚鹏建设工程有限公司	宝应县	129835	50

5

人民生活

编辑:解国元　林宁　叶进

5－1　历年居民家庭人均收入和支出

单位:万元

年　份	城镇居民		农村居民	
	可支配收入	消费支出	可支配收入	消费支出
1985	813	725	500	432
1986	1021	893	556	504
1987	1127	958	619	568
1988	1423	1474	717	665
1989	1604	1414	805	745
1990	1750	1555	941	798
1991	2012	1790	903	841
1992	2562	2268	1012	885
1993	3294	2937	1276	993
1994	4423	3687	1660	1432
1995	5378	4636	2390	2020
1996	5535	4352	2937	2307
1997	5892	4686	3126	2590
1998	6101	4432	3257	2307
1999	6389	4663	3364	2245
2000	6734	4990	3464	2312
2001	7205	5416	3690	2396
2002	7833	5575	3926	2391
2003	8705	5910	4172	2648
2004	9851	6509	4677	3034
2005	11379	7388	5215	3710
2006	12945	8273	5813	4314
2007	15057	9696	6586	4945
2008	17398	11562	7450	5447
2009	19416	12888	8295	5930
2010	21766/19228	13679/12224	9462/9173	6782/7072
2011	24780/22474	16003/14301	11217/10870	7791/8123
2012	28001/25306	17550/15684	12686/12294	8714/9085
2013	30690/27700	19153/17116	14214/13775	9725/10140
2014	30322	18417	15284	11266
2015	32946	19780	16619	12316
2016	35659	21064	18057	13722
2017	38828	22093	19694	14766
2018	41999	23718	21457	15848

注:全国住户收支调查工作在2013年进行了城乡一体化改革,并于2014年正式公布城乡可比的居民收支数据;斜线前为改革前的老口径数据,斜线后为新口径数据。

5－2 居民家庭基本情况

（2018 年）

项目	单位	全体居民	城镇居民	农村居民
一、调查户数	户	1150	660	490
二、平均每户家庭人口	人	3.10	3.08	3.14
三、平均每户就业人口	人	1.80	1.68	1.99
四、平均每一就业人口负担人数	人	1.73	1.83	1.57
五、平均每户就业面	（%）	57.97	54.50	63.50
六、平均每人现住房建筑面积	平方米	49.70	46.00	55.60
七、人均可支配收入	元	34076	41999	21457
八、人均非收入所得	元	1194	1351	945
#非经常性转移所得	元	993	1152	739
九、人均借贷性所得	元	1211	1229	1182
#提取储蓄存款	元	913	1021	741
十、人均总支出	元	32346	35350	27562
#消费支出	元	20683	23718	15848
转移性支出	元	1620	2132	805
生产经营费用支出	元	1543	986	2431
借贷性支出	元	1833	1565	2261
十一、人均通过互联网购买的商品和服务	元	251	372	59
十二、恩格尔系数	%	30.5	30.7	30.1
十三、百户接入有线电视的彩色电视机	台	166.7	174.9	153.5
十四、百户接入互联网的移动电话	部	202.4	205.2	198
十五、百户接入互联网的计算机	台	73.7	86.7	53.1

5-3 居民家庭居住情况

（2018 年） 单位:%

项 目	全体居民	城镇居民	农村居民
一、按住宅建筑式样分	100.0	100.0	100.0
1. 单栋住宅	65.9	44.8	99.6
2. 四居室及以上单元房	2.8	4.5	
3. 三居室单元房	15.8	25.8	
4. 二居室单元房	14.3	23.2	0.2
5. 一居室单元房	0.2	0.3	
6. 其他	0.9	1.4	0.2
二、按主要建筑材料分	100.0	100.0	100.0
1. 钢筋混凝土	25.1	31.8	14.4
2. 砖混材料	60.7	59.8	62.2
3. 砖瓦砖木	14.2	8.4	23.4
4. 其他			
三、按房屋来源分	100.00	100.00	100.00
1. 租赁房	3.75	6.10	
2. 自建住房	62.33	41.50	95.50
3. 购买商品房	23.56	38.10	0.40
4. 购买房改住房	4.00	5.50	1.60
5. 其他来源	6.37	8.80	2.5
四、按建筑面积分	100.0	100.0	100.0
1.30 平方米以内	0.3	0.3	0.2
2.30-60 平方米	2.9	3.9	1.4
3.60-90 平方米	15.9	18.9	11.2
4.90-120 平方米	24.4	30.0	15.6
5.120-200 平方米	33.9	30.0	40.1
6.200 平方米以上	22.5	16.9	31.5

5－4　居民家庭主要收支情况

（2018 年）　　　　单位:元

项　　目	全体居民	城镇居民	农村居民
可支配收入	34076	41999	21457
一、工资性收入	20361	25286	12516
1. 工资	19599	24247	12197
2. 实物福利	91	89	94
3. 其他	677	961	225
二、经营净收入	5672	5942	5242
1. 第一产业经营净收入	1361	487	2752
2. 第二产业经营净收入	1159	1153	1169
3. 第三产业经营净收入	3152	4302	1321
三、财产净收入	2734	4119	527
1. 利息净收入	387	558	114
2. 红利收入	197	275	74
3. 出租房屋财产性收入	370	552	79
四、转移净收入	5310	6652	3172
1. 转移性收入	6878	8765	3873
#养老金或离退休金	4521	6935	675
2. 转移性支出	1568	2113	701
消费支出	20683	23718	15848
一、食品烟酒	6315	7282	4776
1. 食品	4125	4652	3285
2. 烟酒	1048	1145	894
3. 饮料	120	133	99
4. 饮食服务	1023	1352	498
二、衣着	1560	1894	1027
1. 衣类	1250	1518	822

项　　目	全体居民	城镇居民	农村居民
2. 鞋类	310	376	205
三、居住	4324	4998	3250
1. 租赁房房租	144	142	147
2. 住房维修及管理	633	646	612
3. 水电燃料及其他	930	991	833
4. 自有住房折算租金	2617	3219	1658
四、生活用品及服务	1190	1306	1004
1. 家具及室内装饰品	161	167	152
2. 家用器具	361	357	367
3. 家用纺织品	108	128	76
4. 家庭日用杂品	320	362	253
5. 个人用品	159	190	109
6. 家庭服务	81	102	47
五、交通通信	2393	2595	2071
1. 交通	1390	1573	1099
2. 通信	964	1022	872
六、教育文化娱乐	3140	3747	2173
1. 教育	1572	1685	1392
2. 文化娱乐	1568	2062	781
七、医疗保健	1202	1254	1119
1. 医疗器具及药品	374	430	286
2. 医疗服务	827	824	833
八、其他用品和服务	559	642	428
1. 其他用品	331	372	265
2. 其他服务	229	270	163

5－5 居民家庭全年人均主要食品消费量

（2018 年） 单位:公斤

项　　目	全体居民	城镇居民	农村居民
粮食	120.4	110.0	137.0
#谷物	109.4	99.2	125.5
豆类	11.1	10.7	11.7
油脂类	14.6	12.2	18.4
#植物油	14.5	12.3	18.1
蔬菜及菜制品	120.0	121.1	118.2
#鲜菜	106.4	108.3	103.2
肉类	31.3	31.8	30.5
#猪肉	25.1	26.2	23.5
禽类	15.6	17.4	12.8
#鸡	9.6	10.6	7.9
水产品	17.7	19.0	15.6
#鱼类	13.3	14.0	12.3
蛋类及蛋制品	11.5	12.5	10.0
#鲜蛋	10.5	11.3	9.2
奶和奶制品	16.8	17.8	15.2
#鲜奶	11.7	14.2	7.6
干鲜瓜果类	37.9	43.2	29.4
#鲜瓜果	33.9	38.9	26.1
糖果糕点类	5.0	5.7	3.9
酒	7.7	6.5	9.5

5－6　居民家庭年末平均每百户耐用消费品拥有量

（2018 年）

项　　目	单位	全体居民	城镇居民	农村居民
家用汽车	辆	32.6	37.8	24.2
摩托车	辆	19.6	14.6	27.6
助力车	台	162.7	158.5	169.4
洗衣机	台	106.6	106.4	106.9
电冰箱(柜)	台	111.5	110.3	113.3
微波炉	台	93.1	94.4	91.0
彩色电视机	台	191.3	189.8	193.7
#接入有线电视	台	166.6	174.9	153.5
空调	台	202.6	227.7	162.7
热水器	台	117.9	121.8	111.6
#太阳能热水器	台	91.4	86.8	98.8
洗碗机	台	1.4	1.5	1.2
排油烟机	台	74.8	87.3	54.9
固定电话	线	76.9	75.2	79.7
移动电话	部	264.8	262.5	268.4
#接入互联网	部	202.4	205.2	198.0
计算机	台	78.5	90.3	59.6
#接入互联网	台	73.7	86.7	53.1
照相机	台	17.8	25.3	5.9
中高档乐器	架	5.3	7.3	2.0
健身器材	台	5.3	7.0	2.7

5－7　分地区全体居民人均收入和支出

（2018 年）　　单位：元

项　　目	全市	广陵	邗江	江都	宝应	仪征	高邮
可支配收入	**34076**	**41909**	**43318**	**33949**	**25864**	**32362**	**28597**
一、工资性收入	20360	26096	30602	20135	15013	21646	17054
二、经营净收入	5672	5406	7401	5832	4612	5804	5236
三、财产净收入	2734	3520	971	2870	2011	989	2024
四、转移净收入	5310	6888	4344	5111	4228	3923	4283
消费支出	**20683**	**31147**	**29699**	**22333**	**16153**	**19442**	**19233**
一、食品烟酒	6315	8854	8952	7012	5318	6118	5881
二、衣着	1560	1981	1774	1917	1187	1803	1427
三、居住	4324	5332	3590	5000	3143	3495	3935
四、生活用品及服务	1190	1816	1495	1066	849	1445	1137
五、交通通信	2393	3597	3234	2673	2024	2076	2316
六、教育文化娱乐	3140	5147	5852	3009	2216	3292	2872
七、医疗保健	1202	2534	2664	1017	905	799	1139
八、其他用品和服务	559	1886	2138	637	511	415	526

5－8　分地区城镇居民人均收入和支出

（2018年）　　单位:元

项　　目	全市	广陵	邗江	江都	宝应	仪征	高邮
可支配收入	**41999**	**44741**	**47262**	**43118**	**31773**	**42900**	**37071**
一、工资性收入	25286	27533	33623	26130	18287	29736	22554
二、经营净收入	5942	5437	7882	6213	4378	7259	5383
三、财产净收入	4119	4135	1040	4759	3575	1537	3508
四、转移净收入	6652	7636	4716	6016	5533	4368	5626
消费支出	**23718**	**33250**	**31902**	**25871**	**18332**	**23163**	**23169**
一、食品烟酒	7282	9576	9608	7397	6086	7373	7021
二、衣着	1894	2181	1894	2501	1390	2452	1855
三、居住	4998	5389	3863	6063	3506	3727	4818
四、生活用品及服务	1306	2081	1603	1215	927	1905	1305
五、交通通信	2595	3537	3506	3155	2224	2298	2678
六、教育文化娱乐	3747	5653	6241	3574	2649	3881	3641
七、医疗保健	1254	2674	2835	1290	911	1034	1221
八、其他用品和服务	642	2159	2352	675	639	493	630

5－9　分地区农村居民人均收入和支出

（2018 年）　　　　单位:元

项　目	全市	广陵	邗江	江都	宝应	仪征	高邮
可支配收入	**21457**	**28991**	**24046**	**23115**	**20119**	**20688**	**20140**
一、工资性收入	12516	19539	15836	13052	11831	12685	11565
二、经营净收入	5242	5263	5051	5382	4839	4192	5089
三、财产净收入	527	714	631	639	491	382	543
四、转移净收入	3172	3475	2528	4041	2958	3429	2943
消费支出	**15848**	**21556**	**18931**	**18152**	**14036**	**15321**	**15306**
一、食品烟酒	4776	5564	5751	6558	4571	4727	4744
二、衣着	1027	1068	1190	1227	989	1083	999
三、居住	3250	5074	2253	3745	2791	3238	3053
四、生活用品及服务	1004	605	964	891	773	935	969
五、交通通信	2071	3869	1905	2103	1830	1830	1955
六、教育文化娱乐	2173	2837	3951	2342	1796	2641	2105
七、医疗保健	1119	1895	1828	694	899	539	1058
八、其他用品和服务	428	644	1089	592	387	328	423

6

居民消费价格指数

编辑:季杰

6－1　历年居民消费价格指数

（以上年价格为 100）

项　　目	2016 年	2017 年	2018 年
居民消费价格总指数	**102.4**	**101.7**	**102.2**
非食品烟酒价格指数	101.8	102.3	102.4
服务价格指数	103.4	102.1	101.6
消费品价格指数	101.7	101.4	102.7
扣除鲜菜鲜果价格指数	102.2	101.8	102.0
按类别分			
一、食品烟酒	104.0	100.1	101.7
#1、粮食	102.1	102.8	100.7
2、鲜菜	112.2	94.0	107.8
3、畜肉	109.5	95.8	99.5
4、水产品	109.4	102.7	96.5
5、蛋	97.3	95.8	114.5
6、鲜果	96.2	110.1	107.6
二、衣着	101.9	102.6	104.2
三、居住	100.6	103.2	101.8
四、生活用品及服务	101.5	102.2	105.2
五、交通和通信	98.5	101.9	104.2
六、教育文化和娱乐	101.8	102.8	101.1
七、医疗保健	110.9	99.6	100.2
八、其他用品和服务	102.1	102.4	101.7
商品零售价格总指数	**100.5**	**102.2**	**102.9**

6－2 居民消费价格分类指数

（2018）

项　　目	以2017年价格为100
居民消费价格总指数	**102.2**
非食品烟酒价格指数	**102.4**
服务项目价格指数	**101.6**
消费品价格指数	**102.7**
扣除鲜菜鲜果价格指数	**102.0**
一、食品烟酒	**101.7**
1. 食品	102.1
(1)粮食	100.7
#大米	100.6
(2)薯类	111.7
(3)豆类	100.1
(4)食用油	99.8
(5)菜	107.8
#鲜菜	107.8
(6)畜肉类	99.5
#猪肉	97.0
(7)禽肉类	104.4
#鸡	104.6
(8)水产品	96.5
#淡水鱼	93.5
(9)蛋类	114.5
#鸡蛋	118.8
(10)奶类	100.8
(11)干鲜瓜果类	104.9
(12)糖果糕点类	102.9
(13)调味品	104.6
(14)其他食品类	97.5
2. 茶及饮料	99.8
3. 烟酒	100.9
(1)烟草	99.9

项　　目	以2017年价格为100
（2）酒类	102.2
4.在外餐饮	101.3
二、衣着	**104.2**
1.服　装	105.1
（1）男式服装	104.3
（2）女式服装	105.1
（3）儿童服装	108.3
2.服装材料	101.7
3.其他衣着及配件	104.0
4.衣着加工服务费	110.6
5.鞋类	100.3
三、居住	**101.8**
1.租赁房房租	101.5
2.住房保养维修及管理	104.2
3.水电燃料	101.6
4.自有住房	101.2
四、生活用品及服务	**105.2**
1.家具及室内装饰品	101.9
2.家用器具	102.3
3.家用纺织品	110.7
4.家庭日杂用品	106.0
5.个人护理用品	100.7
6.家庭服务	114.4
五、交通和通信	**104.2**
1.交通	106.2
（1）交通工具	100.9
（2）交通工具用燃料	112.8
（3）交通工具使用和维护	117.9
（4）交通费	100.2
2.通信	100.5

6－2　续表2　　　　　　　　　　（2018年）

项　　目	以2017年价格为100
(1)通信工具	103.6
(2)通信服务	99.1
六、教育文化和娱乐	**101.1**
1.教育	103.5
(1)教育用品	107.4
(2)教育服务	103.4
2.文化娱乐	98.7
(1)文娱耐用消费品	99.1
(2)其他文娱用品	101.4
(3)文化娱乐服务	101.3
(4)旅游	97.1
七、医疗保健	**100.2**
1.药品及医疗器具	102.0
(1)中药	105.6
(2)西药	101.7
(3)滋补保健品	101.3
(4)医疗卫生器具	98.8
(5)保健器具	102.4
2.医疗服务	99.3
(1)综合医疗类	99.3
(2)诊断类	98.5
(3)治疗类	100.0
(4)康复类	100.0
(5)中医医疗服务类	101.5
(6)其他医疗服务	101.2
八、其他用品和服务	**101.7**
1.其他用品类	99.9
2.其他服务类	103.1

6－3　分月份居民消费价格指数

（以 2017 年同月价格为 100）

项　　目	1 月	2 月	3 月	4 月	5 月	6 月
居民消费价格总指数	**102.0**	**102.7**	**101.9**	**101.3**	**101.9**	**102.2**
非食品烟酒价格指数	**102.5**	**102.6**	**102.1**	**101.6**	**102.3**	**102.6**
服务价格指数	**101.4**	**101.8**	**101.5**	**100.8**	**101.9**	**102.1**
消费品价格指数	**102.5**	**103.4**	**102.2**	**101.7**	**101.9**	**102.3**
扣除鲜菜鲜果价格指数	**102.0**	**102.2**	**101.7**	**101.1**	**101.7**	**102.0**
一、食品烟酒	100.7	103.1	101.5	100.6	100.9	101.1
1. 食品	100.7	104.6	101.8	100.2	100.7	101.4
(1)粮食	100.8	100.9	101.3	101.8	101.7	99.8
(2)薯类	101.1	110.7	114.3	126.4	133.3	121.6
(3)豆类	99.6	99.6	99.6	99.6	100.0	101.0
(4)食用油	93.2	92.7	93.4	91.1	100.2	105.3
(5)菜	100.0	117.1	109.8	110.0	114.7	115.8
(6)畜肉类	97.9	97.9	98.2	94.4	92.1	98.7
(7)禽肉类	102.7	105.8	105.7	105.5	106.2	105.3
(8)水产品	100.9	104.8	95.9	94.3	93.8	93.4
(9)蛋类	117.4	124.7	125.3	120.8	126.4	121.4
(10)奶类	101.0	101.2	102.1	101.5	100.5	101.0
(11)干鲜瓜果类	106.0	107.9	103.1	100.5	98.8	93.3
(12)糖果糕点类	103.0	103.2	102.5	102.9	103.7	103.1
(13)调味品	100.8	101.2	106.1	104.9	101.4	102.2
(14)其他食品类	90.3	90.7	96.6	92.6	104.4	99.8
2. 茶及饮料	99.2	97.8	98.4	99.7	99.5	99.4
3. 烟酒	102.0	102.2	102.3	101.5	101.0	99.4
4. 在外餐饮	100.3	100.2	100.5	101.5	101.5	101.6

6-3　续表1　　　　（以2017年同月价格为100）

项　　目	1月	2月	3月	4月	5月	6月
二、衣着	104.1	103.0	102.7	103.4	101.6	103.1
三、居住	102.9	102.0	101.5	101.4	101.5	101.9
四、生活用品及服务	104.8	105.7	107.2	105.9	105.7	103.9
五、交通和通信	103.4	104.2	103.8	104.5	105.1	105.5
六、教育文化和娱乐	101.1	102.8	100.7	96.6	101.0	101.5
七、医疗保健	98.4	98.4	98.4	100.7	100.7	100.9
八、其他用品和服务	104.6	103.5	103.6	103.5	101.3	101.2
商品零售价格总指数	103.2	103.6	102.3	101.9	102.4	102.6
一、食品	100.5	103.7	101.6	100.4	100.8	101.5
二、饮料、烟酒	101.7	101.5	101.7	101.3	100.7	99.5
三、服装、鞋帽	104.2	103.0	102.7	103.3	101.4	103.1
四、纺织品	122.1	124.8	123.0	116.1	114.5	102.5
五、家用电器及音像器材	102.6	102.7	99.8	99.4	100.6	99.8
六、文化办公用品	99.1	100.9	98.9	97.7	99.6	99.7
七、日用品	103.7	104.3	103.0	102.5	103.2	101.4
八、体育娱乐用品	100.0	100.7	102.4	101.4	102.8	101.4
九、交通、通信用品	101.9	101.9	101.2	100.4	101.2	100.9
十、家具	103.9	102.9	102.3	101.7	101.8	102.2
十一、化妆品	99.6	99.1	100.2	97.9	99.4	98.4
十二、金银珠宝	102.5	97.8	99.6	96.0	99.0	100.4
十三、中西药品及医疗保健用品	101.6	101.6	101.7	102.4	102.4	102.4
十四、书报杂志及电子出版物	107.9	107.9	104.4	104.4	104.4	104.4
十五、燃料	108.1	106.8	103.9	106.9	109.6	113.9
十六、建筑材料及五金电料	110.8	110.0	106.9	104.7	105.6	106.1

6－3　续表 2　　　　　　　　　　（以 2017 年同月价格为 100）

项　　目	7 月	8 月	9 月	10 月	11 月	12 月
居民消费价格总指数	**102.0**	**102.0**	**103.0**	**102.8**	**102.5**	**102.5**
非食品烟酒价格指数	**102.4**	**102.3**	**103.1**	**102.9**	**102.5**	**102.3**
服务价格指数	**101.5**	**101.5**	**102.1**	**101.6**	**101.4**	**101.3**
消费品价格指数	**102.4**	**102.4**	**103.6**	**103.6**	**103.2**	**103.3**
扣除鲜菜鲜果价格指数	**101.8**	**101.8**	**102.6**	**102.6**	**102.4**	**102.2**
一、食品烟酒	101.1	101.3	102.6	102.3	102.4	103.1
1. 食品	101.4	101.3	103.5	102.9	103.3	103.4
（1）粮食	101.4	99.3	100.8	99.8	102.1	99.1
（2）薯类	111.2	105.5	103.3	99.8	103.3	109.6
（3）豆类	100.3	100.3	99.5	100.0	101.0	101.0
（4）食用油	107.4	105.0	102.8	105.5	102.3	101.4
（5）菜	107.2	104.3	112.8	100.8	99.2	104.7
（6）畜肉类	98.9	100.1	103.5	104.3	104.5	103.8
（7）禽肉类	104.7	104.4	102.8	103.9	103.0	103.5
（8）水产品	91.3	92.9	94.0	98.6	100.7	98.9
（9）蛋类	117.0	109.2	106.1	109.0	106.2	101.9
（10）奶类	100.5	100.5	100.8	99.9	100.2	100.9
（11）干鲜瓜果类	103.8	106.9	106.6	110.3	112.4	112.1
（12）糖果糕点类	103.5	101.3	103.2	103.1	102.3	102.4
（13）调味品	105.5	105.4	104.1	104.4	109.0	109.6
（14）其他食品类	103.6	99.8	98.2	99.8	98.6	97.4
2. 茶及饮料	99.9	101.1	101.3	101.1	100.0	100.5
3. 烟酒	99.8	99.6	100.1	101.4	100.1	101.2
4. 在外餐饮	101.1	102.1	101.1	101.1	101.6	103.5

6-3 续表3　　　　　　（以2017年同月价格为100）

项　　目	7月	8月	9月	10月	11月	12月
二、衣着	104.0	102.8	104.2	105.5	106.7	108.9
三、居住	101.9	101.8	102.1	102.1	101.2	101.0
四、生活用品及服务	104.0	104.8	105.4	105.2	105.0	104.9
五、交通和通信	105.2	105.3	105.8	104.4	102.6	100.7
六、教育文化和娱乐	99.9	100.0	102.9	102.4	102.8	101.8
七、医疗保健	100.8	101.0	100.9	100.8	100.5	100.7
八、其他用品和服务	100.9	100.8	99.9	100.2	100.2	100.9
商品零售价格总指数	102.7	102.7	103.7	103.7	103.0	102.6
一、食品	101.4	101.5	103.2	102.6	102.9	103.4
二、饮料、烟酒	100.0	100.0	100.6	101.7	100.2	101.4
三、服装、鞋帽	104.2	102.7	104.1	105.4	106.7	108.8
四、纺织品	102.7	101.4	105.2	106.8	107.1	106.0
五、家用电器及音像器材	99.2	99.6	100.9	100.0	100.9	101.8
六、文化办公用品	100.3	101.4	102.2	103.7	104.5	104.4
七、日用品	102.4	102.9	103.7	104.1	102.9	103.2
八、体育娱乐用品	98.3	97.4	97.5	100.2	99.8	98.5
九、交通、通信用品	99.4	100.2	101.4	100.1	100.2	100.7
十、家具	102.3	102.2	102.2	103.0	102.4	102.7
十一、化妆品	97.2	101.3	100.7	101.2	102.4	101.5
十二、金银珠宝	99.8	98.9	94.8	97.0	96.7	96.1
十三、中西药品及医疗保健用品	102.2	102.8	102.5	102.2	101.4	102.1
十四、书报杂志及电子出版物	110.7	110.1	110.8	111.4	110.4	110.5
十五、燃料	116.8	114.0	116.6	117.6	109.4	98.4
十六、建筑材料及五金电料	105.9	107.6	106.8	105.7	104.6	104.0

7

农　业

编辑:丁超　熊庆全

7－1　农村基层组织情况

项　　目	单位	1990 年	1995 年	2000 年	2005 年	2010 年	2014 年	2015 年	2016 年	2017 年	2018 年
一、农村组织情况											
乡个数	个	125	87	16	7	7	5	5	5	5	5
镇个数	个	32	71	87	70	70	61	61	62	62	62
村委会个数	个	2419	2354	1511	1200	1130	1021	1020	1012	1014	1015
村民小组个数	个	25133	24897	18836	18062	18061	18083	18088	18099	18083	18063
二、乡村户数、人口											
乡村户数	万户	103.46	100.43	97.79	100.32	102.07	101.81	101.18	100.85	100.53	100.22
乡村人口	万人	359.33	344.4	325.34	315.17	329.28	330.75	327.95	325.62	325.2	324.78
三、乡村劳动力合计	**万人**	**182.66**	**184.14**	**166.67**	**165.31**	**177.14**	**182.48**	**180.65**	**181.49**	**181.66**	**180.59**
(一)按性别分											
1.男劳动力	万人	94.08	93.6	85.42	87.27	93.34	95.91	95.52	95.81	95.87	95.17
2.女劳动力	万人	88.58	90.54	81.25	78.04	83.8	86.57	85.13	85.68	85.79	85.42
(二)按行业分											
1.农林牧渔业劳动力	万人	104.38	95.02	79.35	49.79	38.32	34.09	33.69	33.22	32.81	32.15
#种植业劳动力	万人	95.76	84.64	69.44	42.28	30.62	26.57	26.03	26.09	25.36	24.56
2.工业劳动力	万人	35.2	34.58	28.58	39.67	56.51	65.25	64.57	64.44	65.99	66.12
3.建筑业劳动力	万人	19.07	19.98	21.29	29.68	32.57	34.4	34.41	34.69	34.65	34.24
4.交通运输、仓储和邮电通讯业劳动力	万人	4.2	5.9	6.15	6.86	7.92	7.48	7.4	7.61	7.36	7.39
5.批发零售贸易、餐饮业劳动力	万人	3.49	5.59	7.55	11.32	15.66	16.69	16.24	16.96	16.6	16.43
6.金融、保险业劳动力	万人	0.09	0.13	0.14	0.46	0.61	0.84	0.89	0.9	0.94	1.02
7.其它非农行业劳动力	万人	16.23	22.94	23.61	27.53	25.55	23.73	23.45	23.67	23.31	23.24

7－2　分地区农村基层组织情况

（2018 年）

项　　目	单 位	全 市	广 陵	邗 江
一、农村组织情况				
乡个数	个	5	1	3
镇个数	个	62	4	7
村委会个数	个	1015	62	99
村民小组个数	个	18063	1319	2262
二、乡村户数、人口				
乡村户数	万户	100.22	5.75	10.56
乡村人口	万人	324.78	18.89	32.83
三、乡村劳动力合计	**万人**	**180.59**	**11.57**	**16.95**
（一）按性别分				
1. 男劳动力	万人	95.17	6.17	8.87
2. 女劳动力	万人	85.42	5.4	8.08
（二）按行业分				
1. 农林牧渔业劳动力	万人	32.15	1.11	2.01
#种植业劳动力	万人	24.56	0.64	1.35
2. 工业劳动力	万人	66.12	6.36	6.3
3. 建筑业劳动力	万人	34.24	0.56	2.72
4. 交通运输、仓储和邮电通讯业劳动力	万人	7.39	0.49	0.94
5. 批发零售贸易、餐饮业劳动力	万人	16.43	1.48	2.05
6. 金融、保险业劳动力	万人	1.02	0.07	0.16
7. 其它非农行业劳动力	万人	23.24	1.5	2.77

7－2　续表　　　　　　　　　　　　　　（2018年）

项　　　目	单　位	江　都	宝　应	开发区	仪　征	高　邮
一、农村组织情况						
乡个数	个					1
镇个数	个	13	14	3	9	10
村委会个数	个	259	223	32	136	175
村民小组个数	个	4326	2783	702	3512	2618
二、乡村户数、人口						
乡村户数	万户	27.14	20.79	2.63	11.91	19.22
乡村人口	万人	78.58	72.71	8.89	39.13	65.36
三、乡村劳动力合计	**万人**	**41.49**	**40.87**	**5.2**	**23.08**	**36.83**
（一）按性别分						
1. 男劳动力	万人	22.07	21.85	2.61	12.21	19.12
2. 女劳动力	万人	19.42	19.02	2.59	10.87	17.71
（二）按行业分						
1. 农林牧渔业劳动力	万人	6.19	10.05	0.39	3.13	8.8
#种植业劳动力	万人	5.16	7.53	0.37	2.63	6.51
2. 工业劳动力	万人	15.01	12.03	2.2	7.72	14.29
3. 建筑业劳动力	万人	8.7	9.75	0.4	5.28	6.6
4. 交通运输、仓储和邮电通讯业劳动力	万人	1.71	1.84	0.15	0.87	1.24
5. 批发零售贸易、餐饮业劳动力	万人	2.89	3.81	0.42	2	2.65
6. 金融、保险业劳动力	万人	0.26	0.15	0.05	0.18	0.13
7. 其它非农行业劳动力	万人	6.73	3.24	1.59	3.9	3.12

7－3　主要年份年末耕地面积

单位:公顷

年　份	全　市	市　区	邗　江	江　都	宝　应	仪　征	高　邮
1949	372000	55333	50000	90667	73333	57333	95333
1950	373333	55333	50000	90667	74667	57333	95333
1951	374667	55333	50000	90667	75333	57333	96000
1952	376000	55333	50000	90667	76000	57333	96667
1953	378000	55333	50000	92000	76000	57333	97333
1954	375333	54667	49333	91333	76000	56667	96667
1955	374000	53333	48000	91333	77333	56667	95333
1956	376000	53333	48000	91333	79333	56000	96000
1957	370667	53333	48000	91333	77333	54000	94667
1958	342667	47333	42667	84000	72000	50000	89333
1959	328667	44000	40000	79333	70000	47333	88000
1960	324000	44667	40667	78000	69333	46000	86000
1961	320667	44667	40667	78000	68000	45333	84667
1962	312667	40000	40000	77333	68000	44000	83333
1963	317333	44667	40667	76000	68000	45333	83333
1964	314667	44000	41333	76000	66000	46000	82667
1965	311333	44000	41333	75333	66000	44667	81333
1966	308000	43333	40667	74000	65333	44667	80667
1967	307333	43333	40667	74000	66000	44000	80000
1968	304000	42000	39333	73333	65333	44000	79333
1969	303333	42667	40000	73333	64667	44000	78667
1970	303333	42667	40000	73333	66000	43333	78000
1971	302000	42667	40000	72667	66000	42667	78000
1972	301333	42000	39333	72667	66000	42667	78000
1973	299333	42000	39333	72000	65333	42667	77333
1974	296000	40667	38000	72000	64000	42000	77333
1975	295333	40667	38000	72000	64000	42000	76667
1976	292000	40667	37333	71333	63333	41333	75333
1977	292000	40667	37333	71333	63333	41333	75333
1978	290000	40667	34000	70667	62667	41333	74667
1979	288667	40000	34000	70667	62667	40667	74667
1980	288667	40000	34000	70667	62667	40667	74667
1981	287333	39333	33333	71333	62000	40000	74667
1982	287333	40000	34000	70667	62000	40000	74667
1983	286000	39333	33333	70667	62000	40000	74000
1984	285333	39333	33333	70667	61333	40000	74000
1985	282667	38667	32667	70000	61333	39333	73333
1986	282000	38667	32667	70000	60667	39333	73333
1987	280667	38667	32667	70000	60667	38667	72667
1988	280000	38667	32667	70000	60667	38667	72000
1989	279333	38667	32667	70000	60000	38667	72000
1990	278667	38667	32667	70000	60000	38000	72000
1991	276000	38000	32667	70000	59333	38000	70667
1992	273333	38000	32667	70000	59333	37333	68667
1993	268667	37333	32000	70000	58667	36667	66000

7－3　续表　　　　单位:公顷

年　份	全　市	市　区	邗　江	江　都	宝　应	仪　征	高　邮
1994	263333	37333	32000	69333	57333	36667	62667
1995	262667	37333	32000	69333	57333	36667	62000
1996	262000	37333	32000	69333	56667	36667	62000
1997	322667	43333	38000	72000	77333	50667	79333
1998	319333	42000	36667	70000	77333	50667	79333
1999	318667	42000	36667	70000	77333	50000	79333
2000	316667	41333	36000	70000	76667	50000	78667
2001	316667	42000	36000	69333	76667	50000	78667
2002	312667	38667	32000	69333	76667	50000	78000
2003	309558	36076	31891	69365	76255	50154	77708
2004	307781	35403	31519	68648	76440	49851	77439
2005	307704	35140	31424	69182	76629	49611	77142
2006	306410	34844	31373	69190	76487	49018	76871
2007	306722	35364	31285	68755	76718	49076	76809
2008	305455	37283	29102	67954	76782	46711	76725
2009	292832	32232	24247	67968	76722	39255	76655
2010	294681	32134	24365	68176	76833	40997	76541
2011	293134	98697	16113	68186	74862	43287	76288
2012	290909	98699	16072	68373	75018	40809	76383
2013	290987	98390	15643	68255	75552	40727	76318
2014	293477	100418	15563	68199	75925	40604	76530
2015	295120	100388	15471	67174	76655	41502	76575
2016	291836	97841	15451	68107	75666	41529	76800
2017	286151	96961	15166	68055	76070	41880	71240
2018	287884	97664	17406	67843	76960	41727	71532

7－4　分地区耕地面积

（2017 年）　　　　单位:公顷

地　区	年末实有耕地面积	其中:常用耕　地	其中:水田	水浇地	当年减少耕地面积
全　市	**287884**	**241963**	**255367**	**5359**	**1434**
广　陵	8103	8103	6283	269	78
邗　江	17406	14212	14151	61	334
江　都	67843	67416	63525	3891	313
宝　应	76960	76960	70017	114	114
开发区	1065	936	909	27	51
仪　征	41727	41650	33247	11	42
高　邮	71532	71532	65418		210

7－5　农林牧渔业分项产值

（2018 年）　　单位:万元

项　　目	当年价格
农林牧渔业总产值	**5140199**
一、农业产值	**2433631**
1. 谷物及其他作物	858756
#谷物	784779
棉花	154
油料	24487
2. 蔬菜园艺作物	1455967
#蔬菜(含菜用瓜)	1071923
花卉	17982
3. 水果、坚果、饮料和香料作物	116603
#水果坚果(含果用瓜)	96161
茶及其他饮料	20442
4. 中药材	2305
二、林业产值	**139847**
1. 林木的培养种植	77064
2. 竹木采运	56061
3. 林产品	6722
三、牧业产值	**618709**
1. 牲畜饲养	22968
#牛的饲养	3856
羊的饲养	14270
奶产品	4842
#牛奶	4842
2. 猪的饲养	182687
3. 家禽	392851
4. 狩猎和捕捉动物	
5. 其他畜牧业	20203
四、渔业产值	**1660503**
1. 海水产品	
2. 淡水产品	1660503
(1)鱼类	574574
(2)甲壳类	927243
(3)贝类	12035
(4)其它	146651
五、农林牧渔服务业	**287509**

7－6　农林牧渔业总产值、中间消耗及增加值构成

（2018 年）

项　　目	绝对数（万元）	构成（%）
一、农林牧渔业总产值	**5140199**	**100**
农业产值	2433631	47.35
林业产值	139847	2.72
牧业产值	618709	12.04
渔业产值	1660503	32.30
农林牧渔服务业产值	287509	5.59
二、农林牧渔业中间消耗	**2232103**	**100**
农业中间消耗	879559	39.40
林业中间消耗	67997	3.05
牧业中间消耗	357566	16.02
渔业中间消耗	814129	36.47
农林牧渔服务业中间消耗	112852	5.06
三、农林牧渔业增加值	**2908096**	**100**
农业增加值	1554072	53.44
林业增加值	71850	2.47
牧业增加值	261143	8.98
渔业增加值	846374	29.10
农林牧渔服务业增加值	174657	6.01

7－7　分地区农林牧渔业总产值

（2018 年）　　　　单位:万元

地　区	农林牧渔业总产值	一、农业产值	二、林业产值	三、牧业产值	四、渔业产值	五、农林牧渔服务业产值
全　市	5140199	2433631	139847	618709	1660503	287509
广　陵	193324	111691	3561	21803	44374	11895
邗　江	395496	186870	9836	34999	130510	33281
江　都	1186470	739110	46720	138390	223620	38630
宝　应	1327257	511264	28574	132031	585840	69548
开发区	37860	21070	515	5349	5558	5368
仪　征	472158	287875	25970	90555	22348	45410
高　邮	1488313	557359	23062	187925	639340	80627

7－8　分地区农林牧渔业增加值

（2018 年）　　　　单位:万元

地　区	农林牧渔业增加值	一、农业增加值	二、林业增加值	三、牧业增加值	四、渔业增加值	五、农林牧渔服务业增加值
全　市	2908096	1554072	71850	261143	846374	174657
广　陵	90319	53738	1756	10876	18437	5512
邗　江	227053	104839	5841	13000	82126	21247
江　都	694004	494994	23370	50490	100610	24540
宝　应	760220	330965	18573	46211	322211	42260
开发区	21064	14181	234	3050	1796	1803
仪　征	262665	170775	13019	44151	10465	24255
高　邮	830708	373525	7581	89505	306519	53578

7－9 主要年份主要农产品产量

单位:吨

年 份	粮 食（万吨）	棉 花	油 料	麻 类	蚕 茧	水 果
1949	64.49	161	7624	70	19	4
1950	79.19	201	8310	90	26	4
1951	81.12	301	7078	85	76	4
1952	83.73	286	8507	60	166	13
1953	92.12	644	8274	170	189	19
1954	84.23	179	6897	5	217	13
1955	107.64	468	9251	155	251	33
1956	88.55	72	9537	140	293	99
1957	92.98	62	8967	200	294	122
1958	97.82	73	12097	90	306	136
1959	69.14	187	8209	110	334	198
1960	65.35	139	4549	170	244	225
1961	65.2	54	2400	15	143	311
1962	57.06	17	2033	20	167	622
1963	87.78	40	2980	55	299	399
1964	96.57	195	6105	200	346	181
1965	113.97	664	5218	975	451	609
1966	110.75	3464	7052	3225	522	591
1967	114.61	4643	8890	2530	767	735
1968	125.66	3616	6371	1660	1326	1174
1969	114.81	3735	8033	900	1467	1398
1970	128.97	5834	7045	1025	1717	1319
1971	150.39	6336	11333	1115	1745	1455
1972	148.75	7095	14873	1345	2058	1683
1973	162.55	12118	18316	3040	2033	2202
1974	163.57	12180	13163	2615	2003	2651
1975	163.06	10457	16994	2450	1861	2475
1976	171.53	13479	11811	3430	1706	2796
1977	151.44	11049	8760	4085	1685	2538
1978	202.49	13275	21848	3880	1525	3076
1979	211.86	15537	35304	2680	1855	3276
1980	197.13	13450	22957	1455	2208	4254
1981	206.69	21709	42129	2203	2318	4395
1982	226.53	18523	51809	2405	2765	6368

年　份	粮　　食 (万吨)	棉　　花	油　　料	麻　　类	蚕　　茧	水　　果
1983	240.61	20735	43722	1545	2650	5543
1984	261.82	20180	36514	2075	3341	6494
1985	248.51	16658	52797	5873	3607	7577
1986	258.94	11467	53482	4109	4168	8096
1987	255.57	17414	57667	2038	4040	8410
1988	250.78	18433	29214	1816	4661	9876
1989	255.12	17199	43238	1160	6312	8362
1990	238.65	18141	48296	1068	6165	7923
1991	188.07	14440	49551	698	6313	6685
1992	228.44	19626	60848	709	7418	8541
1993	220.05	18332	57216	726	9373	10528
1994	208.25	21745	55337	568	11217	12650
1995	222.07	26676	73444	401	10784	16370
1996	244.93	26188	85088	436	2218	16873
1997	243.01	23253	76786	223	3948	20575
1998	231.51	24681	51808	209	4922	21999
1999	252.57	8645	88924	105	4888	23869
2000	225.16	10376	124631	55	4431	26861
2001	205.88	16065	140020	65	5537	38532
2002	212.87	10958	117104	37	5100	33862
2003	180.13	10495	125656	31	4511	35831
2004	204.97	10444	137062	19	3956	37646
2005	226.43	6897	122751		3132	39114
2006	245.08	8372	114675		3510	41812
2007	240.63	6225	76137		2628	39376
2008	269.42	6024	79533		2344	45816
2009	282.36	4488	82899		1038	40508
2010	287.09	5378	80124		687	38445
2011	305.68	4523	70279		638	46856
2012	308.35	4695	74122		527	51866
2013	312.19	4637	75724		364	71420
2014	314.1	2482	73855		358	67130
2015	314.41	1066	71660		260	106469
2016	300.3	1144	68669		102	92825
2017	285.42	369	65315		48	94336
2018	287.36	62	38809		48	95223

7－10　主要农作物播种面积和产量

（2018 年）

项　　目	播种面积（千公顷）	单　产（公斤/公顷）	总产量（吨）
农作物总播种面积	**476.54**		
一、粮食作物总计	**396.09**	**7255**	**2873626**
1. 夏粮	182.34	5546	1011312
小麦	178.97	5579	998427
大麦	0.75	4975	3731
蚕豌豆	2.62	3494	9154
2. 秋粮	213.75	8713	1862314
稻谷	196.55	9129	1794295
中稻	196.55	9129	1794295
单季晚稻			
双季后作稻			
玉米	1.94	5382	10441
其它谷物	0.03	4500	135
豆类	13.62	3369	45881
薯类	1.61	7181	11562
二、经济作物			
1. 棉花	0.02	3100	62
2. 油料	13.83	2806	38809
#花生	1	3197	3197
油菜籽	12.34	2802	34581
芝麻	0.49	2104	1031
3. 麻类			
#黄麻			
红麻			
苎麻			
4. 糖类	0.02	38750	775
#甘蔗	0.02	38750	775
甜菜			
5. 药材	0.33		
6. 蔬菜瓜类	61.41	37160	2281971
（1）蔬菜	58.56	37342	2186748
（2）瓜类	2.85	33412	95223
三、其它农作物	**4.84**		
#青饲料	0.67		
绿肥	0.23		

7－11 分地区粮棉油播种面积

（2018 年）　　单位：千公顷

地　区	粮　食	夏　粮	秋　粮	棉　花	油　料	#油菜籽
全　市	396.09	182.34	213.75	0.02	13.83	12.34
广　陵	10.25	4.91	5.34		0.39	0.37
邗　江	18.83	6.99	11.84	0.01	0.5	0.32
江　都	89.31	41.53	47.78		4.04	3.29
宝　应	114.75	55.16	59.59		2.86	2.84
开发区	4.18	2.18	2		0.09	0.07
仪　征	39.22	13.96	25.26	0.01	1.66	1.22
高　邮	116.5	55.95	60.55		4.2	4.16

7－12 分地区粮棉油产量

（2018 年）　　单位：吨

地　区	粮　食	夏　粮	秋　粮	棉　花	油　料	#油菜籽
全　市	2873626	1011312	1862314	62	38809	34581
广　陵	67074	21171	45903		1074	1029
邗　江	128980	32408	96572	44	1289	751
江　都	640005	224473	415532		11651	9414
宝　应	868819	325979	542840		8213	8167
开发区	26197	8802	17395		230	157
仪　征	274908	66837	208071	18	4089	2974
高　邮	848798	324719	524079		12028	11934

7－13　分地区经济作物播种面积

（2018 年）　　单位：千公顷

地　区	糖　类	蔬　菜	瓜果类
全　市	0.02	58.56	2.85
广　陵		4.15	0.27
邗　江		5.41	0.31
江　都	0.02	15.2	
宝　应		12.64	1.32
开发区		0.84	0.03
仪　征		7.14	0.14
高　邮		12.35	0.76

7－14　分地区经济作物产量

（2018 年）　　单位：吨

地　区	糖　类	蔬　菜	瓜果类
全　市	775	2186748	95223
广　陵		145932	9050
邗　江		254207	8885
江　都	775	481989	
宝　应		388213	37206
开发区		15538	1145
仪　征		284500	4553
高　邮		597894	33763

7－15　水产品生产情况

（2018 年）　　　　公顷、吨

项　　目	全　市	市　区	邗江区	江都区	宝应县	仪征市	高邮市
淡水养殖面积合计	74081	11808	2953	6670	28685	2364	31224
池塘	57537	9257	1687	6086	23034	1131	24115
湖泊	10508	440	440		4006		6062
水库	1372	229	128			1123	20
河沟	4448	1881	698	583	1465	110	992
其它	216	1		1	180		35
稻田（不纳入总面积）	3167	424	57	300	1703	47	993
淡水养殖产量合计	368001	63468	13352	43630	133536	6660	164337
池塘	320985	56415	9663	41110	104226	4503	155841
湖泊	22889	2068	2068		15289		5532
水库	1868	295	270			1538	35
河沟	15231	4418	1286	2380	8426	348	2039
其它	3943	10		10	3456	246	231
稻田	3085	262	65	130	2139	25	659
水产品产量按生产性质分							
1、养殖产量	368001	63486	13352	43630	133536	6660	164337
2、捕捞产量	28120	8143	2815	3050	14468	810	4699
水产品产量按类别分							
1、鱼类	271585	46541	11216	27879	100010	6729	118305
2、甲壳类	106741	20232	2567	16694	35911	452	50146
3、贝类	11782	2397	312	1782	8706	276	423
4、藻类	20	20		20			
5、其它	5993	2441	2072	305	3377	13	162

7－16　主要农作物种植结构

单位:%

项　　目	2011 年	2012 年	2013 年	2014 年	2015 年	2016 年	2017 年	2018 年
农作物总播种面积	**100**	**100**	**100**	**100**	**100**	**100**	**100**	**100**
粮食作物	82.36	82.57	82.27	82.66	82.73	82.59	81.19	83.12
#稻谷	41.22	41.02	40.84	40.85	40.86	40.75	41.47	41.25
小麦	36.15	36.60	36.46	36.68	36.83	36.87	34.84	37.56
豆类	3.68	3.69	3.65	3.88	3.29	3.86	3.87	3.41
薯类	0.42	0.42	0.44	0.40	0.41	0.41	0.40	0.34
油料作物	5.86	5.49	5.50	5.30	5.10	4.95	4.83	2.90
#油菜籽	5.42	5.07	5.04	4.89	4.71	4.52	4.45	2.59
花生	0.21	0.20	0.24	0.21	0.20	0.23	0.23	0.21
棉花	0.69	0.64	0.63	0.33	0.33	0.10	0.02	0.00
糖料	0.01	0.01	0.00	0.00	0.00	0.00	0.01	0.00
药材	0.04	0.05	0.44	0.46	0.31	0.03	0.05	0.07
蔬菜	9.28	9.45	9.41	9.52	10.08	10.70	11.94	12.29
瓜果类	0.37	0.38	0.40	0.46	0.46	0.46	0.59	0.60
其他农作物	1.38	1.42	1.35	1.27	1.22	1.17	1.37	1.02

7－17　分县(市)茶叶、水果生产情况

(2018 年)

单位:公顷、吨

地　区	面　积		产　量	
	茶　园	果　园	茶　叶	水　果
全　市	**2263**	**4172**	**703**	**65821**
广陵	0	311		2881
邗江	41	328	49	4838
江都	0	807		17100
宝　应		578		10700
仪　征	2190	893	619	8608
高　邮	32	1250	35	21617

7－18　畜牧业生产情况

指标名称	计量单位	2018 年
当年出栏量		
一、大牲畜	万头	0.3
1、牛	万头	0.3
二、猪	万头	116.84
三、羊	万只	11.55
四、家禽	万只	3726.77
五、兔	万只	13.49
期末存栏量		
一、大牲畜	万头	0.46
其中:从事农事劳役	万头	0.01
1、牛	万头	0.46
二、猪	万头	51.04
其中:能繁母猪	万头	3.31
三、羊	万只	5.04
四、家禽	万只	1141.84
五、兔	万只	1.83
肉类及其其他产量		
一、肉类总产量	吨	160735
(一)大牲畜	吨	547
1、牛肉	吨	547
(二)猪	吨	86217
(三)羊	吨	2689
(四)禽肉	吨	68544
(五)兔肉	吨	237
(六)其他肉产量	吨	2501
二、奶类产量	吨	13755
其中:牛奶产量	吨	13755
三、羊毛产量	公斤	
四、羊绒产量	公斤	
五、蜂蜜产量	吨	960
六、禽蛋产量	吨	107985
1、鸡蛋	吨	61327
2、鸭蛋、鹅蛋	吨	46296
3、其他禽蛋	吨	362

7-19　生猪、家禽、羊数

（2018年）　　万只、万头

地区	生猪			家禽		羊	
	出栏	存栏	能繁母猪	出栏	存栏	出栏	存栏
全市	**116.84**	**51.04**	**3.31**	**3726.77**	**1141.84**	**11.55**	**5.04**
市区	37.46	18.02	1.04	1377.91	401.43	3.04	0.97
广陵	4.01	1.92	0.06	140.53	40.21	1.89	0.06
邗江	10.76	3.62	0.13	174.49	38.27	0.22	0.03
江都	21.08	12.40	0.83	996	301	0.86	0.84
宝应	31.67	12.28	0.98	913	256.79	2.84	1.72
仪征	14.96	7.12	0.49	307.86	128.62	1.91	0.31
高邮	32.75	13.62	0.80	1128	355	3.76	2.04

7-20　农田水利现代化建设情况

（2018年）

项目	全市	市区	广陵区	邗江区	江都区	宝应县	仪征市	高邮市
一、有效灌溉面积	276687	94447	7456	14920	63393	72287	37840	72113
二、旱涝保收田面积	264712	92213	7319	14300	62027	67699	36733	68067
三、节水灌溉面积	188352	72108	4993	13357	48111	45520	23675	47049
其中:高效节水灌溉面积	25270	14681	2092	2817	9773	1935	6675	1979
四、灌溉水利用系数	0.624		0.643	0.646	0.626	0.617	0.629	0.618
五、水土流失治理面积	73805	7758	2942	966	3850	1830	56902	7315

8

工　业

编辑:张汉翔

8－1　规模以上工业企业单位数

单位:个

项　　目	合计	市区				
			开发区	广陵	邗江	江都
总　计	**2870**	**1477**	**137**	**296**	**397**	**647**
一、按企业登记注册类型分组						
内资企业	2520	1257	82	252	336	587
国有企业	4	1	1			
中央企业	1	1	1			
地方企业	3					
集体企业	40	19		3	4	12
股份合作企业	2	2			2	
联营企业	1	1				1
集体联营企业						
其他联营企业	1	1				1
有限责任公司	337	195	25	40	42	88
国有独资公司	15	11	3	4	3	1
其他有限责任公司	322	184	22	36	39	87
股份有限公司	86	54	6	8	15	25
私营企业	2045	981	49	201	273	458
私营独资企业	103	61	2	14	12	33
私营合作企业	1					
私营有限责任公司	1857	874	44	176	251	403
私营股份有限公司	84	46	3	11	10	22
其他企业	5	4	1			3
港、澳、台商投资企业	176	105	24	20	33	28
合资经营企业(港或澳、台资)	96	56	11	14	17	14
合作经营企业(港或澳、台资)	4	1	1			
港澳台商独资经营企业	73	45	12	6	15	12
港澳台商投资股份有限公司	3	3			1	2

项　　目	全市	市区	开发区	广陵	邗江	江都
其他港澳台商投资企业						
外商投资企业	174	115	31	24	28	32
中外合资经营企业	101	65	10	13	15	27
中外合作经营企业	1					
外资企业	70	49	21	11	12	5
外商投资股份有限公司	2	1			1	
二、在总计中:亏损企业	34	23	11	3	4	5
三、在总计中:国有控股企业	80	49	17	16	9	7
四、在总计中:轻工业	1002	452	33	124	129	166
重工业	1868	1025	104	172	268	481
五、在总计中:大型企业	64	52	13	18	12	9
中型企业	437	262	23	56	71	112
小型企业	2299	1139	97	218	309	515
微型企业	70	24	4	4	5	11
六、按行业分组						
采矿业	2	2	1			1
煤炭开采和洗选业						
石油和天然气开采业	1	1	1			
黑色金属矿采选业	1	1				1
制造业	2834	1458	130	293	395	640
农副食品加工业	69	13	1	2	1	9
食品制造业	23	17	3	8	4	2
酒、饮料和精制茶制造业	4	2		1	1	
纺织业	133	45	2	10	13	20
纺织服装、服饰业	130	66	5	13	32	16
皮革、毛皮、羽毛及其制品和制鞋业	123	69	4	18	25	22

单位:个

项　　　目	全市	市区	开发区	广陵	邗江	江都
木材加工和木、竹、藤、棕、草制品业	22	8	1	1	1	5
家具制造业	9	8	3		3	2
造纸和纸制品业	24	10	3	2	2	3
印刷和记录媒介复制业	15	10	1	3	4	2
文教、工美、体育和娱乐用品制造业	126	61	1	4	21	35
石油、煤炭及其他燃料加工业	5	3	1			2
化学原料和化学制品制造业	172	87	5	16	12	54
医药制造业	33	22	1	6	7	8
化学纤维制造业	33	2			2	
橡胶和塑料制品业	117	58	3	22	10	23
非金属矿物制品业	122	58	6	6	22	24
黑色金属冶炼和压延加工业	72	29		4	3	22
有色金属冶炼和压延加工业	80	33		2	4	27
金属制品业	183	100	9	18	24	49
通用设备制造业	231	136	12	28	41	55
专用设备制造业	187	136	10	18	29	79
汽车制造业	196	109	5	16	38	50
铁路、船舶、航空航天和其他运输设备制造业	49	26		4	2	20
电气机械和器材制造业	474	210	26	50	44	90
计算机、通信和其他电子设备制造业	104	57	21	12	16	8
仪器仪表制造业	59	49	6	7	31	5
其他制造业	32	30		22	2	6
废弃资源综合利用业	7	4	1		1	2
电力、热力和水的生产和供应业	34	17	6	3	2	6
电力、热力生产和供应业	15	6	4		2	
燃气生产和供应业	11	5	1	1		3
水的生产和供应业	8	6	1	2		3

8－1　续表3　　单位:个

项　　目	宝应	仪征	高邮
总　计	**440**	**390**	**563**
一、按企业登记注册类型分组			
内资企业	405	336	522
国有企业	3		
中央企业			
地方企业	3		
集体企业	7	1	13
股份合作企业			
联营企业			
集体联营企业			
其他联营企业			
有限责任公司	40	54	48
国有独资公司	2	2	
其他有限责任公司	38	52	48
股份有限公司	4	14	14
私营企业	351	267	446
私营独资企业	15	8	19
私营合作企业		1	
私营有限责任公司	327	246	410
私营股份有限公司	9	12	17
其他企业			1
港、澳、台商投资企业	17	29	25
合资经营企业(港或澳、台资)	8	16	16
合作经营企业(港或澳、台资)		1	2
港澳台商独资经营企业	9	12	7
港澳台商投资股份有限公司			

8－1　续表4　单位:个

项　　　目	宝应	仪征	高邮
其他港澳台商投资企业			
外商投资企业	18	25	16
中外合资经营企业	11	14	11
中外合作经营企业			1
外资企业	7	10	4
外商投资股份有限公司		1	
二、在总计中:亏损企业	1	10	
三、在总计中:国有控股企业	8	21	2
四、在总计中:轻工业	164	137	249
重工业	276	253	314
五、在总计中:大型企业	3	6	3
中型企业	81	32	62
小型企业	339	333	488
微型企业	17	19	10
六、按行业分组			
采矿业			
煤炭开采和洗选业			
石油和天然气开采业			
黑色金属矿采选业			
制造业	436	384	556
农副食品加工业	24	6	26
食品制造业	3	1	2
酒、饮料和精制茶制造业	2		
纺织业	34	41	13
纺织服装、服饰业	14	4	46
皮革、毛皮、羽毛及其制品和制鞋业	16	8	30

项　　目	宝应	仪征	高邮
木材加工和木、竹、藤、棕、草制品业	10	1	3
家具制造业	1		
造纸和纸制品业	5	5	4
印刷和记录媒介复制业		2	3
文教、工美、体育和娱乐用品制造业	31	26	8
石油、煤炭及其他燃料加工业		1	1
化学原料和化学制品制造业	9	22	54
医药制造业	3	1	7
化学纤维制造业	2	27	2
橡胶和塑料制品业	11	25	23
非金属矿物制品业	28	26	10
黑色金属冶炼和压延加工业	14	10	19
有色金属冶炼和压延加工业	25	6	16
金属制品业	28	26	29
通用设备制造业	29	29	37
专用设备制造业	11	17	23
汽车制造业	30	44	13
铁路、船舶、航空航天和其他运输设备制造业	5	9	9
电气机械和器材制造业	81	29	154
计算机、通信和其他电子设备制造业	13	15	19
仪器仪表制造业	5	1	4
其他制造业	2		
废弃资源综合利用业		2	1
电力、热力和水的生产和供应业	4	6	7
电力、热力生产和供应业	3	2	4
燃气生产和供应业	1	3	2
水的生产和供应业		1	1

8－2　规模以上工业企业主要产品产量

产　品　名　称	计量单位	2018 年
原油	万吨	109.16
天然气	万立方米	7000
发电量	亿千瓦小时	244.66
塑料制品	万吨	12.32
化学纤维	万吨	120.37
纱	万吨	13.14
布	万米	15611.22
毛机织物(呢绒)	万米	324.60
服装	万件	11693.76
皮革鞋靴	万双	3754.67
机制纸及纸板	万吨	8.85
原油加工量	万吨	64.64
烧碱(折 100%)	万吨	29.29
农用氮、磷、钾化学肥料总计(折纯)	万吨	0.48
化学农药原药	吨	80586.84
合成纤维聚合物	万吨	200.72
水泥	万吨	1045.78
钢材	万吨	412.33
金属切削机床	台	35957
金属成形机床	台	27399
汽车	辆	345482
金属集装箱	万立方米	788.78
电力电缆	万千米	186.82
通信及电子网络用电缆	对千米	132.24
单晶硅	万千克	6.1
交流电动机	万千瓦	1359.28
电动手提式工具	万台	43.46
民用钢质船舶	载重吨	1730474

8－3　规模以上工业企业主要财务指标

单位：万元

项　　目	主营业务收入	主营业务成本	利润总额	亏损企业亏损额	销售费用	管理费用	财务费用
总　计	**68031518**	**58969510**	**4248791**	**205518**	**1648931**	**2721672**	**484067**
一、按企业登记注册类型分组							
内资企业	53581280	46440503	2978957	126298	1325050	2223140	432531
国有企业	1711515	1453798	－26061	30695	35514	119967	46200
中央企业	495041	334351	－30695	30695	4364	97397	12264
地方企业	1216474	1119447	4634		31150	22570	33936
集体企业	455634	383577	33635	30	13521	20481	2910
股份合作企业	2356	2118	63		52	111	
联营企业	31097	27468	2426		560	529	11
集体联营企业							
其他联营企业	31097	27468	2426		560	529	11
有限责任公司	14315649	12686270	603381	47638	286382	585238	134058
国有独资公司	3002487	2798211	31371	16637	33911	83012	59788
其他有限责任公司	11313162	9888058	572010	31001	252472	502226	74270
股份有限公司	4470277	3808048	298183	11605	134641	227186	20401
私营企业	32477296	27976767	2056616	36330	853808	1267246	228763
私营独资企业	826700	733162	40350	126	18326	26984	5740
私营合作企业	2263	2154	27			72	4
私营有限责任公司	30208334	26040019	1922244	32350	770777	1173485	212908
私营股份有限公司	1439998	1201432	93994	3854	64705	66706	10111
其他企业	117457	102457	10714		574	2383	188
港、澳、台商投资企业	5796583	5024346	519800	24679	174037	205911	22522
合资经营企业（港或澳、台资）	2935897	2470335	363901	9200	127090	112415	7367
合作经营企业（港或澳、台资）	45861	39067	3972		1245	1507	489
港澳台商独资经营企业	2798419	2500768	150185	15480	45556	91549	14731
港澳台商投资股份有限公司	16406	14177	1742		147	440	－65

8－3　续表1　　单位:万元

项　　目	主营业务收　入	主营业务成　本	利润总额	亏损企业亏损额	销售费用	管理费用	财务费用
其他港澳台商投资企业							
外商投资企业	8653655	7504661	750033	54541	149844	292622	29015
中外合资经营企业	5594528	4775308	616643	9866	95771	173981	4786
中外合作经营企业	37004	36601	－873	873	370	776	139
外资企业	2771272	2489104	101881	43802	46498	114202	23354
外商投资股份有限公司	250852	203649	32383		7204	3663	736
二、在总计中:亏损企业	2028640	1901542	175115	38206	26510	47863	20567
三、在总计中:国有控股企业	15399015	13536930	855926	88983	214898	615125	133533
四、在总计中:轻工业	15816041	13477431	887244	51526	586885	683582	100058
重工业	52215478	45492079	3361547	153993	1062046	2038090	384009
五、在总计中:大型企业	17709585	15455111	1354850	47032	247170	721250	111234
中型企业	20170753	17351534	1276283	87799	605096	806760	132991
小型企业	29772193	25829776	1595610	70382	792369	1183239	231183
微型企业	378987	333089	22048	306	4296	10424	8659
六、按行业分组							
采矿业	1034603	841544	－13951	30695	13106	102472	13645
煤炭开采和洗选业							
石油和天然气开采业	495041	334351	－30695	30695	4364	97397	12264
黑色金属矿采选业	539562	507193	16743		8742	5074	1381
制造业	65779816	57098180	4128770	174824	1622410	2589099	426055
农副食品加工业	1282353	1151423	53770	3603	29735	32055	10748
食品制造业	420252	194852	124822	1917	88258	18890	1902
酒、饮料和精制茶制造业	160888	133461	－528	1974	18187	7181	1816
纺织业	1766021	1543166	91101	6608	38558	67726	10071
纺织服装、服饰业	1102132	961803	54656	3465	25943	42122	10223
皮革、毛皮、羽毛及其制品和制鞋业	1553669	1341752	92064	1320	41382	55904	10359

项　　目	主营业务收　　入	主营业务成　　本	利润总额	亏损企业亏 损 额	销售费用	管理费用	财务费用
木材加工和木、竹、藤、棕、草制品业	313868	286910	12144	631	4964	6197	2553
家具制造业	102066	85504	2066	1007	5733	8535	180
造纸和纸制品业	526677	506585	－15056	24032	14095	13648	14675
印刷和记录媒介复制业	307197	250185	32714	61	5168	15682	1764
文教、工美、体育和娱乐用品制造业	1517924	1281390	121522	91	42574	57269	5432
石油、煤炭及其他燃料加工业	259829	208713	6912	48	1623	6666	－506
化学原料和化学制品制造业	6231092	5365334	438422	16317	117557	256430	33182
医药制造业	672305	458537	54820	100	104599	47712	1718
化学纤维制造业	2495353	2211338	64499	2343	47219	137511	4268
橡胶和塑料制品业	1170029	1023601	55509	1901	29664	49222	8294
非金属矿物制品业	2143631	1904859	98608	982	54912	67143	12976
黑色金属冶炼和压延加工业	4256452	3834621	308621	481	39647	52798	18735
有色金属冶炼和压延加工业	1364176	1242213	67670	3220	15889	37029	7754
金属制品业	3493628	3110619	164066	9543	78796	105295	18032
通用设备制造业	3323632	2819541	210743	3356	106658	160187	21157
专用设备制造业	2467439	2078226	165256	3828	76170	124135	14688
汽车制造业	7510976	6333143	778154	3989	133262	334094	45076
铁路、船舶、航空航天和其他运输设备制造业	1177323	1061346	155923	27914	14429	68143	20543
电气机械和器材制造业	13601342	12071297	592613	14504	301521	466941	125297
计算机、通信和其他电子设备制造业	2802218	2412499	143647	41272	59955	185844	7841
仪器仪表制造业	3076512	2630178	205599	98	109110	141375	12375
其他制造业	604296	534044	36852	217	15657	17948	3982
废弃资源综合利用业	76540	61040	11580		1148	5421	921
电力、热力、燃气及水的生产和供应业	1217099	1029787	133972		13415	30101	44367
电力、热力生产和供应业	944483	819639	99013		339	13949	38421
燃气生产和供应业	179118	143972	24648		6395	8584	－224
水的生产和供应业	93498	66176	10311		6681	7568	6170

8－3　续表3

单位:万元

项　　目	资产总计	流动资产合计	应收帐款净额	产成品	负债总计	从业人员年平均人数(人)
总　计	**48980013**	**27230014**	**9302523**	**1957851**	**25313363**	**525394**
一、按企业登记注册类型分组						
内资企业	38432819	21544648	7576462	1577814	20511413	419456
国有企业	1890048	943083	373222	5535	1555310	11350
中央企业	536759	86749	4413	4060	559122	7075
地方企业	1353290	856334	368809	1475	996188	4275
集体企业	197067	124194	37158	9294	91970	4431
股份合作企业	1739	1572	351	564	950	55
联营企业	3355	1313	572	102	848	268
集体联营企业						
其他联营企业	3355	1313	572	102	848	268
有限责任公司	12441252	6660134	2044772	484536	6689658	75539
国有独资公司	2707955	1647309	667377	126599	1955816	9009
其他有限责任公司	9733297	5012825	1377395	357937	4733842	66530
股份有限公司	3826299	2164402	586672	178507	1840915	26586
私营企业	20051909	11634982	4529690	898753	10322767	300536
私营独资企业	384742	266095	119635	16223	166112	10978
私营合作企业	847	743	675	12	694	86
私营有限责任公司	18629736	10777533	4162001	828500	9640641	274158
私营股份有限公司	1036584	590611	247379	54017	515320	15314
其他企业	21149	14967	4026	523	8994	691
港、澳、台商投资企业	5234009	3031936	947890	196832	2407627	56106
合资经营企业(港或澳、台资)	2413939	1466634	406087	96750	1109428	27671
合作经营企业(港或澳、台资)	52659	12515	4122	835	22213	860
港澳台商独资经营企业	2734374	1532084	534404	99115	1268773	27389
港澳台商投资股份有限公司	33037	20702	3278	132	7213	186

8－3 续表4 单位:万元

项 目	资产总计	流动资产合 计	应收帐款净 额	产成品	负债总计	从业人员年平均人数（人）
其他港澳台商投资企业						
外商投资企业	5313186	2653430	778171	183206	2394324	49832
中外合资经营企业	2466645	1483372	405077	107303	1132009	24316
中外合作经营企业	33644	14669	6421	727	18558	246
外资企业	2670494	1084016	362199	70118	1171061	22778
外商投资股份有限公司	142402	71373	4474	5058	72696	2492
二、在总计中:亏损企业	1887170	953816	259053	56320	1147402	8059
三、在总计中:国有控股企业	12507648	6435282	1784168	341289	7178195	54284
四、在总计中:轻工业	10099112	5390198	1820041	494310	4776405	184552
重工业	38880901	21839815	7482482	1463541	20536958	340842
五、在总计中:大型企业	13944431	7345881	2005469	552758	6999099	102158
中型企业	14274834	8023322	2467934	558574	7551821	180163
小型企业	20359728	11691408	4760553	839797	10537933	242044
微型企业	401020	169403	68567	6722	224511	1029
六、按行业分组						
采矿业	779745	239392	9151	5660	713465	7497
煤炭开采和洗选业						
石油和天然气开采业	536759	86749	4413	4060	559122	7075
黑色金属矿采选业	242987	152643	4739	1600	154344	422
制造业	45488977	26221818	9157498	1951237	23084119	512228
农副食品加工业	578399	339647	74511	47410	310672	8175
食品制造业	395683	238465	86675	44228	155221	4772
酒、饮料和精制茶制造业	133984	43538	23703	6400	88190	1304
纺织业	1090778	571164	188024	57318	508614	23358
纺织服装、服饰业	1141436	719203	201317	43453	614682	31103
皮革、毛皮、羽毛及其制品和制鞋业	732744	464297	156399	52568	399550	27812

单位:万元

项　　　目	资产总计	流动资产合　计	应收帐款净　额	产成品	负债总计	从业人员年平均人数（人）
木材加工和木、竹、藤、棕、草制品业	133734	78951	15557	12469	72295	2780
家具制造业	112634	52176	22047	5915	48624	1495
造纸和纸制品业	552925	237039	57269	12047	431164	4409
印刷和记录媒介复制业	140250	68596	17844	7668	62740	2190
文教、工美、体育和娱乐用品制造业	453886	233559	76753	21463	218483	20272
石油、煤炭及其他燃料加工业	101855	67968	2983	3985	45039	809
化学原料和化学制品制造业	4981267	2789483	636760	180894	1985868	25409
医药制造业	618732	323761	97726	32972	223827	5537
化学纤维制造业	1268309	430005	46656	70386	452012	10863
橡胶和塑料制品业	653311	346344	147077	33701	307300	12895
非金属矿物制品业	1165230	644625	289855	32854	635036	15555
黑色金属冶炼和压延加工业	2575199	1313138	284723	147333	1378363	18166
有色金属冶炼和压延加工业	776474	434476	140554	27793	417223	7132
金属制品业	1674370	976427	441899	71857	918028	26397
通用设备制造业	2189981	1311371	486978	136146	1097371	36235
专用设备制造业	1481331	1002799	427439	53593	767598	22255
汽车制造业	6189952	3945844	1529403	251046	3728985	50240
铁路、船舶、航空航天和其他运输设	2116523	1126551	125846	14747	1501034	8644
电气机械和器材制造业	8342162	5048782	2362181	334790	4174068	82762
计算机、通信和其他电子设备制造业	3179283	1787539	709315	128865	1261880	36192
仪器仪表制造业	2127929	1288836	372359	99345	1142391	15389
其他制造业	458152	262071	91830	18003	97391	9501
废弃资源综合利用业	122466	75165	43817	1993	40473	577
电力、热力、燃气及水的生产和供应业	2711290	768803	135873	954	1515779	5669
电力、热力生产和供应业	1822863	403712	116274	146	1005796	2315
燃气生产和供应业	319398	140510	15019	808	83472	1605
水的生产和供应业	569030	224581	4580		426511	1749

8－4　大中型工业企业主要财务指标

单位:万元

项　　　目	主营业务收　　入	主营业务成　　本	利润总额	亏损企业亏损额	销售费用	管理费用	财务费用
总　　计	**37880338**	**32806645**	**2631133**	**134831**	**852266**	**1528010**	**244225**
一、按企业登记注册类型分组							
内资企业	27248276	23628073	1545816	88881	630573	1162732	216753
国有企业	495041	334351	－30695	30695	4364	97397	12264
中央企业	495041	334351	－30695	30695	4364	97397	12264
地方企业							
集体企业	180407	148785	14124		4492	10068	1605
股份合作企业							
联营企业							
集体联营企业							
其他联营企业							
有限责任公司	9522965	8505161	316767	38033	186322	410376	88078
国有独资公司	2828386	2652157	19008	16237	30076	73553	55747
其他有限责任公司	6694580	5853004	297759	21796	156246	336823	32332
股份有限公司	3484784	2984526	239745	10442	90928	172305	15714
私营企业	13565080	11655249	1005875	9713	344467	472586	99091
私营独资企业	116832	96017	5110		6871	6431	3109
私营合作企业							
私营有限责任公司	12832478	11053628	952113	8316	308366	440312	93068
私营股份有限公司	615770	505604	48653	1396	29231	25842	2915
其他企业							
港、澳、台商投资企业	4151160	3547484	454034	9961	146096	152058	9920
合资经营企业(港或澳、台资)	2119316	1727008	343920	2713	109234	82685	1895
合作经营企业(港或澳、台资)	32377	29203	2357		273	359	56
港澳台商独资经营企业	1999317	1791125	107757	7248	36588	69014	7969
港澳台商投资股份有限公司	150	148					

单位:万元

项　　目	主营业务收　　入	主营业务成　　本	利润总额	亏损企业亏损额	销售费用	管理费用	财务费用
其他港澳台商投资企业							
外商投资企业	6480902	5631089	631283	35989	75598	213220	17552
中外合资经营企业	4139229	3538082	518132	6913	34876	129634	75
中外合作经营企业							
外资企业	2090822	1889358	80768	29076	33517	79923	16741
外商投资股份有限公司	250852	203649	32383		7204	3663	736
二、在总计中:亏损企业	1326447	1272555	128158	32238	19092	34931	13748
三、在总计中:国有控股企业	12747240	11194428	747842	82494	142165	544648	80665
四、在总计中:轻工业	8005746	6810053	481055	33877	295083	333068	52854
重工业	29874592	25996592	2150078	100954	557183	1194942	191371
五、按行业分组							
采矿业	1034603	841544	－13951	30695	13106	102472	13645
煤炭开采和洗选业							
石油和天然气开采业	495041	334351	－30695	30695	4364	97397	12264
黑色金属矿采选业	539562	507193	16743		8742	5074	1381
制造业	36324355	31505843	2585965	104136	830585	1414130	218732
农副食品加工业	280445	238014	19077	93	9580	7658	4163
食品制造业	301626	101543	117110	1546	80069	7665	1399
酒、饮料和精制茶制造业	133217	112587	－1177	1974	16460	4889	752
纺织业	910843	794544	51787		20790	35879	5187
纺织服装、服饰业	614568	532529	26995	2502	19175	24743	7701
皮革、毛皮、羽毛及其制品和制鞋业	736657	636848	50349	1272	13805	26686	4745
木材加工和木、竹、藤、棕、草制品业	230278	212385	7587	261	3809	3858	2009
家具制造业	39137	33069	2336		1612	1911	18
造纸和纸制品业	340985	335022	－18565	23947	10651	7956	12876

8－4　续表2　　单位:万元

项　　目	主营业务收　入	主营业务成　本	利润总额	亏损企业亏损额	销售费用	管理费用	财务费用
印刷和记录媒介复制业	172114	138020	23878		2880	5683	600
文教、工美、体育和娱乐用品制造业	626809	512386	68786		16464	22900	2108
石油、煤炭及其他燃料加工业	223973	176165	4821		1493	5752	－673
化学原料和化学制品制造业	2687489	2268868	217774	3047	46910	145603	14203
医药制造业	180980	126714	13921		26260	13073	301
化学纤维制造业	2240660	1989640	54864	1038	39454	124631	1656
橡胶和塑料制品业	250777	219281	8269	512	7485	12640	2010
非金属矿物制品业	791229	734182	22466		13075	16868	2104
黑色金属冶炼和压延加工业	3065593	2753360	248799		22537	30257	12822
有色金属冶炼和压延加工业	278264	254334	16171	2118	2352	10397	2928
金属制品业	1650923	1506375	52774	6834	43497	38805	4355
通用设备制造业	1450220	1216222	106575	1310	49103	73333	9405
专用设备制造业	883242	745411	65761	311	26908	38326	5224
汽车制造业	5819467	4855042	702481	1502	89964	249583	30701
铁路、船舶、航空航天和其他运输设备制造业	776802	724816	129579	24924	1521	46829	19262
电气机械和器材制造业	6988620	6278298	304735	5806	128699	210491	58454
计算机、通信和其他电子设备制造业	1798239	1570993	103202	25140	25239	115439	1620
仪器仪表制造业	2471351	2106276	161326		98102	120868	9481
其他制造业	379848	332919	24287		12692	11412	3322
废弃资源综合利用业							
电力、热力、燃气及水的生产和供应业	521380	459259	59119		8576	11408	11848
电力、热力生产和供应业	406467	376434	44803		0	4191	8269
燃气生产和供应业	66827	51879	8330		3404	4066	－200
水的生产和供应业	48087	30945	5986		5171	3151	3779

8-4 续表3

单位:万元

项目	资产总计	流动资产合计	应收帐款净额	产成品	负债总计	从业人员年平均人数(人)
总计	**28219265**	**15369203**	**4473403**	**1111333**	**14550920**	**282321**
一、按企业登记注册类型分组						
内资企业	20894811	11422062	3226999	876688	11169998	205172
国有企业	536759	86749	4413	4060	559122	7075
中央企业	536759	86749	4413	4060	559122	7075
地方企业						
集体企业	54354	12238	4806	1099	14017	1470
股份合作企业						
联营企业						
集体联营企业						
其他联营企业						
有限责任公司	8359458	4663535	1272466	309960	4360353	48791
国有独资公司	2383898	1517897	650562	121841	1791024	7998
其他有限责任公司	5975561	3145638	621904	188119	2569329	40793
股份有限公司	2974094	1651762	377562	149999	1445703	19353
私营企业	8970146	5007779	1567752	411570	4790804	128483
私营独资企业	153673	108496	47039	6908	34015	2380
私营合作企业						
私营有限责任公司	8326458	4616067	1385699	378738	4522964	118551
私营股份有限公司	490015	283216	135014	25924	233824	7552
其他企业						
港、澳、台商投资企业	3531865	2112240	739530	133265	1632741	42569
合资经营企业(港或澳、台资)	1820229	1114834	296305	66678	788004	19410
合作经营企业(港或澳、台资)	6717	3819	785	835	4098	559
港澳台商独资经营企业	1689719	984386	441294	65671	836188	22578
港澳台商投资股份有限公司	15200	9201	1146	81	4452	22

单位：万元

项　　　目	资产总计	流动资产合　计	应收帐款净　额	产成品	负债总计	从业人员年平均人数（人）
其他港澳台商投资企业						
外商投资企业	3792589	1834901	506875	101380	1748180	34580
中外合资经营企业	1759015	1014378	245081	52654	804317	14818
中外合作经营企业						
外资企业	1891172	749150	257319	43668	871167	17270
外商投资股份有限公司	142402	71373	4474	5058	72696	2492
二、在总计中：亏损企业	1183855	596855	115372	27904	742695	5390
三、在总计中：国有控股企业	9455523	4884608	1161288	290069	5235595	45897
四、在总计中：轻工业	5320003	2655292	805573	275687	2540085	95576
重工业	22899262	12713911	3667830	835646	12010834	186745
五、按行业分组						
采矿业	779745	239392	9151	5660	713465	7497
煤炭开采和洗选业						
石油和天然气开采业	536759	86749	4413	4060	559122	7075
黑色金属矿采选业	242987	152643	4739	1600	154344	422
制造业	26428441	14923597	4436507	1105390	13381893	271533
农副食品加工业	156992	67247	19597	12805	86481	3080
食品制造业	229487	142767	63637	35063	92245	2545
酒、饮料和精制茶制造业	115504	29766	20482	2399	73603	1093
纺织业	607882	311150	76686	37068	284253	13376
纺织服装、服饰业	744205	509107	92702	31281	442039	19715
皮革、毛皮、羽毛及其制品和制鞋业	356248	250911	71741	25969	206291	15141
木材加工和木、竹、藤、棕、草制品业	99731	62846	9174	9630	58656	1816
家具制造业	27753	18758	10200	1135	5309	325
造纸和纸制品业	426162	164969	32554	7560	346701	2246

项　　目	资产总计	流动资产合　计	应收帐款净　额	产成品	负债总计	从业人员年平均人数（人）
印刷和记录媒介复制业	61798	32496	8875	5819	25162	1207
文教、工美、体育和娱乐用品制造业	157477	63893	18021	7076	62347	8015
石油、煤炭及其他燃料加工业	73341	52752	1104	1422	24902	692
化学原料和化学制品制造业	3199240	1800480	324970	68457	1043756	10553
医药制造业	121238	80035	25844	11807	57488	1753
化学纤维制造业	1085923	329597	31928	58670	342254	8924
橡胶和塑料制品业	202417	88455	33681	15073	69408	3293
非金属矿物制品业	251277	112607	33442	6235	110589	5594
黑色金属冶炼和压延加工业	2040204	1013246	191436	108370	1064207	12599
有色金属冶炼和压延加工业	409982	191467	48524	7075	226596	1694
金属制品业	544030	306583	129294	27125	301821	9521
通用设备制造业	991279	566167	177564	59110	497817	16815
专用设备制造业	535111	335141	148040	19192	295599	7657
汽车制造业	4713379	3035797	1062101	173565	2835851	33859
铁路、船舶、航空航天和其他运输设	1727282	942150	32189	3641	1348653	4641
电气机械和器材制造业	3506247	2030814	928445	205582	1635049	40489
计算机、通信和其他电子设备制造业	2116213	1176264	481240	89196	878145	26169
仪器仪表制造业	1545934	999277	289390	64242	898826	11942
其他制造业	382106	208856	73647	10820	67848	6779
废弃资源综合利用业						
电力、热力、燃气及水的生产和供应业	1011078	206214	27745	283	455561	3291
电力、热力生产和供应业	611727	104445	17221		252420	1281
燃气生产和供应业	128233	42148	8959	283	19914	1058
水的生产和供应业	271118	59621	1565		183227	952

8－5　规模以上私营工业企业主要财务指标

单位:万元

项　　目	主营业务收入	主营业务成本	利润总额	亏损企业亏损额	销售费用	管理费用	财务费用
总　　计	**32477296**	**27976767**	**2056616**	**36330**	**853808**	**1267246**	**228763**
一、按企业登记注册类型分组							
私营企业	32477296	27976767	2056616	36330	853808	1267246	228763
私营独资企业	826700	733162	40350	126	18326	26984	5740
私营合作企业	2263	2154	27			72	4
私营有限责任公司	30208334	26040019	1922244	32350	770777	1173485	212908
私营股份有限公司	1439998	1201432	93994	3854	64705	66706	10111
二、在总计中:亏损企业	65262	55383	848	8	4028	4012	1100
三、在总计中:轻工业	8360790	7077142	539464	8016	275176	372977	62196
重工业	24116505	20899625	1517153	28314	578632	894269	166567
四、在总计中:大型企业	4111060	3588650	343845		63324	100362	26915
中型企业	9454020	8066599	662030	9713	281143	372223	72176
小型企业	18627628	16064698	1041028	26413	505552	788317	122218
微型企业	284587	256820	9713	205	3788	6343	7454
五、按行业分组							
制造业	32412428	27931572	2048459	36330	853077	1265017	219525
农副食品加工业	753475	659830	40565	830	20281	20152	8563
食品制造业	64055	50202	3750	280	4548	6345	927
酒、饮料和精制茶制造业							
纺织业	1352085	1175332	79542	1254	32169	54389	6764
纺织服装、服饰业	664250	575163	39709	660	13903	23324	8162
皮革、毛皮、羽毛及其制品和制鞋业	1082241	917478	71621	48	33612	41893	7072
木材加工和木、竹、藤、棕、草制品业	245293	224210	10963	370	3409	4273	1654
家具制造业	37649	31981	－331	863	3034	2651	205
造纸和纸制品业	137508	119195	4942	85	4522	7117	1661

8－5 续表1 单位:万元

项目	主营业务收入	主营业务成本	利润总额	亏损企业亏损额	销售费用	管理费用	财务费用
印刷和记录媒介复制业	231103	185436	26371	61	3754	12331	1440
文教、工美、体育和娱乐用品制造业	952366	807471	76337	12	25268	32814	3747
石油、煤炭及其他燃料加工业	5496	5034	74	48	24	183	169
化学原料和化学制品制造业	2389549	2077939	140517	8457	53083	80111	16640
医药制造业	210986	154172	15626		21185	18498	1461
化学纤维制造业	686727	569669	54294	2343	26022	32217	5259
橡胶和塑料制品业	663531	580964	31428	1009	16316	28909	5477
非金属矿物制品业	1198190	1035103	64311	698	35788	47914	10860
黑色金属冶炼和压延加工业	3675288	3298058	293386	255	25625	35185	19700
有色金属冶炼和压延加工业	912965	833591	53393	1102	10654	20858	3676
金属制品业	1696623	1459061	101112	2102	51101	62091	12411
通用设备制造业	2381870	2028080	151289	2065	72076	106767	14860
专用设备制造业	1901946	1603683	127552	1176	58131	93857	10700
汽车制造业	1318877	1112390	73509	1340	50631	77971	15767
铁路、船舶、航空航天和其他运输设备制造业	404080	336439	29576	366	12311	21829	1641
电气机械和器材制造业	6638778	5745302	379044	8258	169953	261377	43845
计算机、通信和其他电子设备制造业	938720	751950	69722	2548	36241	75441	4819
仪器仪表制造业	1471307	1251372	81228	98	56252	79943	7372
其他制造业	329865	285943	21136	2	12076	12260	3745
废弃资源综合利用业	67605	56523	7794		1112	4319	926
电力、热力、燃气及水生产和供应业	64868	45195	8158		731	2229	9239
电力、热力生产和供应业	59678	40803	7736		157	2104	8999
燃气生产和供应业	5190	4392	422		573	125	239
水的生产和供应业							

单位:万元

项　　目	资产总计	流动资产合　　计	应收帐款净　　额	产成品	负债总计	从业人员年平均人数（人）
总　　计	**20051909**	**11634982**	**4529690**	**898753**	**10322767**	**300536**
一、按企业登记注册类型分组						
私营企业	20051909	11634982	4529690	898753	10322767	300536
私营独资企业	384742	266095	119635	16223	166112	10978
私营合作企业	847	743	675	12	694	86
私营有限责任公司	18629736	10777533	4162001	828500	9640641	274158
私营股份有限公司	1036584	590611	247379	54017	515320	15314
二、在总计中:亏损企业	72493	58510	21481	8057	68160	563
三、在总计中:轻工业	4984935	2875708	1062975	266835	2306686	111515
重工业	15066974	8759274	3466715	631917	8016081	189021
四、在总计中:大型企业	2901258	1510722	466145	142120	1474412	28636
中型企业	6068887	3497056	1101608	269450	3316391	99847
小型企业	10855569	6521466	2911685	482232	5376949	171260
微型企业	226194	105738	50252	4950	155014	793
五、按行业分组						
制造业	19802866	11572240	4502912	898579	10146847	300269
农副食品加工业	281033	160935	48847	32115	160192	5099
食品制造业	81807	40490	13045	7858	40987	1477
酒、饮料和精制茶制造业	0	0	0	0	0	0
纺织业	722730	398833	130315	41837	369405	19817
纺织服装、服饰业	772199	519919	170483	32382	403352	17665
皮革、毛皮、羽毛及其制品和制鞋业	450634	263936	99271	31999	230384	17476
木材加工和木、竹、藤、棕、草制品业	90800	59625	12133	7267	51178	1941
家具制造业	28955	18632	4434	3504	23235	637
造纸和纸制品业	78715	48972	17326	3418	55772	2330

8－5　续表3　　单位:万元

项　　目	资产总计	流动资产合　计	应收帐款净　额	产成品	负债总计	从业人员年平均人数（人）
印刷和记录媒介复制业	86832	43414	16199	6364	41825	1365
文教、工美、体育和娱乐用品制造业	301830	146369	62864	11242	143103	13041
石油、煤炭及其他燃料加工业	7331	5529	1010	29	4782	33
化学原料和化学制品制造业	1222553	693655	221208	69574	636494	13501
医药制造业	209444	116975	47523	9358	87213	2404
化学纤维制造业	460411	206680	38635	26005	197665	4668
橡胶和塑料制品业	370719	216945	97637	16996	199876	8101
非金属矿物制品业	689628	421457	203179	18010	362556	11312
黑色金属冶炼和压延加工业	2040250	969231	203285	112047	1169889	14627
有色金属冶炼和压延加工业	584093	311300	89039	19455	305493	4683
金属制品业	1105738	647886	316538	49752	609248	16616
通用设备制造业	1319550	751831	308246	63069	651037	26299
专用设备制造业	1010646	679780	286576	32912	521331	16069
汽车制造业	1476642	944460	376161	47374	894013	20079
铁路、船舶、航空航天和其他运输设	447534	230830	100701	5134	213901	4933
电气机械和器材制造业	3578288	2203081	1058003	134239	1639146	50425
计算机、通信和其他电子设备制造业	970213	628459	257093	45520	395951	10870
仪器仪表制造业	1022592	588100	217055	52676	641092	8961
其他制造业	281381	185688	65151	16514	58699	5351
废弃资源综合利用业	110320	69230	40956	1933	39028	489
电力、热力、燃气及水生产和供应业	249043	62742	26778	173	175920	267
电力、热力生产和供应业	237580	59281	25955	146	169307	219
燃气生产和供应业	11463	3462	823	28	6613	48
水的生产和供应业						

8－6　分地区规模以上工业企业主要财务指标

单位：万元

地　区	主营业务收　入	利润总额	亏损企业亏损额	资产总计	负债总计	销售费用	管理费用	财务费用	从业人员年平均人数（人）
总　计	**68031518**	**4248791**	**205518**	**48980013**	**25313363**	**1648931**	**2721672**	**484067**	**525394**
市　区	35083329	2164820	171703	28704850	15049821	919874	1569132	261911	289592
开发区	8225101	307183	109942	6432675	3409977	92971	337456	64972	49126
广陵	6629528	571462	5938	5545566	2322498	192071	301896	40279	68615
邗江	7466193	412649	17539	8142796	4489289	325806	433860	73380	75839
江都	12762507	873526	38284	8583813	4828058	309026	495920	83281	96012
宝　应	11762331	620498	4294	6408325	3559577	314806	355881	112176	87135
仪　征	10406243	833372	26327	7734984	3924956	127070	448822	40422	58088
高　邮	10779616	630102	3194	6131854	2779009	287181	347838	69558	90579

8－7　大中型工业企业名录

单　位　名　称	地　区	序　号
大型企业：		
宝胜集团有限公司	宝应	1
扬力集团股份有限公司	邗江	2
江苏华电扬州发电有限公司	邗江	3
扬州嘉盛鞋业有限公司	江都	4
扬州龙川钢管有限公司	江都	5
扬州国裕船舶制造有限公司	仪征	6
同扬光电（江苏）有限公司	开发区	7
扬州宝亿制鞋有限公司	开发区	8
中海工业（江苏）有限公司	江都	9
晶澳（扬州）太阳能科技有限公司	开发区	10
扬州市邗江万鑫印染辅料制衣厂	邗江	11
扬州大洋造船有限公司	广陵	12
江苏美迪制衣集团有限公司	邗江	13

8－7　续表1

单　位　名　称	地　区	序　号
扬州扬杰电子科技股份有限公司	邗江	14
江苏虎豹集团有限公司	邗江	15
江苏双汇电力发展股份有限公司	江都	16
江苏九龙汽车制造有限公司	江都	17
扬州锻压机床股份有限公司	邗江	18
扬州万福压力容器有限公司	生态	19
潍柴动力扬州柴油机有限责任公司	开发区	20
西门子电机（中国）有限公司	仪征	21
明岐铝轮毂仪征有限公司	仪征	22
森萨塔科技（宝应）有限公司	宝应	23
江苏传艺科技有限公司	高邮	24
扬州中燃城市燃气发展有限公司	广陵	25
江苏联通智能控制技术股份有限公司	广陵	26
海信容声（扬州）冰箱有限公司	开发区	27
扬州永新制衣有限公司	广陵	28
上海大众汽车有限公司仪征公司	仪征	29
川岳科技扬州有限公司	开发区	30
江苏扬力坚城锻压机床有限公司	开发区	31
扬州保来得科技实业有限公司	开发区	32
江苏琼花集团有限公司	生态	33
潍柴（扬州）亚星汽车有限公司	邗江	34
扬州纪元纺织有限公司	广陵	35
扬州真牛机械有限公司	生态	36
扬州东方吊架有限公司	广陵	37
高露洁三笑有限公司	生态	38
扬州金泉旅游用品有限公司	邗江	39
扬州市秦邮特种金属材料有限公司	高邮	40
江苏长青农化股份有限公司	江都	41
扬州市华敏光电线缆有限公司	广陵	42

单 位 名 称	地 区	序 号
扬州英谛车材实业有限公司	广陵	43
扬州乾照光电有限公司	开发区	44
扬州北辰电气集团有限公司	开发区	45
仪征亚新科双环活塞环有限公司	仪征	46
中国石化集团江苏石油勘探局	开发区	47
扬州五亭桥缸套有限公司	邗江	48
江苏金飞达电动工具有限公司	高邮	49
江苏金材科技有限公司	生态	50
江苏柏泰集团有限公司	邗江	51
江苏牧羊集团有限公司	邗江	52
扬州中集通华专用车有限公司	开发区	53
江苏三笑集团	生态	54
江苏亚威机床股份有限公司	江都	55
扬州诚德钢管有限公司	江都	56
扬州市广陵区茂林五金机械厂	广陵	57
倍加洁集团股份有限公司	生态	58
中国石化仪征化纤有限责任公司	仪征	59
亚普汽车部件股份有限公司	开发区	60
江苏扬农化工集团有限公司	广陵	61
江苏捷凯电力器材有限公司	江都	62
扬州恒润海洋重工有限公司	广陵	63
骏升科技(扬州)有限公司	宝应	64
中型企业:		
江苏新天宝机械有限公司	江都	1
扬州市邗江龙欣服饰制品有限公司	生态	2
扬州新世界鞋业有限公司	高邮	3
扬州明泰机械有限公司	广陵	4
扬州和益电动工具有限公司	高邮	5
扬州市天诗美景日化有限公司	生态	6

8－7　续表3

单 位 名 称	地 区	序 号
仪征市山一防水布有限公司	化工园	7
扬州恒旺五金机械有限公司	邗江	8
东方娃教学设备有限公司	宝应	9
江苏维尔电气有限公司	宝应	10
扬州赛尔机械制造有限公司	生态	11
仪征亚新科铸造有限公司	仪征	12
江苏菲达宝开电气有限公司	宝应	13
扬州高新玩具配件有限公司	江都	14
扬州虹扬科技发展有限公司	邗江	15
仪征威英化纤有限公司	仪征	16
扬州江淮轻型汽车有限公司	江都	17
扬州弘扬无纺布织造有限公司	广陵	18
江苏优士化学有限公司	化工园	19
扬州市百仕德礼品工艺有限公司	高邮	20
马钢(扬州)钢材加工有限公司	开发区	21
海沃机械(中国)有限公司	广陵	22
扬州英华塑料制品有限公司	宝应	23
扬州东升汽车零部件股份有限公司	仪征	24
扬州伟江机械有限公司	江都	25
江苏通宇钢管集团有限公司	邗江	26
江苏锋驰汽车车身制造有限公司	宝应	27
扬州市金杨电镀设备有限公司	江都	28
江苏三工钢结构有限公司	江都	29
扬州嘉扬服饰有限公司	邗江	30
扬州光大帽业有限公司	广陵	31
江苏远洋东泽电缆股份有限公司	邗江	32
江苏竣业过程机械设备有限公司	江都	33
扬州亿达机械压力管道元件有限公司	生态	34
宝应县增厚铜业有限公司	宝应	35

8－7 续表4

单位名称	地区	序号
高邮市红太阳食品有限公司	高邮	36
仪征市新扬船舶制造有限公司	仪征	37
江苏荣能集团股份有限公司	邗江	38
江苏国力锻压机床有限公司	邗江	39
扬州盛达特种车有限公司	邗江	40
扬州制药有限公司	广陵	41
宝应县富和气流纺厂	宝应	42
创利皮革(扬州)有限公司	开发区	43
扬州市天力机电有限公司	江都	44
江苏天雨环保集团有限公司	江都	45
江苏扬力数控机床有限公司	开发区	46
扬州金霞塑料有限公司	生态	47
可瑞尔科技(扬州)有限公司	开发区	48
扬州天和药业有限公司	江都	49
江苏快乐木业集团有限公司	江都	50
扬州市邗江斯必克帽业有限公司	邗江	51
江苏冬思羽绒制品有限公司	江都	52
扬州宝源食品有限公司	宝应	53
扬州市天池给排水设备制造有限公司	江都	54
扬州江淮宏运客车有限公司	江都	55
江苏朝阳液压机械集团有限公司	高邮	56
高邮市万嘉面粉有限公司	高邮	57
江苏金陵船舶有限责任公司	仪征	58
扬州市海信纺织机械制造有限公司	邗江	59
江苏省南扬机械制造有限公司	邗江	60
扬州市龙祥包装制品有限公司	高邮	61
江苏博际喷雾系统股份有限公司	江都	62
扬州市环球建材机械有限公司	江都	63
江苏嘉和热系统股份有限公司	广陵	64

8－7　续表5

单　位　名　称	地　区	序　号
高邮市卫星卷烟材料有限公司	高邮	65
扬州豪康机械电器有限公司	生态	66
江苏扬力铸锻有限公司	广陵	67
宝应县鑫宝纺织厂	宝应	68
扬州高洁牙刷厂	生态	69
扬州市洪泉实业有限公司	江都	70
大连化工(江苏)有限公司	化工园	71
扬州市天宇鞋业有限公司	高邮	72
江苏舜天国际集团江都工具有限公司	江都	73
扬州德云电气设备集团有限公司	邗江	74
扬州市金轮泵阀有限公司	宝应	75
迈安德集团有限公司	邗江	76
江苏航天水力设备有限公司	高邮	77
江苏邦威机械制造有限公司	江都	78
扬州汉梦服饰制造有限公司	邗江	79
江苏虎豹服饰发展有限公司	邗江	80
扬州市天龙环保设备有限公司	江都	81
江苏海润化工有限公司	江都	82
扬州楚门机电设备制造有限公司	广陵	83
江苏恒通发电机制造有限公司	江都	84
扬州市丽邮人造板有限公司	高邮	85
江苏新扬新材料股份有限公司	邗江	86
扬州阿波罗蓄电池有限公司	开发区	87
百家丽(中国)照明电器有限公司	仪征	88
扬州兴隆制笔有限公司	江都	89
扬州捷迈锻压机械有限公司	邗江	90
高邮市金景服饰有限公司	高邮	91
江苏罗思韦尔电气有限公司	邗江	92
江苏玉河教玩具有限公司	宝应	93

8－7　续表6

单位名称	地区	序号
扬州市江源供水有限责任公司	广陵	94
高邮市鸿运制衣厂	高邮	95
江苏惠宝翔鹰金属制品有限公司	宝应	96
扬州龙和造船有限公司	江都	97
扬州润丰塑胶有限公司	生态	98
扬州市嵘盛电缆材料有限公司	宝应	99
江苏中兴化工设备有限公司	邗江	100
扬州市永昌鞋业有限公司	高邮	101
江苏环宇起重运输机械有限责任公司	宝应	102
扬州金陵钢结构工程有限公司	仪征	103
扬州顶津食品有限公司	邗江	104
恒远国际工程集团有限公司	江都	105
中航鼎衡造船有限公司	江都	106
九力绳缆有限公司	宝应	107
江苏米奇妙教玩具集团有限公司	宝应	108
宝应帆洋船舶电器配件制造有限公司	宝应	109
江苏波司登制衣有限公司	高邮	110
扬州市华翔有色金属有限公司	高邮	111
扬州曝泰车材实业有限公司	广陵	112
扬州元杰鞋业化纤有限公司	邗江	113
江苏一重数控机床有限公司	江都	114
扬州瑞阳化工有限责任公司	江都	115
江苏江成冶金设备制造有限公司	江都	116
实友化工(扬州)有限公司	化工园	117
江苏润雅制衣有限公司	高邮	118
扬州江新电子有限公司	广陵	119
江苏同昌电路科技有限公司	江都	120
江苏华伦富特化工有限公司	江都	121
扬州市顺驰电气有限公司	宝应	122

8－7　续表7

单位名称	地区	序号
青岛啤酒(扬州)有限公司	广陵	123
江苏史福特光电股份有限公司	仪征	124
江苏尚诚时装有限公司	高邮	125
仪征申荣焊接有限公司	仪征	126
扬州亿泰纺织有限公司	高邮	127
扬州冶春食品生产配送股份有限公司	邗江	128
艾能光伏扬州有限公司	宝应	129
扬州市邗江含秀工艺品有限公司	邗江	130
江苏丰尚智能科技有限公司	邗江	131
扬州续笙新能源科技有限公司	宝应	132
扬州嘉华电气股份有限公司	邗江	133
环讯电子(扬州)有限公司	宝应	134
扬州市凤凰岛机械设备有限公司	生态	135
扬州艾笛森光电有限公司	开发区	136
江苏庆峰环保化工工程安装有限公司	景区	137
扬州市南洋混凝土有限公司	宝应	138
扬州宝进制衣有限公司	开发区	139
扬州市鸿利达鞋业有限公司	高邮	140
扬州亚东水泥有限公司	开发区	141
扬州润友复合材料有限公司	宝应	142
江苏凯高鞋业有限公司	高邮	143
扬州田治科技有限公司	江都	144
扬州国汇箱包有限公司	江都	145
扬州江林木业有限公司	开发区	146
江苏中油天工机械有限公司	江都	147
江苏爱德福乳胶制品有限公司	江都	148
扬州海润船业有限公司	江都	149
江苏恒星钨钼有限公司	江都	150
江苏宝南木业制造有限公司	宝应	151

8－7　续表8

单位名称	地区	序号
扬州市金威机械有限公司	邗江	152
扬州市加气混凝土有限公司	邗江	153
扬州日兴生物科技股份有限公司	高邮	154
扬州中江混凝土有限公司	邗江	155
江苏摩恩电工有限公司	宝应	156
亚新科凸轮轴（仪征）有限公司	仪征	157
仪征市润扬机械有限公司	仪征	158
江苏远扬科技集团	宝应	159
永丰余造纸（扬州）有限公司	开发区	160
扬州赛乐服饰有限公司	邗江	161
扬州通盈机械制造有限公司	生态	162
江苏永和耐火材料有限公司	江都	163
扬州祖名豆制食品有限公司	开发区	164
尚宝罗江苏节能科技股份有限公司	宝应	165
扬州市恒宇印染机械有限公司	宝应	166
江苏匡克防护有限公司	高邮	167
扬州鑫泰机械有限公司	广陵	168
江苏王牌电机制造有限公司	宝应	169
扬州恒达服饰有限公司	高邮	170
扬州市鑫源电气有限公司	江都	171
扬州市富友针织有限公司	江都	172
扬州完美日用品有限公司	邗江	173
扬州动易运动用品有限公司	广陵	174
高邮市双宇鞋服辅料厂	高邮	175
永道无线射频标签（扬州）有限公司	开发区	176
扬州市奥克发电设备有限公司	江都	177
扬州巨力体育用品有限公司	江都	178
江苏大成羽绒制品有限公司	宝应	179
江苏宝杰隆电磁线有限公司	宝应	180

8－7　续表9

单位名称	地区	序号
宝应县众鑫羽绒制品有限公司	宝应	181
扬州宇通服装有限公司	高邮	182
扬州金圆化工设备有限公司	邗江	183
江苏金陵特种涂料有限公司	江都	184
博立尔化工(扬州)有限公司	江都	185
扬州富通机械有限公司	生态	186
扬州精益纺织品有限公司	生态	187
扬州星汉玻璃工艺品有限公司	宝应	188
江苏亚洛科技有限公司	宝应	189
江苏友恒机械有限公司	邗江	190
扬州强凌有限公司	邗江	191
胜赛思精密压铸(扬州)有限公司	江都	192
江苏宝乐实业有限公司	宝应	193
扬州华瑞金属制品有限公司	宝应	194
扬州舜天玻璃工艺品有限公司	宝应	195
宝应县天华工艺材料有限公司	宝应	196
扬州尼尔工程塑料有限公司	宝应	197
扬州金凯利体育用品有限公司	邗江	198
江苏瑞祥化工有限公司	化工园	199
两面针(江苏)实业有限公司	生态	200
江苏金鑫东南电气有限公司	江都	201
扬州福克斯减震器有限公司	江都	202
扬州市华亚管业有限公司	宝应	203
扬州润扬物流装备有限公司	开发区	204
宝应县宁丰纺织有限公司	宝应	205
江苏长宏铝业有限公司	邗江	206
扬州联博药业有限公司	邗江	207
仪征华纳斯化工有限责任公司	化工园	208
江苏琴曼集团有限公司	邗江	209

8－7　续表10

单位名称	地区	序号
扬州金运钣焊机械有限公司	邗江	210
江苏赛德电气有限公司	高邮	211
扬州振华液压成套设备公司	广陵	212
江苏天诚智能集团有限公司	广陵	213
江苏兴达电讯器材有限公司	广陵	214
扬州市育英钣金机械有限公司	邗江	215
扬州显业集团有限公司	江都	216
宝生时代包装材料江苏有限公司	宝应	217
扬州市智勇电子科技有限公司	宝应	218
仪征市仲兴环保科技有限公司	仪征	219
江苏金方圆数控机床有限公司	邗江	220
扬州市邗江扬子汽车内饰件有限公司	邗江	221
江苏大康实业有限公司	仪征	222
扬州市江都区精诚制衣有限公司	江都	223
扬州飞鸿电材有限公司	江都	224
江苏新曙光电力器材有限公司	江都	225
江苏江扬建材机械有限公司	江都	226
扬州市三江画笔有限公司	江都	227
扬州市天雨玻璃钢制品厂	江都	228
扬州市油田通用实业有限公司	江都	229
扬州庆松化工设备有限公司	邗江	230
扬州市曙光牙刷厂	生态	231
扬州市爱华机械制造有限公司	邗江	232
扬州锐麟工艺品有限公司	江都	233
扬州市为政五金冷轧有限公司	江都	234
扬州市昌盛车业有限公司	江都	235
扬州市油田金达实业有限公司	江都	236
扬州恒胜服饰有限公司	高邮	237
扬州吉山津田光电科技有限公司	宝应	238

8－7　续表11

单　位　名　称	地　区	序　号
扬州协鑫光伏科技有限公司	开发区	239
扬州市新丽美织造有限公司	宝应	240
江苏田森宝电子科技有限公司	宝应	241
江苏康博新材料科技有限公司	高邮	242
扬州祥和鞋业有限公司	高邮	243
江苏鑫东方户外用品有限公司	高邮	244
江苏汇成光电有限公司	邗江	245
中铁宝桥(扬州)有限公司	广陵	246
江苏怡人纺织科技股份有限公司	仪征	247
延锋安道拓(仪征)座椅有限公司	仪征	248
扬州天晟光电科技有限公司	宝应	249
江苏苏美达车轮有限公司	宝应	250
江苏陆昂实业有限公司	江都	251
扬州荣德新能源科技有限公司	开发区	252
扬州星月燃油喷射有限公司	江都	253
扬州鑫晶光伏科技有限公司	高邮	254
扬州依利安达电子有限公司	仪征	255
扬州道爵新能源发展有限公司	高邮	256
扬州市金客汽车部件有限公司	江都	257
高邮市佰蒂服饰有限公司	高邮	258
扬州旭升鞋业有限公司	江都	259
江苏康源纺织有限公司	宝应	260
扬州天富龙科技纤维有限公司	仪征	261
江苏奔亚科技发展有限公司	高邮	262
扬州市江都区洪业汽车部件有限公司	江都	263
江苏华富储能新技术股份有限公司	高邮	264
江苏翔宇纺织品有限公司	宝应	265
江苏中意建材机械有限公司	江都	266
江苏京都印务有限公司	江都	267

单位名称	地区	序号
扬州石化有限责任公司	江都	268
江苏宙龙化工有限公司	江都	269
扬州自来水有限责任公司	开发区	270
江苏扬州合力橡胶制品有限公司	广陵	271
中电科技扬州宝军电子有限公司	广陵	272
扬州市联扬汽车装饰件有限公司	广陵	273
扬州第二发电有限责任公司	开发区	274
江苏江扬电缆有限公司	邗江	275
扬州金源旅游用品有限公司	广陵	276
扬州东方砂轮有限公司	江都	277
扬州灯泡有限公司	广陵	278
扬州广菱电子有限公司	广陵	279
扬州迪婕时装有限公司	高邮	280
宝应县永健米业有限公司	宝应	281
江苏江源木业有限公司	江都	282
江苏扬泰中天管桩有限公司	江都	283
江苏中兴派能电池有限公司	仪征	284
扬州戴卡轮毂制造有限公司	高邮	285
扬州和汇服饰有限公司	宝应	286
江苏凤凰扬州鑫华印刷有限公司	邗江	287
扬州漆器厂	邗江	288
江苏联环药业集团有限公司	广陵	289
扬州金力电动工具有限公司	邗江	290
江苏星浪光学仪器有限公司	高邮	291
扬州同茂车业有限公司	江都	292
扬州电力设备修造厂有限公司	广陵	293
江苏兴盛刷业有限公司	生态	294
江苏金夏纺织有限公司	宝应	295
江苏迎浪科技集团有限公司	宝应	296

8－7　续表13

单位名称	地区	序号
江苏亚宝绝缘材料股份有限公司	宝应	297
江苏迅达电磁线有限公司	宝应	298
扬州晨化新材料股份有限公司	宝应	299
扬州华电电气有限公司	宝应	300
扬州市安宜阀门有限公司	宝应	301
扬州光辉汽车零部件有限公司	江都	302
江苏中惠医疗科技股份有限公司	江都	303
扬州市新时织布有限公司	江都	304
扬州市中春针织公司	江都	305
扬州恒鑫冶金科技有限公司	宝应	306
扬州新奇特电缆材料有限公司	宝应	307
江苏鼎晟液压有限公司	江都	308
扬州普天鞋业有限公司	高邮	309
高邮市经纬纺织有限公司	高邮	310
江苏科凌医疗器械有限公司	高邮	311
扬州三鑫五金工具有限公司	高邮	312
江苏江佳电子股份有限公司	江都	313
江苏新光华机械有限公司	江都	314
扬州曙光电缆股份有限公司	高邮	315
扬州凯翔精铸科技有限公司	宝应	316
扬州市管件厂有限公司	宝应	317
江苏江鹤电气集团	宝应	318
扬州烨灿羽绒制品有限公司	宝应	319
高邮市维扬鞋业有限公司	高邮	320
江苏兴洋管业股份有限公司	宝应	321
扬州市苏中电力设备有限公司	宝应	322
李尔汽车系统(扬州)有限公司	邗江	323
扬州市玖玖鞋业有限公司	江都	324
江苏腾达环境工程有限公司	江都	325

8－7　续表14

单位名称	地区	序号
江苏雷宇高电压设备有限公司	江都	326
江苏凯森鞋业有限公司	江都	327
江苏华宝电气有限公司	宝应	328
江苏帝一集团有限公司	广陵	329
扬州三星塑胶有限公司	生态	330
扬州飞菱工具有限公司	广陵	331
高邮市永盛纺织饰品有限公司	高邮	332
扬州申高鞋业有限公司	高邮	333
扬州晶新微电子有限公司	开发区	334
扬州市江都永坚有限公司	江都	335
江苏诚德钢管股份有限公司	江都	336
扬州三和四美酱菜有限公司	广陵	337
江苏建炜家纺制品有限公司	宝应	338
扬州裕兴纸品包装有限公司	宝应	339
康而富精密电子(宝应)有限公司	宝应	340
扬州金世缘床上用品有限公司	江都	341
扬州天富龙汽车内饰纤维有限公司	仪征	342
江苏中允机械装备有限公司	江都	343
扬州秀杰塑胶制品有限公司	高邮	344
扬州蓝宝石食品有限公司	宝应	345
扬州市天宝电气集团	宝应	346
扬州市万利精密陶瓷有限公司	宝应	347
扬州邦德船舶工程有限公司	江都	348
扬州璨扬光电有限公司	开发区	349
扬州永辉纺织科技有限公司	高邮	350
江苏鲲鹏电力设备有限公司	江都	351
扬州市银河制衣有限公司	高邮	352
江苏卡明模具有限公司	江都	353

8－7　续表15

单 位 名 称	地 区	序 号
仪化东丽聚酯薄膜有限公司	仪征	354
扬州国联制衣厂有限公司	邗江	355
江苏奔宇车身制造有限公司	江都	356
扬州五亭食品有限公司	广陵	357
江苏快鹿鞋业有限公司	江都	358
扬州嵘泰工业发展有限公司	江都	359
江苏省阿珂姆野营用品有限公司	邗江	360
江苏亚光医疗器械有限公司	广陵	361
江苏润源水务设备有限公司	江都	362
扬州市华光双瑞实业有限公司	江都	363
扬州亿和帽业有限公司	邗江	364
扬州宏运车业有限公司	江都	365
扬州力创机床有限公司	邗江	366
扬州市三药制药有限公司	江都	367
江苏春都钢结构工程有限公司	江都	368
扬州澄露环境工程有限公司	江都	369
扬州华光橡塑新材料有限公司	广陵	370
扬州光明电缆有限公司	高邮	371
扬州高新橡塑有限公司	邗江	372
扬州吉星玩具有限公司	邗江	373
扬州市金桥服饰有限公司	高邮	374
宝应县启华帆布有限公司	宝应	375
扬州恒诚织布有限公司	邗江	376
扬州回民制衣有限公司	高邮	377
扬州华鼎电器有限公司	邗江	378
扬州市邗江顺天鞋业有限公司	邗江	379
扬州市广源机械钣金有限公司	邗江	380
江苏拿得劳鞋业有限公司	江都	381

单 位 名 称	地 区	序 号
江苏华光双顺机械制造有限公司	江都	382
扬州银河毛制品有限公司	江都	383
扬州新江正工具有限公司	江都	384
高邮市三湖蛋品有限公司	高邮	385
扬州神游羽绒制衣有限公司	高邮	386
江苏精威数控机床有限公司	江都	387
江苏勇龙电气有限公司	江都	388
扬州鸿元鞋业有限公司	高邮	389
扬州五丰富春食品有限公司	开发区	390
江苏金鑫电器有限公司	江都	391
裕成电器有限公司	江都	392
扬州祥恒包装有限公司	生态	393
飞利浦照明工业（中国）有限公司	仪征	394
扬州添茂鞋业有限公司	广陵	395
扬州久扬渔具有限公司	邗江	396
扬州雅伦玩具有限公司	邗江	397
江苏大扬联合印铁制罐有限公司	邗江	398
高邮福荣制衣有限公司	高邮	399
昆山沪光汽车电器仪征有限公司	仪征	400
扬州海奥服饰有限公司	高邮	401
扬州宏远电子有限公司	高邮	402
仪征康隆包装有限公司	仪征	403
高邮市迅达工程机械集团有限公司	高邮	404
扬州美瑞华工艺礼品有限公司	宝应	405
扬州华钟毛纺织有限公司	邗江	406
江苏奥力威传感高科股份有限公司	邗江	407
扬州通利冷藏集装箱有限公司	开发区	408
扬州名人刷业有限公司	生态	409

8－7　续表17

单位名称	地区	序号
玛切嘉利(中国)有限责任公司	广陵	410
江苏庆峰国际环保工程有限公司	邗江	411
江苏腾龙钢业有限公司	宝应	412
扬州维邦园林机械有限公司	邗江	413
江苏飞达液压成套设备有限公司	江都	414
江苏太极实业新材料有限公司	广陵	415
扬州泰富特种材料有限公司	江都	416
江苏奥克化学有限公司	化工园	417
江苏江扬线缆有限公司	邗江	418
扬州杰利半导体有限公司	邗江	419
扬州艺林玩具有限公司	邗江	420
扬州银鹭纺织有限公司	宝应	421
江苏康乐玩具有限公司	宝应	422
高邮市民靖针织服饰有限公司	高邮	423
扬州市龙洋法兰管业制造有限公司	宝应	424
扬州天宇服饰股份有限公司	高邮	425
扬州诚森塑胶有限公司	生态	426
扬州兰都塑料科技有限公司	江都	427
仪征同舟汽车零部件有限公司	仪征	428
江苏盛华电气有限公司	江都	429
扬州市扬子钣金制造有限公司	邗江	430
江苏苏隆水泥有限公司	宝应	431
扬州中科半导体照明有限公司	开发区	432
江苏明珠试验机械有限公司	江都	433
扬州海星鞋业有限公司	生态	434
扬州峻茂光电有限公司	开发区	435
扬州万隆船业有限责任公司	仪征	436
扬州华铁铁路配件有限公司	生态	437

9

国内贸易

编辑:孔安安　戴征宇　叶建军

9－1　主要年份全市社会消费品零售总额

单位:万元

年份	全市	市区			宝应	仪征	高邮
			邗江	江都			
1978	65629	36110	7125	16564	10036	7330	12153
1979	81506	44510	9907	19732	12483	9117	15396
1980	102669	56192	13080	24534	16066	11961	18450
1981	112404	62099	13746	26490	17568	12653	20084
1982	129602	70256	15807	31219	21194	15979	22173
1983	143034	76844	15977	34709	23149	17599	25442
1984	167000	90949	16806	41079	26979	19036	30036
1985	217443	128236	18796	57990	30028	24764	34415
1986	256891	151866	22933	60441	33202	31453	40370
1987	297686	167194	26914	66312	39220	43973	47299
1988	389049	218449	37116	83648	50839	56032	63730
1989	418993	235732	38997	89379	55484	57684	70093
1990	411172	230291	40804	83773	55672	55670	69539
1991	448889	254144	42005	95672	57608	73108	64029
1992	530919	304574	48086	106381	64484	84619	77242
1993	750940	434130	52683	124603	59605	181437	75768
1994	851863	528178	61343	152234	81500	145895	96290
1995	1011762	655913	79222	199379	93120	154807	107922
1996	1159684	740352	91470	245789	112523	183936	122873
1997	1270051	819200	99129	270837	126418	189862	134571
1998	1320357	846901	106029	284396	135871	197356	140229
1999	1401840	905178	116591	302816	144366	204846	147450
2000	1520381	983395	128347	329064	156638	221803	158545
2001	1786766	1205336	142704	358884	169984	240199	171247
2002	2025592	1389216	159912	396523	184437	261855	190084
2003	2302329	1603657	174664	433557	203522	285620	209530
2004	2651800	1843536	200864	500315	235301	330327	242636
2005	3068900	2005659	333066	580135	335216	383025	345000
2006	3558304	2318108	388333	677705	390905	446426	402865
2007	4189010	2735035	494104	798384	458361	522997	472617
2008	5212995	3476520	599402	968932	570359	592227	573889
2009	6125862	4032054	757550	1223966	673865	722747	697196
2010	7261249	4786549	876899	1462290	794554	856681	823465
2011	8537440	5632150	1637063	1721863	930348	1008272	966670
2012	9678651	6372002	1871540	1962885	1053451	1147472	1105726
2013	11068789	7342665	2154860	2259262	1211482	1263622	1251020
2014	11280986	7745609	2382842	2122522	1229366	919477	1386534
2015	12369602	8480855	2618655	2307138	1356275	1001876	1530596
2016	13588008	9286077	2870876	2524376	1503376	1097511	1701044
2017	14940055	10204757	3166062	2775731	1654754	1206784	1873760
2018	15570299	10545929	3286224	2944519	1817192	1295696	1911483

9-2 分地区社会消费品零售总额

（2018年） 单位:万元

指标	全市	市区	开发区	广陵	邗江
社会消费品零售总额	15570299	10545929	902049	3413138	3286224
按地区分					
城镇	14429883	10099557	871398	3389412	3180447
#城区	11050166	8312058	382547	3011321	3076402
乡村	1140416	446372	30650	23726	105776
按行业分					
批发业	1980403	1072078	66535	253908	515613
零售业	11739010	8261420	703480	2690998	2430352
住宿业	261337	209787	43887	35769	69030
餐饮业	1589549	1002643	88146	432464	271230

9-2 续表 （2018年） 单位:万元

指标	江都	宝应	仪征	高邮
社会消费品零售总额	2944519	1817192	1295696	1911483
按地区分				
城镇	2658300	1403502	1116399	1810425
#城区	1841789	691112	899392	1147603
乡村	286219	413690	179297	101058
按行业分				
批发业	236023	433899	226404	248022
零售业	2436591	1200927	909031	1367632
住宿业	61102	23919	13134	14497
餐饮业	210803	158447	147126	281333

9－3　限额以上批发和零售业企业财务状况

（2018 年）　　　　　　　　　　　　　　　　　　　　　　单位：万元

指标名称	资产总计	主营业务收　入	主营业务成　本	营业利润	应付职工薪　酬
总　计	**4476246**	**12397525**	**10899762**	**833868**	**199071**
一、批发业	**2807930**	**9149837**	**8077654**	**673111**	**85772**
其中：国有控股	749741	1244627	1040094	91504	20927
1、按登记注册类型分组					
内资企业	2350813	6340891	5690286	262679	84169
国有企业	445372	586886	420901	79696	12282
集体企业	9584	56402	52548	2505	305
有限责任公司	478041	1012985	925054	32357	16539
国有独资公司	6344	55507	54561	－1640	472
其他有限责任公司	471696	957479	870493	33996	16067
股份有限公司	53166	176406	164857	2859	3841
私营企业	1351162	4457532	4083895	140601	49456
私营独资公司	11809	42464	39858	1005	563
私营有限责任公司	1277271	4203013	3837866	137952	47615
私营股份有限公司	58710	209433	203961	1476	1257
其他企业	13489	50680	43032	4663	1746
外商投资企业	415908	2761433	2341076	410318	721
中外合资经营企业	15069	20265	19289	749	202
2、按国民经济行业分组					
农、林、牧产品批发	192486	215990	191511	12574	6047
谷物、豆及薯类批发	143032	127122	112591	6131	3868
种子批发	32717	36662	32565	1902	1091
其他农牧产品批发	11055	19246	16381	2193	328
食品、饮料及烟草制品批发	491127	803101	603687	97501	20156
米、面制品及食用油批发	27110	38891	35945	1159	954
肉、禽、蛋、奶及水产品批发	60624	159315	133579	16531	4416
酒、饮料及茶叶批发	15497	19863	17932	77	923

9－3　续表1　（2018年）　单位:万元

指标名称	资产总计	主营业务收入	主营业务成本	营业利润	应付职工薪酬
烟草制品批发	360918	531709	369604	78715	11729
其他食品批发	6619	30129	26071	819	418
纺织、服装及家庭用品批发	196026	522500	442184	16532	14299
纺织品、针织品及原料批发	37918	123111	110513	1635	3097
服装批发	29942	55690	39912	3835	3499
鞋帽批发	14480	66598	57405	959	2283
化妆品及卫生用品批发	7761	30325	25845	384	926
厨房、卫生间用具及日用杂货批发	4451	25695	23668	999	330
家用电器批发	26106	52009	45794	2327	1370
其他家庭用品批发	16250	36435	31751	3182	215
文化、体育用品及器材批发	27575	66191	56561	4186	2059
文具用品批发	14096	20897	18632	240	503
体育用品及器材批发	264	793	695	31	21
其他文化用品批发	9708	33270	29116	1120	1278
医药及医疗器材批发	279083	651804	604841	17313	7757
西药批发	236704	553608	522761	12565	5018
中药批发	13016	26027	19294	3146	756
矿产品、建材及化工产品批发	944976	2950267	2756339	71880	22596
煤炭及制品批发	22822	81811	74518	4944	354
石油及制品批发	89509	397264	378192	6108	5147
非金属矿及制品批发	7388	9385	8821	337	67
金属及金属矿批发	348006	979790	923331	27208	4937
建材批发	187149	402167	363077	13839	4124
化肥批发	4253	11047	8872	1472	234
农药批发	34944	80892	74311	3810	756
农用薄膜批发	2967	4500	4230	100	300
其他化工产品批发	247938	983412	920987	14062	6678

9－3　续表2　　　　　　　　　　　　（2018年）　　　　　　　　　　　　单位:万元

指标名称	资产总计	主营业务收　　入	主营业务成　　本	营业利润	应付职工薪　　酬
机械设备、五金产品及电子产品批发	606941	3369172	2900716	421555	9284
农业机械批发	8609	20616	18333	505	628
汽车及零配件批发	461919	2826532	2419698	393309	2335
五金产品批发	19310	71605	66369	2041	1171
电气设备批发	23158	75391	70914	2005	1035
通讯及广播电视设备批发	33494	224525	199832	13163	1617
其他机械设备及电子产品批发	50699	146043	122013	10089	2419
贸易经纪与代理	8964	33994	31474	280	397
贸易代理	7169	29863	28155	223	270
其他批发业	60752	536819	490341	31291	3178
再生物资回收与批发	38977	427247	396742	22010	1344
其他未列明批发业	19519	83889	68928	8649	1497
3、按经营方式分组					
独立门店	2321330	7721670	6774873	607022	70967
连锁总店(总部)	10226	11887	9930	797	691
其他	476375	1416279	1292852	65293	14114
4、按单位规模分					
大型	544551	1009736	824393	86827	16657
中型	1319458	5429477	4778695	481895	37662
小型	657975	2338336	2122348	92591	29676
微型	285947	372288	352218	11798	1776
二、零售业	**1668316**	**3247688**	**2822108**	**160757**	**113300**
其中:国有控股	49183	82457	65442	1156	9934
1、按经济注册类型分组					
内资企业	1098356	2438569	2105729	125338	92205
国有企业	8152	8915	7417	522	1010

指标名称	资产总计	主营业务收入	主营业务成本	营业利润	应付职工薪酬
集体企业	1260	5942	4933	538	263
有限责任公司	294952	791452	694375	33276	30252
其他有限责任公司	294952	791452	694375	33276	30252
股份有限公司	90132	157132	136220	5939	6265
私营企业	703824	1474319	1262016	85058	54399
私营独资企业	11452	22826	19811	980	1217
私营合伙企业	1171	4935	4245	252	147
私营有限责任公司	682286	1389398	1197152	71497	51504
私营股份有限公司	8916	57160	40808	12329	1531
其他	36	810	768	5	16
港、澳、台商投资企业	315547	279946	236564	8089	16903
港、澳、台商独资经营企业	315547	279946	236564	8089	16903
2、按国民经济行业分组					
综合零售	345585	647038	537551	47626	33498
百货零售	170578	283178	234279	38547	5319
超级市场零售	174990	363750	303188	9526	28070
其他综合零售					
食品、饮料及烟草制品专门零售	50499	98770	85716	2049	6956
粮油零售	4225	4315	3694	213	508
果品、蔬菜零售	3825	5889	5357	-40	222
酒、饮料及茶叶零售	13829	21480	19237	564	1032
烟草制品零售	21691	39666	33785	16	3236
其他食品零售	4295	21217	18963	834	491
纺织、服装及日用品专门零售	68134	32468	25024	1978	2460
服装零售	60868	14413	11913	101	1401
化妆品及卫生用品零售	2768	7077	4066	1535	371

指标名称	资产总计	主营业务收　　入	主营业务成　　本	营业利润	应付职工薪　　酬
自行车等代步设备零售	255	640	555	－1	44
文化、体育用品及器材专门零售	67579	84537	70076	2758	4938
文具用品零售	2565	6564	5605	240	247
图书、报刊零售	5420	1411	1148	－277	268
珠宝首饰零售	28838	33632	26823	2522	1741
工艺美术品及收藏品零售	23255	20497	16009	－29	2381
照相器材零售					
医药及医疗器材专门零售	52486	102482	76673	3950	12155
药品零售	45567	97702	73077	3246	12002
医疗用品及器材零售	6918	4780	3597	705	153
汽车、摩托车、燃料及零配件专门零售	728197	1871293	1667203	95872	38578
汽车零售	492278	1253855	1112243	63677	31939
汽车零配件零售	10589	24683	21446	1005	903
摩托车及零配件零售	495	259	226	0	11
机动车燃料零售	224835	592496	533288	31190	5725
家用电器及电子产品专门零售	282376	272871	244228	－1330	9209
家用视听设备零售	2013	7257	6829	47	234
日用家电设备零售	260632	203996	179405	－2077	7356
计算机、软件及辅助设备零售	645	2708	2335	160	134
通信设备零售	13084	52607	50252	111	1102
五金、家具及室内装饰材料专门零售	41565	51965	41870	3693	2079
五金零售	11671	24157	20045	2006	755
灯具零售	3635	5803	5320	106	271
家具零售	3921	6034	4293	367	320
涂料零售	918	2732	2470	52	126
木质装饰材料零售	579	954	680	73	24

（2018年） 单位:万元

指标名称	资产总计	主营业务收入	主营业务成本	营业利润	应付职工薪酬
其他室内装饰材料零售	20206	11001	8057	923	551
货摊、无店铺及其他零售业	31896	86265	73766	4160	3427
生活用燃料零售	9328	24188	20887	1581	1259
其他未列明零售业	14435	16234	12919	282	391
3、按经营方式分组					
独立门店	1466093	2836143	2476670	153486	84561
连锁总店(总部)	104432	235183	200124	2269	14506
连锁门店	49246	105484	84446	2966	10505
其他	48545	70878	60869	2036	3728
4、按零售业态分组					
有店铺零售	1631191	3150274	2735813	157628	108553
便利店	249818	620325	551669	32820	11292
超市	14785	41645	35129	1379	3431
大型超市	147123	282959	233674	7118	22857
百货店	175100	302385	252244	38462	5555
专业店	637656	1051082	918435	33812	39366
专卖店	338380	734683	644848	39221	20465
家居建材店	20219	16358	12133	984	966
厂家直销中心	32609	71437	62906	3091	2274
无店铺零售	36843	96746	85681	3126	4606
网上商店	5518	35231	30569	2044	1386
5、按单位规模分					
大型	189509	430779	366086	12115	27854
中型	1029583	1952415	1707582	110022	57029
小型	391324	706433	610781	30976	24951
微型	57899	158061	137660	7644	3465

9－4 限额以上批发和零售业商品购进、销售、库存总额

（2018 年） 单位：万元

指标名称	商品购进总额	商品销售总额	批发额	零售额	期末商品库存总额
总　计	**12200082**	**13522679**	**9887850**	**3634830**	**757876**
一、批发业	**9285783**	**10025911**	**9686688**	**339223**	**463959**
其中：国有控股	1173255	1416934	1320455	96480	93235
1、按登记注册类型分组					
内资企业	6092602	6884736	6547825	336912	381855
国有企业	489211	674475	674475		54336
集体企业	58668	63629	63629		546
有限责任公司	1039820	1124031	1091360	32672	64216
国有独资公司	64100	64427	64427		445
其他有限责任公司	975719	1059605	1026933	32672	63771
股份有限公司	179260	203025	126536	76490	6405
私营企业	4281345	4766307	4541137	225170	254938
私营独资公司	28458	45371	45371		1982
私营有限责任公司	4152604	4597821	4372652	225170	248885
私营股份有限公司	98074	120237	120237		4070
其他企业	44299	53268	50688	2580	1414
外商投资企业	3140133	3087083	3084771	2312	81952
中外合资经营企业	16684	22278	19966	2312	246
2、按国民经济行业分组					
农、林、牧产品批发	199119	221086	211549	9537	38150
谷物、豆及薯类批发	107749	128613	122482	6131	32819
种子批发	36398	37357	37141	215	2962
其他农牧产品批发	19086	19163	18200	963	2072
食品、饮料及烟草制品批发	658844	911179	900802	10377	45502
米、面制品及食用油批发	39813	42443	42443		2865
肉、禽、蛋、奶及水产品批发	113773	163341	158636	4705	8087
酒、饮料及茶叶批发	19672	23109	22871	239	3963

指标名称	商品购进总额	商品销售总额	批发额	零售额	期末商品库存总额
烟草制品批发	432691	619127	619127		28488
其他食品批发	28065	34273	31187	3086	902
纺织、服装及家庭用品批发	502866	571120	553291	17830	31925
纺织品、针织品及原料批发	127554	137707	137677	31	3382
服装批发	40218	59432	57132	2300	7413
鞋帽批发	61378	68761	68761		2321
化妆品及卫生用品批发	28991	32456	29781	2675	927
厨房、卫生间用具及日用杂货批发	24201	29477	29477		246
日用电器批发	114224	122545	118949	3597	10797
其他家庭用品批发	35831	36259	36259		20
文化、体育用品及器材批发	61505	71621	70226	1395	7448
文具用品批发	21218	22325	22325		2386
体育用品及器材批发	695	795	795		0
其他文化用品批发	31821	35623	34659	964	1012
医药及医疗器材批发	685500	738767	718352	20415	47033
西药批发	590509	629475	609196	20279	41793
中药批发	30112	30159	30075	84	4287
矿产品、建材及化工产品批发	2901227	3157196	3007576	149620	187282
煤炭及制品批发	119495	43791	43791		84380
石油及制品批发	389051	453442	372172	81270	4236
非金属矿及制品批发	11214	10901	10901		753
金属及金属矿批发	989158	1093044	1071908	21136	45317
建材批发	388118	442645	417447	25198	12484
化肥批发	12325	12995	10052	2943	1625
农药批发	76579	82118	82118		2197
农用薄膜批发	2855	3651	3396	256	500
其他化工产品批发	912433	1014609	995791	18818	35790

9－4　续表2　　（2018年）　　单位:万元

指标名称	商品购进总　额	商品销售总　额	批发额	零售额	期末商品库存总额
机械设备、五金产品及电子产品批发	3745986	3775251	3655400	119851	100473
农业机械批发	15075	21275	21275		2196
汽车及零配件批发	3227578	3163920	3159760	4160	85943
五金产品批发	69916	78549	76424	2125	1513
电气设备批发	67281	84855	81323	3532	2767
通讯及广播电视设备批发	243748	261283	155270	106013	1186
其他机械设备及电子产品批发	118484	160326	157875	2451	6816
贸易经纪与代理	31982	34819	34022	797	89
贸易代理	28664	30688	29891	797	64
其他批发业	498755	544871	535471	9401	6059
再生物资回收与批发	397794	428631	427489	1142	3594
其他未列明批发业	72698	86894	78635	8259	2153
3、按经营方式分组					
独立门店	7951631	8513775	8197624	316152	400260
连锁总店(总部)	10146	11834	11578	256	2860
其他	1324007	1500303	1477487	22816	60839
4、按单位规模分					
大型	959714	1164568	1068600	95968	60203
中型	5597711	5890099	5717907	172192	214044
小型	2324949	2540438	2475077	65361	182211
微型	399848	426560	422430	4130	7492
二、零售业	**2914299**	**3496768**	**201161**	**3295606**	**293917**
其中:国有控股	88019	95968	38	95931	21460
1、按经济注册类型分组					
内资企业	2177247	2551411	59334	2492077	255787
国有企业	12108	13240	38	13202	3425

指标名称	商品购进总　额	商品销售总　额	批发额	零售额	期末商品库存总额
集体企业	14112	15578		15578	109
有限责任公司	674055	788145	4563	783582	80050
其他有限责任公司	674055	788145	4563	783582	80050
股份有限公司	109331	170718		170718	27659
私营企业	1366839	1562921	54734	1508187	144542
私营独资企业	22011	25415	3877	21538	2250
私营合伙企业	4177	5329	3369	1961	227
私营有限责任公司	1288292	1474242	47489	1426754	139539
私营股份有限公司	52359	57934		57934	2526
其他	802	810		810	3
港、澳、台商投资企业	149867	316411		316411	34788
港、澳、台商独资经营企业	149867	316411		316411	34788
外商投资企业	587185	628946	141827	487118	3342
中外合资经营企业	19370	20120		20120	1393
外资企业	8482	9746	90	9657	378
2、按国民经济行业分组					
行业类别(GB/T 4754－2011)					
综合零售	551467	747412	38	747374	83736
百货零售	245276	331743		331743	8008
超级市场零售	306101	415526	38	415488	75728
其他综合零售					
食品、饮料及烟草制品专门零售	98403	117373	29976	87397	11706
粮油零售	5252	4394		4394	1105
果品、蔬菜零售	5165	6160	3650	2510	197
营养和保健品零售	2096	2546		2546	116
酒、饮料及茶叶零售	18893	23259	9698	13561	2736
烟草制品零售	41877	52036	15288	36748	6181

指标名称	商品购进总　额	商品销售总　额	批发额	零售额	期末商品库存总额
其他食品零售	21000	22373	1340	21033	1321
纺织、服装及日用品专门零售	28722	37442	102	37340	10210
服装零售	13358	16054		16054	8934
化妆品及卫生用品零售	6806	11050	90	10961	155
自行车等代步设备零售	922	745		745	212
文化、体育用品及器材专门零售	76611	96673	1863	94810	17654
文具用品零售	5121	7295		7295	125
图书、报刊零售	1447	1643	596	1047	1342
珠宝首饰零售	38792	44486	334	44152	8163
工艺美术品及收藏品零售	11859	21959	927	21032	6555
照相器材零售					
医药及医疗器材专门零售	110789	116446		116446	18822
药品零售	107496	111293		111293	18513
医疗用品及器材零售	3293	5154		5154	309
汽车、摩托车、燃料及零配件专门零售	1713115	1984444	146440	1838004	124855
汽车零售	1069407	1276044	1539	1274504	116563
汽车零配件零售	21742	25904	2120	23784	1969
摩托车及零配件零售	303	301		301	401
机动车燃料零售	621664	682195	142781	539414	5922
家用电器及电子产品专门零售	220854	248087	8452	239635	17184
家用视听设备零售	8319	8072	3038	5034	741
日用家电设备零售	183608	206862	3771	203091	14755
计算机、软件及辅助设备零售	2702	2951		2951	189
通信设备零售	20665	23028	1643	21385	1395
五金、家具及室内装饰材料专门零售	43997	57256	9489	47768	4582
五金零售	21561	25906	6573	19333	1371
灯具零售	5811	7962	405	7557	208
家具零售	3721	6753		6753	1536

9－4　续表5　（2018年）　单位:万元

指标名称	商品购进总额	商品销售总额	批发额	零售额	期末商品库存总额
涂料零售	2423	3180	304	2875	149
木质装饰材料零售	868	1015		1015	225
其他室内装饰材料零售	8477	10956	2207	8749	1041
货摊、无店铺及其他零售业	70342	91636	4803	86833	5168
生活用燃料零售	21827	25059	288	24771	409
其他未列明零售业	8005	18700		18700	2198
3、按经营方式分组					
独立门店	2531939	3029264	175174	2854090	215468
连锁总店(总部)	164360	243157	15082	228075	28823
连锁门店	157986	145820		145820	32096
其他	60014	78528	10906	67622	17530
4、按零售业态分组					
有店铺零售	42414	45280	90	45191	2354
便利店					
超市					
大型超市	14985	15037		15037	1373
百货店					
专业店	18749	20191	90	20101	154
专卖店	2096	2546		2546	116
家居建材店					
厂家直销中心					
无店铺零售					
网上商店					
5、按单位规模分					
大型	385996	463359		463359	65468
中型	1709003	2059251	159482	1899769	144112
小型	625538	759194	30442	728752	70539
微型	151348	169684	11148	158536	11444

9－5　限额以上批发零售业基本情况

（2018年）

指标名称	企业法人（个）	所属全部批零住餐活动单位（个）	从业人员（人）	销售额（万元）
总　　计	**927**	**1940**	**33741**	**13522679**
一、批发业	**517**	**732**	**13358**	**10025911**
其中：国有控股	19	74	2000	1416934
1、按登记注册类型分组				
内资企业	507	722	12997	6884736
国有企业	5	10	870	674475
集体企业	4	11	54	63629
有限责任公司	63	144	2546	1124031
国有独资公司	2	2	53	64427
其他有限责任公司	61	142	2493	1059605
股份有限公司	6	42	478	203025
私营企业	418	504	8773	4766307
私营独资公司	6	6	129	45371
私营有限责任公司	404	490	8446	4597821
私营股份有限公司	7	7	190	120237
其他企业	11	11	276	53268
外商投资企业	6	6	101	3087083
中外合资经营企业	3	3	38	22278
2、按国民经济行业分组				
农、林、牧产品批发	30	32	1309	221086
谷物、豆及薯类批发	16	16	754	128613
种子批发	5	7	331	37357
其他农牧产品批发	4	4	74	19163
食品、饮料及烟草制品批发	42	49	2407	911179
米、面制品及食用油批发	9	10	173	42443
肉、禽、蛋、奶及水产品批发	18	18	691	163341
酒、饮料及茶叶批发	4	5	225	23109

9－5 续表1 （2018年）

指标名称	企业法人（个）	所属全部批零住餐活动单位（个）	从业人员（人）	销售额（万元）
烟草制品批发	1	6	785	619127
其他食品批发	4	4	77	34273
纺织、服装及家庭用品批发	61	66	2111	571120
纺织品、针织品及原料批发	14	14	306	137707
服装批发	6	7	362	59432
鞋帽批发	11	11	333	68761
化妆品及卫生用品批发	6	6	158	32456
厨房、卫生间用具及日用杂货批发	3	3	48	29477
日用电器批发	11	15	614	122545
其他家庭用品批发	2	2	44	36259
文化、体育用品及器材批发	21	21	390	71621
文具用品批发	6	6	111	22325
体育用品及器材批发	1	1	5	795
其他文化用品批发	12	12	230	35623
医药及医疗器材批发	28	29	1330	738767
西药批发	9	10	787	629475
中药批发	1	1	144	30159
矿产品、建材及化工产品批发	233	427	3654	3157196
煤炭及制品批发	6	6	51	43791
石油及制品批发	16	58	640	453442
非金属矿及制品批发	3	3	15	10901
金属及金属矿批发	70	70	839	1093044
建材批发	54	54	805	442645
化肥批发	3	81	40	12995
农药批发	9	19	161	82118
农用薄膜批发	1	53	99	3651
其他化工产品批发	71	83	1004	1014609

9－5　续表2　（2018年）

指标名称	企业法人（个）	所属全部批零住餐活动单位（个）	从业人员（人）	销售额（万元）
机械设备、五金产品及电子产品批发	76	76	1602	3775251
农业机械批发	7	7	120	21275
汽车及零配件批发	20	20	338	3163920
五金产品批发	14	14	384	78549
电气设备批发	8	8	153	84855
通讯及广播电视设备批发	3	3	243	261283
其他机械设备及电子产品批发	22	22	346	160326
贸易经纪与代理	5	5	78	34819
贸易代理	4	4	49	30688
其他批发业	21	27	477	544871
再生物资回收与批发	8	14	215	428631
其他未列明批发业	11	11	222	86894
3、按经营方式分组				
独立门店	419	578	10538	8513775
连锁总店（总部）	2	54	192	11834
其他	96	100	2628	1500303
4、按单位规模分				
大型	3	41	1421	1164568
中型	105	139	6059	5890099
小型	344	487	5412	2540438
微型	65	65	273	426560
二、零售业	**410**	**1208**	**20383**	**3496768**
其中：国有控股	13	223	1725	95968
1、按经济注册类型分组				
内资企业	398	1070	17723	2551411
国有企业	3	7	152	13240

（2018年）

指标名称	企业法人（个）	所属全部批零住餐活动单位（个）	从业人员（人）	销售额（万元）
集体企业	4	5	75	15578
有限责任公司	65	366	5111	788145
其他有限责任公司	65	366	5111	788145
股份有限公司	5	176	2298	170718
私营企业	320	515	10084	1562921
私营独资企业	19	19	284	25415
私营合伙企业	5	6	42	5329
私营有限责任公司	290	482	9249	1474242
私营股份有限公司	6	8	509	57934
其他	1	1	3	810
港、澳、台商投资企业	10	13	2205	316411
港、澳、台商独资经营企业	10	13	2205	316411
外商投资企业	2	125	455	628946
中外合资经营企业			159	20120
外资企业	1	1	89	9746
2、按国民经济行业分组				
综合零售	34	289	7041	747412
百货零售	12	14	1299	331743
超级市场零售	21	274	5741	415526
其他综合零售				
食品、饮料及烟草制品专门零售	40	73	1533	117373
粮油零售	3	5	92	4394
果品、蔬菜零售	3	3	41	6160
营养和保健品零售			16	2546
酒、饮料及茶叶零售	11	11	193	23259
烟草制品零售	8	37	695	52036
其他食品零售	10	10	107	22373

9－5　续表4　　　　　　　　　（2018年）

指标名称	企业法人（个）	所属全部批零住餐活动单位（个）	从业人员（人）	销售额（万元）
纺织、服装及日用品专门零售	20	24	487	37442
服装零售	9	13	253	16054
化妆品及卫生用品零售	3	3	67	11050
自行车等代步工具零售	1	1	8	745
文化、体育用品及器材专门零售	34	39	746	96673
文具用品零售	5	5	57	7295
图书、报刊零售	2	2	51	1643
珠宝首饰零售	6	8	202	44486
工艺美术品及收藏品零售	16	19	377	21959
照相器材零售				
医药及医疗器材专门零售	19	303	2418	116446
药品零售	15	299	2387	111293
医疗用品及器材零售	4	4	31	5154
汽车、摩托车、燃料及零配件专门零售	152	289	5450	1984444
汽车零售	107	120	4639	1276044
汽车零配件零售	10	10	164	25904
摩托车及零配件零售	1	1	3	301
机动车燃料零售	34	158	644	682195
家用电器及电子产品专门零售	47	115	1573	248087
家用视听设备零售	5	5	38	8072
日用家电设备零售	26	78	1128	206862
计算机、软件及辅助设备零售	3	3	28	2951
通信设备零售	9	25	291	23028
五金、家具及室内装饰材料专门零售	35	39	478	57256
五金零售	19	23	170	25906
灯具零售	4	4	68	7962
家具零售	2	2	85	6753

9－5　续表5　（2018年）

指标名称	企业法人（个）	所属全部批零住餐活动单位（个）	从业人员（人）	销售额（万元）
涂料零售	2	2	34	3180
木质装饰材料零售	1	1	6	1015
其他室内装饰材料零售	6	6	111	10956
货摊、无店铺及其他零售业	29	37	657	91636
生活用燃料零售	13	21	278	25059
其他未列明零售业	4	4	58	18700
3、按经营方式分组				
独立门店	374	639	14142	3029264
连锁总店（总部）	11	464	3119	243157
连锁门店	5	66	2302	145820
其他	20	39	820	78528
4、按零售业态分组				
有店铺零售			241	45280
便利店				
超市				
大型超市			106	15037
百货店				
专业店			65	20191
专卖店			16	2546
家居建材店				
厂家直销中心				
无店铺零售				
网上商店				
5、按单位规模分				
大型	10	437	6059	463359
中型	77	388	8896	2059251
小型	206	261	4535	759194
微型	117	122	652	169684

9－6　限额以上住宿餐饮业基本情况

（2018 年）

指标名称	企业法人（个）	所属全部批零住餐活动单位（个）	从业人员（人）	营业额（万元）
总　　计	**204**	**246**	**15050**	**303184**
一、住宿业	**78**	**79**	**6792**	**126866**
其中：国有控股	16	17	2234	45406
1、按登记注册类型分组				
内资企业	72	73	5342	103877
国有企业	1	1	113	1120
集体企业	1	1	25	979
有限责任公司	23	24	2688	56403
其他有限责任公司	18	19	2071	43239
股份有限公司	2	2	290	3925
私营企业	44	44	2211	41348
私营独资企业	2	2	66	789
私营有限责任公司	40	40	1918	34136
港、澳、台商投资企业	2	2	556	9442
港、澳、台商独资经营企业	2	2	297	5573
外商投资企业	4	4	894	13547
中外合资经营企业	2	2	533	7936
外资企业	2	2	361	5611
2、按国民经济行业分组				
旅游饭店	43	43	4932	91972
一般旅馆	31	32	1295	25875
其他住宿服务	4	4	565	9020
3、按星级等级分组				
二星	4	4	211	5120
三星	11	11	736	11207
四星	9	9	1564	22447
五星	7	7	1295	27259
其他	47	48	2986	60833
4、按经营方式分组				
独立门店	69	69	6029	109797
连锁门店	6	6	180	3430
其他	3	4	583	13638
5、按单位规模分				
中型	18	19	3694	70104
小型	59	59	2410	46592
微型	1	1	7	127

9－6　续表　　　　　　　　　　　　　　　(2018 年)

指标名称	企业法人(个)	所属全部批零住餐活动单位(个)	从业人员(人)	营业额(万元)
二、餐饮业	**126**	**167**	**8258**	**176319**
其中:国有控股	10	26	1932	46775
1、按登记注册类型分组				
内资企业	122	157	7234	154812
国有企业	2	2	469	22400
集体企业				
有限责任公司	27	47	2329	53144
其他有限责任公司	25	45	2007	45856
股份有限公司	3	14	721	10255
私营企业	90	94	3715	69013
私营独资企业	18	19	691	19874
私营合伙企业				
私营有限责任公司	72	75	3024	49139
私营股份有限公司				
港、澳、台商投资企业	2	2	238	3687
港、澳、台商独资经营企业	2	2	238	3687
外商投资企业	2	8	786	17820
外资企业	2	8	751	17562
2、按国民经济行业分组				
正餐服务	108	143	7318	158105
快餐服务	10	16	735	11134
其他餐饮业	4	4	58	1569
其他未列明餐饮业				
3、按经营方式分组				
独立门店	109	137	6332	142142
连锁总店(总部)	3	9	638	9266
连锁门店	1	6	640	16046
其他	13	15	648	8864
4、按单位规模分组				
大型				
中型	11	39	3056	62488
小型	107	120	4353	85836
微型	8	8	64	1510

9－7　限额以上住宿和餐饮业经营情况

（2018 年）　　　　　　　　　　　　单位：万元

指标名称	营业额	客房收入	餐费收入	商品销售额
总　计	**303184**	**92590**	**187212**	**8589**
一、住宿业	**126866**	**64511**	**51464**	**2023**
其中：国有控股	45406	20999	15308	1684
1、按登记注册类型分组				
内资企业	103877	53904	39336	1933
国有企业	1120	400	430	48
集体企业	979	436	542	2
有限责任公司	56403	26355	21766	1676
其他有限责任公司	43239	21861	15715	902
股份有限公司	3925	1069	1980	
私营企业	41348	25542	14618	206
私营独资企业	789	466	322	
私营有限责任公司	34136	22443	11031	121
港、澳、台商投资企业	9442	4149	5149	6
港、澳、台商独资经营企业	5573	2374	3061	
外商投资企业	13547	6458	6979	85
中外合资经营企业	7936	4866	3037	13
外资企业	5611	1592	3943	72
2、按国民经济行业分组				
旅游饭店	91972	43398	39880	1778
一般旅馆	25875	17685	6107	238
其他住宿服务	9020	3428	5477	7
3、按星级等级分组				
二星	5120	2161	2300	95
三星	11207	4140	5792	157
四星	22447	8039	12788	1301
五星	27259	12877	11518	197
其他	60833	37294	19066	274
4、按经营方式分组				
独立门店	109797	55078	44822	1972
连锁门店	3430	3124	261	33
其他	13638	6309	6382	19
5、按单位规模分				
中型	70104	30040	33715	1522
小型	46592	29546	12511	495
微型	127	82	45	

指标名称	营业额	客房收入	餐费收入	商品销售额
二、餐饮业	**176319**	**28079**	**135748**	**6565**
其中：国有控股	46775	7710	35517	569
1、按登记注册类型分组				
内资企业	154812	21656	121368	6304
国有企业	22400	4598	13989	2036
集体企业				
有限责任公司	53144	6686	43320	1559
其他有限责任公司	45856	4260	38572	1532
股份有限公司	10255	148	9710	
私营企业	69013	10223	54348	2709
私营独资企业	19874	4081	12950	1511
私营合伙企业				
私营有限责任公司	49139	6142	41398	1198
私营股份有限公司				
港、澳、台商投资企业	3687	1016	2412	245
港、澳、台商独资经营企业	3687	1016	2412	245
外商投资企业	17820	5408	11968	16
外资企业	17562	5408	11711	16
外商投资股份有限公司	258		258	
2、按国民经济行业分组				
正餐服务	158105	27796	118138	6245
快餐服务	11134		10869	265
其他餐饮业	1569	283	1255	30
其他未列明餐饮业				
3、按经营方式分组				
独立门店	142142	22609	109112	5221
连锁总店（总部）	9266		7790	1114
连锁门店	16046	4856	10827	
其他	8864	615	8018	231
4、按单位规模分组				
大型				
中型	62488	8932	49924	1312
小型	85836	12023	67746	3203
微型	1510		1310	200

9－8　限额以上住宿和餐饮业企业财务状况

（2018 年）　　　　　　　　　　　　单位:万元

指标名称	资产总计	主营业务收　入	主营业务成　本	营业利润	应付职工薪酬(本年贷方累计发生额)
总　计	**673408**	**259915**	**106836**	**772**	**71539**
一、住宿业	**391343**	**114604**	**36721**	**－9034**	**35218**
其中:国有控股	202774	44158	10561	－5830	14208
1、按登记注册类型分组					
内资企业	321158	100098	31129	－7510	30598
国有企业	7263	1120	260	－294	380
集体企业	949	979	577	278	118
有限责任公司	218668	53340	14534	－6787	18267
其他有限责任公司	191482	40569	10134	－7271	14810
股份有限公司	2956	3802	2317	41	927
私营企业	91240	40754	13405	－778	10861
私营独资企业	1048	754	370	12	203
私营有限责任公司	73679	33724	11095	－1465	9745
港、澳、台商投资企业	31100	5573	1752	－275	1597
港、澳、台商独资经营企业	31100	5573	1752	－275	1597
外商投资企业	39084	8933	3840	－1249	3023
中外合资经营企业	17517	3891	2079	－571	1402
外资企业	21567	5043	1762	－678	1621
2、按国民经济行业分组					
旅游饭店	351860	83880	26990	－9346	25823
一般旅馆	36622	25584	6761	201	6970
其他住宿服务	2861	5140	2970	111	2425
3、按星级等级分组					
二星	2683	3208	1883	346	800
三星	25411	10515	3798	－331	3264
四星	74730	20242	9284	－1302	8751
五星	108716	26684	7441	－2826	7433
其他	179803	53956	14315	－4921	14969
4、按经营方式分组					
独立门店	361737	97955	33624	－10482	31159
连锁门店	3648	3432	488	450	628
其他	25958	13217	2610	999	3431
5、按单位规模分					
中型	208894	68446	20440	－4962	22506
小型	182243	46038	16206	－4079	12662
微型	206	120	75	7	50

9－8　续表　（2018 年）　单位:万元

指标名称	资产总计	主营业务收入	主营业务成本	营业利润	应付职工薪酬(本年贷方累计发生额)
二、餐饮业	**282065**	**145311**	**70115**	**9806**	**36322**
其中:国有控股	88635	44071	15093	－480	12481
1、按登记注册类型分组					
内资企业	256540	135655	65811	9322	33727
国有企业	47566	10390	3301	68	1878
集体企业					
有限责任公司	70739	51248	20386	1781	14672
其他有限责任公司	68494	44332	18220	1535	12130
股份有限公司	8478	9686	4317	－506	2550
私营企业	129757	64332	37808	7980	14626
私营独资企业	10336	18526	10793	4203	2906
私营合伙企业					
私营有限责任公司	119421	45805	27015	3777	11721
私营股份有限公司					
港、澳、台商投资企业	14297	3520	1073	458	1149
港、澳、台商独资经营企业	14297	3520	1073	458	1149
外商投资企业	11229	6136	3231	26	1446
外资企业	11229	6136	3231	26	1446
2、按国民经济行业分组					
正餐服务	270757	127651	59446	7465	32901
快餐服务	4111	10983	5667	1716	2436
其他餐饮业	5289	1833	977	425	351
其他未列明餐饮业					
3、按经营方式分组					
独立门店	255602	123146	58783	7141	30141
连锁总店(总部)	15950	8985	4110	959	2641
连锁门店	1210	4368	2377	29	984
其他	9303	8811	4845	1678	2555
4、按单位规模分组					
大型					
中型	97834	60552	25090	696	16758
小型	183265	82971	43925	8757	19335
微型	967	1788	1099	353	229

9－9 亿元以上商品交易市场基本情况

（2018 年）

指标名称	市场个数（个）	摊位总量（个）	已出租摊位（个）	本年商品成交额（万元）	消费品零售额（万元）	营业面积（平方米）	年末市场交易业主从业人员（人）
合　　计	**44**	**20133**	**16362**	**6164685**	**2090475**	**1698525**	**36013**
一、按经营环境分							
（一）露天式	7	2017	1167	523781	35736	188457	2825
（二）封闭式	28	13910	12309	4051206	1097972	1197368	26940
（三）其他	9	4206	2886	1589698	956767	312700	6248
二、按经营方式分							
（一）批发	25	11432	9316	4277245	519782	1100862	20540
（二）零售	19	8701	7046	1887440	1570693	597663	15473
三、按市场类别分							
（一）综合市场	10	4694	3405	840264	432468	204880	8034
综合贸易市场	10	4694	3405	840264	432468	204880	8034
生产资料综合市场							
工业消费品综合市场	1	1985	1545	549279	183093	135000	2650
农产品综合市场	8	2370	1521	242155	202375	64300	3896
（二）专业市场	34	15439	12957	5324421	1658007	1493645	27979
生产资料市场	7	1952	1790	865568	14215	354417	3480
木材市场	1	180	170	62525		30000	540
建材市场	4	1333	1191	520530	14215	225737	1683
金属材料市场	2	439	429	282513		98680	1257
农产品市场	11	3940	3574	2312746	148088	206644	8070
粮油市场	1	473	473	288650		6500	2430
肉禽蛋市场	1	20	19	11680	918	2500	51
水产品市场	4	752	490	256150	35840	103444	970
蔬菜市场	1	350	346	1234874		50300	1553

9－9　续表　　　　　　　　　　　（2018 年）

指标名称	市场个数（个）	摊位总量（个）	已出租摊位（个）	本年商品成交额（万元）	消费品零售额（万元）	营业面积（平方米）	年末市场交易业主从业人员（人）
干鲜果品市场	1	182	182	345530		10800	350
食品、饮料及烟酒市场							
食品饮料市场							
纺织、服装、鞋帽市场	4	4261	3115	437466	244970	276036	6006
布料及纺织品市场	2	1600	1431	387904	244688	193320	4010
鞋帽市场	1	2055	1108	27496		12500	1300
黄金、珠宝、玉器等首饰市场							
黄金、珠宝、玉器等首饰市场							
电器、通讯器材、电子设备市场							
计算机及辅助设备市场							
家具、五金及装饰材料市场	6	3759	3068	1480092	1214642	482839	7592
家具市场							
装饰材料市场	3	1956	1555	492127	386473	240839	2803
五金材料市场	1	513	513	65680		52000	1250
汽车、摩托车及零配件市场	2	376	360	52431	36056	70200	1409
汽车市场	1	26	24	15186		5200	83
机动车零配件市场	1	350	336	37245	36056	65000	1326
花、鸟、鱼、虫市场	1	512	512	142730		48000	918
花卉市场	1	512	512	142730		48000	918
旧货市场	1	73	73	10000		25000	73
其他旧货市场	1	73	73	10000		25000	73
其他专业市场	2	566	465	23388	36	30509	431
其他专业市场	2	566	465	23388	36	30509	431

9－10　全市住宿餐饮企业营业额前20名排序

（2018年）

单 位 名 称	地 区	位 次
江苏扬城一味餐饮管理有限公司	景区	1
扬州会议中心	邗江区	2
扬州富春饮服集团有限公司	广陵区	3
冶春餐饮股份有限公司	景区	4
扬州广德酒店管理有限公司	广陵区	5
扬州锦泉花屿酒店管理有限公司	景区	6
扬州方正国际大酒店有限公司	江都区	7
扬州花园国际大酒店有限公司	开发区	8
江苏长青投资实业有限责任公司	江都区	9
扬州市西园饭店有限责任公司	景区	10
宝应润荷国际大酒店有限公司	宝应县	11
扬州迎宾馆经营管理有限公司	景区	12
扬州中集华宇酒店投资有限公司	邗江区	13
扬州鼎正餐饮管理有限公司	邗江区	14
扬州众银酒店有限公司	邗江区	15
扬州扬子江会议中心经营管理有限责任公司	邗江区	16
扬州二十四桥宾馆管理有限公司	邗江区	17
江苏食为天假日酒店股份有限公司	广陵区	18
扬州新世纪大酒店有限责任公司	开发区	19
扬州华美达凯莎酒店有限公司	广陵区	20

9－11　全市批发零售企业商品销售额前20名排序

（2018年）

单位名称	地区	位次
江苏省烟草公司扬州市公司	邗江区	1
中国石化销售有限公司江苏扬州石油分公司	广陵区	2
国药控股扬州有限公司	广陵区	3
江苏福江炉料加工有限公司	江都区	4
江苏华伦星聚河化工销售有限公司	江都区	5
扬州金鹰国际实业有限公司	广陵区	6
扬州市众成金属材料有限公司	广陵区	7
江苏平丰物资有限公司	仪征市	8
中国石油天然气股份有限公司江苏扬州销售分公司	邗江区	9
江苏方正钢铁集团有限公司	江都区	10
扬州利之星汽车维修服务有限公司	邗江区	11
扬州新伟仓储有限公司	邗江区	12
江苏找铁合金电子商务有限公司	开发区	13
扬州信宝行汽车销售服务有限公司	邗江区	14
江苏宏信商贸股份有限公司	江都区	15
扬州苏宁易购销售有限公司	广陵区	16
江苏功达工贸有限公司	广陵区	17
扬州贝贝化工贸易有限公司	化工园	18
扬州文轩钢铁有限公司	邗江区	19
江苏宏信超市连锁股份有限公司	江都区	20

10

服 务 业

编辑:钱坤

10－1　规模以上服务业企业主要经济指标(一)

（2018 年）　　　　单位:万元

指标名称	单位数（个）	固定资产原价	资产总计	所有者权益合计	营业收入	其中：主营业务收入
总　计	**876**	**4493792**	**21963278**	**9080931**	**4560982**	**4392350**
按登记注册类型分组						
内资企业	858	3928965	21360879	8793852	4386696	4224916
国有企业	27	616520	4139563	1080631	526345	509322
集体企业	16	68208	79071	22958	21563	20804
股份合作企业						
有限责任公司	191	1797000	15032657	6754759	1698605	1597921
股份有限公司	22	866377	589968	248615	485069	474788
私营企业	573	516820	1411099	614470	1585233	1552520
其他企业	29	64039	108523	72419	69881	69561
港、澳、台商投资企业	8	344326	373441	162248	134297	129358
外商投资企业	10	220502	228958	124831	39989	38076
按企业控股情况分组						
国有控股	108	3099494	16834473	6822937	2131783	2039373
集体控股	34	98170	139013	56958	68283	63965
私人控股	656	684909	2124086	875360	1904966	1856450
港澳台商控股	6	117549	324204	45922	83661	74538
外商控股	7	162371	176539	75766	24418	22505
其他	29	93020	1712409	843374	205889	201211
按行业分组						
道路运输业	170	530150	784798	316962	607036	577552
水上运输业	34	247996	225447	143024	151824	149137
航空运输业	1	160270	327670	250554	12267	12157
多式联运和运输代理业	12	4341	16886	8516	41447	38263
装卸搬运和仓储业	31	385194	942532	282455	446981	445143
邮政业	11	49786	90391	45848	165634	161358
电信、广播电视和卫星传输服务	8	1403492	812172	291424	537109	524843
互联网和相关服务	3	479	2272	224	14177	14177
软件和信息技术服务业	53	33116	168404	107398	154023	147222
房地产业	88	25146	174523	8232	148693	140378

10－1　续表　　（2018 年）　　单位:万元

指标名称	单位数（个）	固定资产原价	资产总计	所有者权益合计	营业收入	其中：主营业务收入
租赁业	7	10530	258299	107876	24678	24678
商务服务业	174	737513	13674019	6056301	1217832	1137994
研究和试验发展	15	50739	187262	113174	51479	50225
专业技术服务业	70	312529	483909	236696	459417	456207
科技推广和应用服务业	20	12402	36164	23052	57323	57182
生态保护和环境治理业	7	39843	60504	35793	27929	23785
公共设施管理业	30	269151	3346180	906186	169157	162321
土地管理业						
居民服务业	20	9577	23364	4558	26968	26572
机动车、电子产品和日用产品修理业	7	2360	8193	749	12580	12538
其他服务业	5	388	1717	597	12148	12148
教育	25	61595	105843	60626	53227	53010
卫生	11	55454	60471	23615	54493	53628
社会工作	1	22033	29396	10088	1442	1442
新闻和出版业	4	28639	41148	11501	28411	28381
广播、电视、电影和录音制作业	32	16167	48401	6297	39415	37488
文化艺术业	8	4820	19692	7158	6787	6018
体育	6	6493	7967	5024	4993	4993
娱乐业	23	13588	25657	17004	33512	33512
按地区分组						
广陵区	90	623647	4406848	1840569	482433	432790
邗江区	264	945611	2939997	1182951	1132269	1083464
江都区	55	450723	706052	427984	320814	315958
宝应县	94	119833	232041	133123	309089	299698
仪征市	93	176491	475294	204828	372741	366016
高邮市	116	183565	3424104	1524827	458410	454863
开发区	65	1440632	4432764	1166667	863930	851053
蜀岗瘦西湖景区	36	193233	875216	343197	173716	164290
生态科技新城	44	154550	2064476	1211665	217302	217251
化学工业园区	19	205508	2406486	1045121	230278	206967

10－2　规模以上服务业企业主要经济指标(二)

(2018 年)　　　　单位:万元

指标名称	税　金 及附加	其中: 主营业务 税金及附加	销售费用	管理费用	财务费用	营业利润	利润总额
总　　计	**57896**		**195305**	**412978**	**107923**	**381371**	**393756**
按登记注册类型分组							
内资企业	56474		187071	400246	102222	362511	374995
国有企业	3542		15096	59288	－616	17841	18818
集体企业	222		307	2880	336	－38	－57
股份合作企业							
有限责任公司	22218		65502	136384	86117	175370	184310
股份有限公司	4964		38005	53103	1167	9071	10291
私营企业	25326		67112	138409	14713	152014	153473
其他企业	202		1049	10183	506	8252	8160
港、澳、台商投资企业	1007		7174	7753	3264	14157	14082
外商投资企业	415		1060	4979	2438	4703	4678
按企业控股情况分组							
国有控股	22047		101549	177026	67755	163270	174436
集体控股	623		932	7591	627	4741	4885
私人控股	30439		78481	166896	17809	184271	185464
港澳台商控股	1549		4448	6188	13961	5800	5753
外商控股	328		886	3992	2535	－1075	－1059
其他	2025		4064	18931	4520	21270	21253
按行业分组							
道路运输业	6054		11849	46735	7773	49937	51105
水上运输业	689		854	6357	585	17100	17338
航空运输业	2		16	894	353	141	365
多式联运和运输代理业	93		485	2200	－74	1990	2018
装卸搬运和仓储业	1025		7225	12409	3797	17453	17225
邮政业	517		2486	19876	323	12585	12703
电信、广播电视和卫星传输服务	1916		71648	29586	2126	63794	65485
互联网和相关服务	38		517	1339	2	－1975	－1967
软件和信息技术服务业	1060		10963	18042	1008	16135	17771
房地产业	2109		11816	16462	2831	9617	9840

指标名称	税　金及附加	其中：主营业务税金及附加	销售费用	管理费用	财务费用	营业利润	利润总额
租赁业	166		501	3137	79	6601	6602
商务服务业	25219		43452	90363	80191	139014	144391
研究和试验发展	389		859	3356	1669	6380	6416
专业技术服务业	7520		14431	80551	3096	－652	1891
科技推广和应用服务业	129		1911	2995	18	7769	7892
生态保护和环境治理业	4782		468	3157	336	7489	5996
公共设施管理业	3212		3846	31199	1687	4533	4930
土地管理业							
居民服务业	416		1209	2501	350	2350	2239
机动车、电子产品和日用产品修理业	357		272	1644	16	96	108
其他服务业	274		148	845	74	785	786
教育	229		582	10429	322	6605	6504
卫生	179		1496	10071	182	531	425
社会工作	1		0	792	0	423	423
新闻和出版业	90		142	5963	367	3587	3626
广播、电视、电影和影视录音制作业	427		5782	5642	573	2069	2636
文化艺术业	41		501	1651	30	574	576
体育	90		344	1716	12	330	330
娱乐业	875		1505	3068	197	6111	6102
按地区分组							
广陵区	9412		14388	51067	32746	29411	32674
邗江区	11250		69609	100829	32611	157800	159989
江都区	974		12312	17333	3341	19797	20470
宝应县	1500		6487	17180	2564	32345	32931
仪征市	3027		5467	37981	2316	23151	22564
高邮市	8287		15944	29895	8576	45829	47286
开发区	8298		58645	86440	1370	741	4715
蜀岗瘦西湖景区	2976		5609	45758	7808	4502	5624
生态科技新城	5853		4319	13307	2581	13074	14581
化学工业园区	6319		2525	13189	14010	54721	52922

10－3　全市规模以上服务业企业资产前20名排序

（2018年）

单位名称	地区	位次
扬州市城建国有资产控股（集团）有限责任公司	广陵区	1
扬州市经济开发区开发总公司	开发区	2
扬州化工产业投资发展有限公司	化工园区	3
扬州新盛投资发展有限公司	生态科技新城	4
高邮市建设投资发展集团有限公司	高邮市	5
扬州市交通产业集团有限责任公司	邗江区	6
高邮市交通产业投资集团有限公司	高邮市	7
扬州维扬发展投资有限公司	邗江区	8
扬州科丰高新产业投资开发集团有限公司	高邮市	9
中央储备粮扬州直属库	开发区	10
扬州市瘦西湖风景区管理处	风景区	11
高邮市振驿新农村建设投资发展有限公司	高邮市	12
扬州泰州国际机场投资建设有限责任公司	江都区	13
中国电信股份有限公司扬州分公司	开发区	14
中国移动通信集团江苏有限公司扬州分公司	邗江区	15
高邮市国有资产投资运营有限公司	高邮市	16
中国石油化工股份有限公司江苏油田分公司	开发区	17
江苏省扬州汽车运输集团有限责任公司	广陵区	18
扬州瘦西湖旅游度假投资管理集团有限责任公司	风景区	19
江苏华东文化科技融资租赁有限公司	风景区	20

10－4　全市规模以上服务业企业营业收入前20名排序

（2018年）

单位名称	地区	位次
中国移动通信集团江苏有限公司扬州分公司	邗江区	1
中国电信股份有限公司扬州分公司	开发区	2
中国石油化工股份有限公司江苏油田分公司	开发区	3
扬州化工产业投资发展有限公司	化工园区	4
扬州市江都区粮食收储总公司	江都区	5
高邮市交通产业投资集团有限公司	高邮市	6
中国邮政集团公司扬州市分公司	邗江区	7
扬州市经济开发区开发总公司	开发区	8
扬州新盛投资发展有限公司	生态科技新城	9
中央储备粮扬州直属库	开发区	10
扬州锦都国际酒店用品城有限公司	生态科技新城	11
扬州市城建国有资产控股（集团）有限责任公司	广陵区	12
扬州市江都区万源粮食购销有限公司	江都区	13
扬州柯莱斯物流有限公司	广陵区	14
江苏笛莎公主文化创意产业有限公司	邗江区	15
江苏宝应湖粮食物流中心有限公司	宝应县	16
中国联合网络通信有限公司扬州市分公司	开发区	17
仪征港务有限公司	仪征市	18
江苏省扬州汽车运输集团有限责任公司	广陵区	19
扬州天工建筑劳务有限公司	高邮市	20

11

交通运输和邮电

编辑:项月

11－1 主要年份全社会客货运输量

年 份	客运量（万人）	#公 路	#水 运	货运量（万吨）	#公 路	#水 运
1949	59	47	12	31	11	20
1952	111	89	22	32	12	20
1957	420	336	84	166	60	106
1962	625	502	123	188	68	120
1965	813	650	163	303	109	194
1970	1218	974	244	380	137	243
1975	2460	1968	492	629	226	403
1978	3369	2538	831	875	320	555
1979	3810	2959	851	853	325	528
1980	4451	3535	916	1104	405	699
1981	5338	4440	898	953	347	606
1982	6057	5121	936	1081	383	698
1983	6717	5813	904	1178	399	779
1984	7003	6327	676	871	355	516
1985	7127	6531	596	2134	1109	1025
1986	7085	6519	566	2325	893	1432
1987	7096	6555	541	2115	1133	982
1988	6905	6408	497	2429	1282	1147
1989	6210	5829	381	2229	1248	981
1990	5768	5494	274	1985	1112	873
1991	5599	5333	266	2256	1183	1073
1992	6404	6250	154	3593	1890	1703
1993	6561	6378	183	2917	2013	904
1994	2652	2597	55	3040	1462	1578
1995	4961	4903	58	5718	3040	2678
1996	4451	4415	36	3442	2437	1005
1997	5915	5876	39	3860	2637	1223
1998	5928	5874	54	3802	2638	1164
1999	6095	6065	30	4633	3473	1160
2000	6207	6180	27	4686	3516	1170
2001	6353	6331	22	4867	3692	1175
2002	6590	6571	19	4933	3740	1193
2003	6897	6880	17	5223	3977	1246
2004	7473	7413	17	5518	4197	1317
2005	8144	8096	15	5855	4433	1373
2006	8703	8595	15	6407	4902	1480
2007	9619	9476	15	7270	5598	1645
2008	10564	10400	15	8057	6209	1827
2009	6507	6330	33	8022	5069	2932
2010	7276	7101	39	9333	5886	3426
2011	8194	8152	42	11112	6881	4231
2012	8908	8878	30	12244	7645	4599
2013	4769	4746	23	10528	5924	4604
2014	4804	4792	12	11596	6504	5092
2015	4159	4146	13	12162	6419	5743
2016	3852	3840	12	12324	6546	5778
2017	3427	3421	6	13374	7112	6262
2018	3101	3094	6.75	14127	7634	6493

11－2　全社会客货运输量

（2018年）

项　　目	单　位	数　值
公路客运量	万人次	3094
公路旅客周转量	万人公里	279013
公路货运量	万吨	7634
公路货物周转量	万吨公里	1406165
水路客运量	万人次	6.75
水路旅客周转量	万人公里	40.49
水路货运量	万吨	6493
水路货物周转量	万吨公里	2727054
机场旅客吞吐量	万人	238.4
机场货邮吞吐量	万吨	1.1137
铁路旅客发送量	万人次	279.8
铁路货运量	万吨	45

11－3　分地区客货运输量

（2018年）

项　　目	单　位	全　市	广　陵	邗　江	江　都	宝　应	仪　征	高　邮
客运量	万人	3101	6	67	466	394	282	692
旅客周转量	万人公里	279053	516	6058	42051	35497	25452	62370
货运量	万吨	14127	1961	1033	2298	1399	5436	1226
货物周转量	万吨公里	4133219	398494	203657	639044	443995	2017005	281803

11－4　公路、航道基本情况

（2018 年）

指　　标	全　市	邗　江	江　都	宝　应	仪　征	高　邮
公路总里程（公里）	**9729.92**	**1015.72**	**2165.82**	**1971.24**	**1578.10**	**2187.98**
按等级分	**9363.04**	**992.92**	**1980.95**	**1862.84**	**1578.10**	**2154.49**
高速	293.69	54.34	92.42	40.29	47.47	44.26
一级	602.41	91.58	143.42	72.69	126.67	99.79
二级	1356.33	149.51	246.83	343.13	152.00	357.03
三级	816.40	78.91	227.92	67.21	198.85	166.72
四级	6294.21	618.57	1270.37	1339.52	1053.11	1486.68
等外	366.88	22.80	184.86	108.40	0.00	33.49
按行政等级分	**9729.92**	**1015.72**	**2165.82**	**1971.24**	**1578.10**	**2187.98**
国道	489.97	36.30	149.78	104.07	73.02	98.49
省道	586.24	85.93	111.99	117.71	117.01	111.77
县道	1302.78	100.24	276.91	227.87	239.56	374.94
乡道	3543.44	371.23	847.19	594.83	555.00	863.84
村道	3792.26	422.02	779.94	926.76	589.81	737.95
按路面标准分	**9729.92**	**1015.72**	**2165.82**	**1971.24**	**1578.10**	**2187.98**
高级	9453.62	992.92	2165.82	1799.59	1555.27	2147.29
次高级	13.39	0.00	0.00	2.18	10.21	0.00
其他	262.90	22.80	0.00	169.47	12.62	40.68
公路桥梁（座）	4419	247	959	1311	205	1580
公路桥梁长度（米）	202937.63	26455.86	49994.47	42869.05	14252.96	58189.80
内河航道总里程（公里）	2296.82	235.35	650.79	594.85	107.86	629.75
#水深 1 米以上里程	2121.53	191.18	543.42	594.85	101.67	620.49
船闸（座）	6	0	3	1	0	2

注：1、市区与邗江、江都是并列的辖区。2、船闸是指市交通局管理的船闸，不含京杭运河上的施桥和邵伯船闸。

11－5　历年扬州港吞吐量

年　份	货运吞吐量(万吨)	#外贸吞吐量	集装箱吞吐量(万标箱)
1999	1396	42	5
2000	1429	56	6.13
2001	1506	94	6
2002	1611	133	9.90
2003	1769	177	13.60
2004	2256	213	13.15
2005	4658	249	8
2006	5133.20	300.97	23
2007	5549.40	332.50	27
2008	5787.10	369.80	28
2009	6423.15	338.86	23.20
2010	7384.50	405.10	32
2011	8453	408.80	41
2012	8822.50	484.20	41
2013	10006.80	114.90	52
2014	12138.40	710.40	56
2015	11026.20	902.70	62
2016	12159.58	915.00	51
2017	13222.78	1132.20	50.9
2018	14132.00	1114.00	50.7

11－6　扬州港基本情况

（2018 年）

指　　标	单　位	数　值
1. 生产用码头泊位个数	个	222
总延长	米	19461
设计吞吐能力	万吨	11308
2. 泊位中万吨级码头	个	60
3. 全社会港口货物吞吐量	万吨	14132
其中:外贸吞吐量	万吨	1114
其中:长江干流港口吞吐量	万吨	11690
京杭运河吞吐量	万吨	2442
4. 集装箱吞吐量	万 TEU	50.70
货重	万吨	438.00

11－7　全社会港口货物吞吐量

（2018 年）　　单位：万吨

指　　标	总　计	按进出港分	
		出　港	进　港
总计	**14132**	**4931**	**9201**
煤炭及制品	4610	1805	2805
石油、天然气及制品	1411	760	651
金属矿石	1977	780	1197
钢铁	593	348	245
矿建材料	3408	246	3262
水泥	587	397	190
木材	145	50	95
非金属矿石	130	63	67
化肥及农药	7	2	5
盐	54	0	54
粮食	54	47	7
机械、设备、电器	3	1	2
化工原料及制品	360	80	280
有色金属	0	0	0
轻工、医药产品	23	4	19
农、林、牧、渔业产品	7	2	5
其他	763	346	417

11－8　全社会营业性运输车船(内河)数

指　　标	单位	2013 年	2014 年	2015 年	2016 年	2017 年	2018 年
客运车辆	辆	1658	1617	1480	1409	1399	1329
	客位	60581	59088	56445	57525	57225	54581
货运车辆	辆	44095	45917	45626	47150	45449	45120
	吨位	279600	291891	296749	313825	319070	332787
内河运输船舶	艘	3126	3121	2827	2704	2455	2383
	吨位	4444764	5578243	6086442	6342755	6124936	5674748
其中:客船	艘	18	15	15	15	15	15
	客位	1496	1100	1100	1100	1100	1100
货船	艘	2838	2843	2565	2481	2284	2183
	吨位	4383269	5518705	6029627	6296255	6080719	5626056
拖船	艘	43	45	41	42	30	39
	吨位	6936	7296	6801	7021	5022	7162
驳船	艘	227	218	206	166	126	146
	吨位	61018	58943	56448	46133	43850	48325

11－9　邮电通讯基本情况

指　　标	计量单位	2014 年	2015 年	2016 年	2017 年	2018 年
邮电业务总量	亿元	61.01	75.45	93.92	136.97	232.37
#邮政行业业务总量	亿元	17.15	20.60	26.61	36.08	42.44
电信业务总量	亿元	43.86	54.85	67.31	100.89	189.93
邮电业务收入	亿元	54.68	56.91	61.08	67.39	73.15
#邮政行业业务收入	亿元	12.45	16.50	19.25	23.36	27.61
电信业务收入	亿元	42.23	40.41	41.83	44.03	45.54
函件	万件	2507.44	1883.23	1161.61	689.96	441.86
包件	万件	15.74	12.11	9.27	8.97	8.71
报纸累计数	万张	7602.88	6896.49	6530.74	6276.93	6317.59
杂志累计数	万份	486.78	397.09	354.40	352.59	320.73
快递	万件	7290.21	7782.23	10736.31	13045.89	15459.53
固定电话用户数	万户	127.26	115.75	107.17	99.16	93.48
移动电话用户数	万户	431.49	450.42	476.50	501.22	531.67
宽带用户数	万户	110.28	123.42	140.29	160.40	171.56

11－10　邮政业务基本情况

（2018 年）

指　标	计量单位	全　市	江　都	宝　应	仪　征	高　邮
函件	万件	441.86	60.41	17.86	8.96	9.86
包件	万件	8.71	0.26	1.04	0.69	1.09
报纸累计数	万张	6317.59	223.91	802.71	752.73	538.95
杂志累计数	万份	320.73	7.20	27.87	23.23	73.07
快递	万件	15459.53	2368.65	647.18	1037.18	922.80

12

对外经济贸易和旅游

编辑:项月

12－1 对外贸易出口总额

（2018 年） 单位：万美元

项 目	进出口总额	出 口	进 口
总 计	**1199312**	**854167**	**345145**
一、按地区分组			
开发区	246436	165956	80480
广 陵	120814	101084	19730
邗 江	234314	201749	32565
江 都	223657	147353	76304
宝 应	112486	88308	24178
仪 征	55642	41653	13989
高 邮	49432	44802	4630
二、按贸易方式分组			
一般贸易	911705	655711	255994
加工贸易	214880	155679	59201
其 他	72727	42776	29951

12－2　分地区进出口总额

（2018 年）　　单位:万美元

地　区	进出口总额	出　口	进　口
亚　洲	496444	305409	191035
非　洲	25759	25167	591
欧　洲	268876	224172	44704
拉丁美洲	80084	62308	17776
北美洲	233395	207270	26125
大洋洲	94745	29842	64904
其　他	10	0	10

12－3　外商直接投资情况

（2018 年）　　单位:万美元

地　区	实际使用外资金额	协议外资金额
全　市	**122044**	**251463**
开发区	33026	75060
广　陵	10100	41864
邗　江	22705	36892
江　都	22011	26860
宝　应	7001	8169
仪　征	14003	25231
高　邮	9276	19813

12－4　分国别利用外资情况

（2018 年）

国别（地区）	项目个数 （个）	实际使用外资金额 （万美元）
总计	**135**	**122044**
亚洲	**100**	**100277**
孟加拉国	0	0
文莱	0	630
香港	70	92861
印度	2	0
印度尼西亚	0	0
伊朗	0	0
以色列	1	0
日本	2	356
澳门	4	2747
马来西亚	1	0
新加坡	5	2924
韩国	2	381
叙利亚	0	0
台湾省	13	387
非洲	**3**	**290**
毛里求斯	0	0
塞舌尔	1	290
南非	1	0
刚果（金）	1	0
欧洲	**8**	**3907**
丹麦	1	0
英国	2	300
德国	2	110
法国	1	0

（2018 年）

国别（地区）	项目个数（个）	实际使用外资金额（万美元）
意大利	1	116
荷兰	0	10
希腊	0	0
西班牙	0	0
芬兰	0	1396
波兰	0	0
瑞士	1	1975
俄罗斯联邦	0	0
南美洲	**5**	**4871**
巴巴多斯	0	0
伯利兹	0	0
巴西	0	0
开曼群岛	1	500
英属维尔京群岛	4	4371
北美洲	**10**	**1299**
加拿大	2	502
美国	8	727
百慕大	0	0
大洋洲	5	188
澳大利亚	4	188
新西兰	0	0
萨摩亚	1	0
其他	**4**	**11282**
创业投资公司投资	0	0
投资性公司投资	4	11282

12－5　分行业利用外资情况

（2018年）

行　　业	项目(企业)个数 (个)	实际使用外资金额 (万美元)
总　　计	135	122044
农、林、牧、渔业	**2**	**434**
农业	2	278
制造业	48	36153
纺织业	2	1299
化学原料及化学制品制造业	1	2125
医药制造业	1	296
通用设备制造业	7	7864
专用设备制造业	6	2986
计算机、通信及其他电子设备制造业	8	7072
电力、燃气及水的生产和供应业	7	7411
建筑业	19	15546
批发和零售业	24	13550
交通运输、仓储和邮政业	1	1320
信息传输、计算机服务和软件业	4	110
金融业	2	211
房地产业	12	25815
房地产开发经营	9	25815
租赁和商务服务业	7	20414
科学研究、技术服务和地质勘查业	2	274
水利、环境和公共设施管理业	2	606
居民服务、修理和公共设施管理	2	200
教育	1	0
文化、体育和娱乐业	2	0

12-6 外经营业额及劳务合作情况

（2018 年）　　　　单位:万美元

地　区	外经营业额	期末在外人数
全　市	96838	5457
开发区	17916	1496
广　陵	15908	1037
邗　江	16205	471
江　都	41518	1005
宝　应	3965	1028
仪　征	706	250
高　邮	620	170

12-7 境外投资情况

单　位	新批项目数（个）	中方协议投资额（万美元）
全　市	19	7456
开发区	3	1209.3
广　陵	6	2514
邗　江	4	967.7
江　都	4	2565
宝　应	1	100
仪　征	1	100
高　邮		

12-8 旅游业主要指标

指标名称	计量单位	2013 年	2014 年	2015 年	2016 年	2017 年	2018 年
入境游客人数	万人次	4.78	5.35	5.12	5.86	6.78	7.64
旅游总收入	亿元	465.05	535.38	600.71	691.39	796.72	917.90
旅游外汇收入	万美元	3700	4919	5588	6280	7506	8341
国内游客	万人次	3965.36	4545.88	5027.21	5622.02	6290.60	7036.59
国内旅游收入	亿元	454.42	525.21	592.00	681.91	785.29	904.76

12－9　星级饭店、宾馆基本情况

单位名称	星评等级	地　址	客房数（间）	床位数（张）	地　区
扬州迎宾馆	5	扬州市瘦西湖路 48 号	305	431	蜀冈
江苏汇金国际酒店	5	扬州市平山堂东路 3 号	122	200	蜀冈
扬州云鹤金陵大饭店	5	扬州市文昌西路 318 号	256	370	邗江
扬州西园饭店	5	扬州市丰乐上街 1 号	98	118	蜀冈
扬州新世纪大酒店	4	扬州市维扬路 101 号	320	539	开发
扬州京华大酒店	4	扬州市文昌中路 559 号	312	469	邗江
扬州花园国际大酒店	4	扬州市江阳中路 236 号	274	434	开发
扬州京江大酒店	4	扬州市江都区文昌东路东首	172	274	江都
仪征怡景半岛酒店	4	仪征市胥浦河滨路 12 号	159	226	仪征
仪征市黎明大酒店	4	仪征市真州路 121 号	140	211	仪征
扬州市蓝天大厦酒店有限责任公司	4	扬州市汶河北路 42 号	137	238	广陵
扬州皇华国际大酒店	4	高邮海潮东路 18 号	71	124	高邮
高邮加洲阳光大酒店	4	江苏省高邮市秦邮路 138 号	160	232	高邮
高邮华侨国际大酒店	4	高邮市文游中路 32－34 号	107	163	高邮
扬州空港宾馆	4	扬州市江都区丁沟镇扬州泰州机场	94	170	江都
扬州宾馆	3	扬州市丰乐上街 5 号	157	281	蜀冈
江都大酒店	3	江都区仙女镇引江路 48 号	116	200	江都
扬州石塔宾馆	3	扬州市文昌中路 590 号	203	397	广陵
仪征市金穗大酒店	3	仪征市东园北路 18 号	30	36	仪征
扬州广源集团有限公司丁山宾馆	3	扬州市南通西路 79 号	130	182	广陵
江苏枣林湾实业有限公司枣林山庄	3	仪征市枣林湾生态园枣林湖畔	97	194	仪征
宝应天元大酒店	3	宝应县苏中北路 6 号	80	131	宝应
扬州萃园城市酒店	3	扬州市文昌中路 459 号	92	155	广陵
扬州远锦国际大酒店	3	扬州市华扬路 291 号	91	156	邗江
江苑宾馆	3	扬州第二发电厂内	97	153	开发
铁道部扬州培训中心铁道宾馆	3	扬州市邗江区扬子江北路 451 号	60	97	蜀冈
仪征和平大酒店	3	仪征市工农北路 1 号	36	64	仪征
扬州恒春源宾馆	3	扬州市邗江中路 427 号	142	269	邗江
格林豪泰扬州大厦酒店	3	扬州市文昌中路 320 号	201	339	广陵
江都市百乐门大酒店	3	江都区工农路 2 号	99	160	江都
宝应皇冠大酒店	3	宝应白田中路 11 号	96	173	宝应
江都雄都饭店	3	江都区人民路 26 号	131	218	江都
怡园饭店	3	扬州市四望亭路 1 号	47	73	广陵
扬州锦润国际大酒店	3	江都区浦江路 1 号	86	128	江都
江都邵伯紫京饭店	3	江都区邵伯镇甘棠路 108 号	70	127	江都
仪征万盛酒店	3	仪征市西园北路 28#	76	301	仪征
扬州曙光宾馆	2	江苏省扬州市江阳中路 134 号	56	104	开发

12－10 旅行社基本情况

单位名称	地 址	地 区
江苏邮驿国际旅行社有限公司	高邮市文游中路110号	高邮
扬州中国国际旅行社	扬州工艺坊A区一楼1111室	蜀冈
扬州市中国旅行社有限责任公司	扬州市汶河北路18号	广陵
扬州中国青年旅行社有限公司	四望亭路6号	广陵
江苏盛世旅程国际旅行社有限公司	扬州市经济开发区江阳中路433号(金天城大厦)A座1219、1220	开发
国旅(江苏)扬州国际旅行社有限公司	扬州市广陵区汶河北路145号	广陵
扬州市开元国际旅行社有限公司	仪征市真州镇大庆北路81号	仪征
扬州舜天国际旅行社有限公司	扬州市蜀冈—瘦西湖风景名胜区鸿福三村35－101	蜀冈
扬州市旅游集散中心有限公司	扬州市渡江南路27号	广陵
扬州东方假日旅行社有限责任公司	扬州市皇宫巷33号5幢104室	广陵
扬州苏之旅国际旅行社有限公司	扬州市汶河北路31号	广陵
扬州小秦淮国际旅行社有限公司	扬州市四望亭路219号	邗江
扬州市江都中原国际旅行社有限公司	扬州市江都区工农路25号	江都
江苏环球国际旅游有限公司	扬州市扬子江中路279号	邗江
荟趣旅行社(扬州)有限公司	扬州市经济开发区银苑新村沿街商业房B段7－8轴	开发
扬州悠客国际旅行社有限公司	扬州市邗江区翠柳苑(现代广场)9－206	邗江
扬州潇洒走一回旅行社有限公司	扬州市经济开发区扬子江中路287号(财富广场)商务办公楼－1617	开发
江苏隍艺国际旅行社有限公司	扬州市广陵区书院巷5号－1－1	广陵
扬州万马国际旅游有限公司	扬州市广陵区江阳东路125号3—605	广陵
扬州春之旅国际旅行社有限公司	扬州市广陵区四望亭路94号	广陵
扬州印象旅行社有限公司	扬州市广陵区文昌中路8号首席国际B座226室	广陵
扬州游天下国际旅行社有限公司	扬州市蜀冈—瘦西湖风景名胜区沿河街50号工艺美术馆C区217室	蜀冈
扬州唐韵国际旅行社有限公司	扬州市广陵区盐阜西路8号	广陵
扬州生辉国际旅行社有限公司	扬州市经济开发区维扬路31号金轮星城18幢1302	开发
扬州运河风光国际旅行社有限公司	扬州市广陵区联谊路16号(银泰商务中心1031)	广陵
扬州漫鹿国际旅行社有限公司	扬州市经济开发区扬州大学荷花池校区10号楼西北	开发
扬州驴妈妈国际旅行社有限公司	扬州市邗江区四望亭路219号	邗江
扬州市明珠国际旅行社有限公司	扬州市江都区人民路39号	江都
扬州市侠客行国际旅行社有限公司	高邮市花湾路152号	高邮
扬州畅游国际旅行社有限公司	仪征市真州镇万年大道新天地花苑4幢113、213号	仪征
志成信(扬州)旅游信息技术有限公司	扬州市邗江区国展路56号	邗江
扬州交通旅游集散有限公司	扬州市邗江区文昌西路525号新盛商务中心3号楼4楼	邗江
扬州好望角旅行社有限公司	宝应县安宜北路55号商住楼4号门市	宝应
高邮春晖国际旅行社有限公司	高邮市佳和城市花园－3	高邮
江苏芳华旅游有限公司	扬州市邗江区扬子江中路757号1幢515	邗江
扬州舜禹国际旅行社有限公司	扬州市经济开发区维扬路27号扬州宝龙广场商业街B区7号楼S7－2F－240	开发
扬州五亭旅行社有限公司	扬州市广陵区立新路24号	广陵
宝应县环宇旅行社有限公司	扬州市	宝应
扬州三义国际旅行社有限公司	扬州市开发区维扬路31号(金轮星城)18幢820室	开发
扬州乐途国际旅行社有限公司	扬州市	广陵
江苏熊爸爸国际旅行社有限公司	扬州市	邗江
江苏致程国际旅行社有限公司	扬州市	高邮

12－10　续表 1

单位名称	地　址	地　区
江苏小狼欢腾旅行服务有限公司	扬州市邗江区文汇西路 215 号(华远国际大厦)A 区 535	邗江
扬州苏扬旅行社有限公司	扬州市蜀冈－瘦西湖风景名胜区长征西路 16 号 101－2	蜀冈
扬州中和国际旅行社有限公司	扬州市广陵区江阳东路 129 号(鸿锦花园)3－15－1	广陵
扬州乐程特色小镇旅游发展有限公司	扬州市蜀冈－瘦西湖风景名胜区玉器街 1 号	邗江
扬州我心飞扬国际旅行社有限公司	扬州市广陵区杉湾东苑 7－1004	广陵
扬州长青国际旅行社有限公司	扬州市江都区文昌东路 1002 号	江都
扬州新众力在线国际旅行社有限公司	扬州市广陵区荷花池南街 69 号汶河文化产业园	广陵
扬州众途国际旅行社有限公司	扬州市邗江区京华城中城一期西侧商业街(顽乐城)	邗江
扬州波司登国际旅行社有限公司	高邮市通湖路 162 号－101	高邮
扬州邮缘国际旅行社有限公司	高邮市海潮东路二期 8 号楼	高邮
众众旅游扬州有限公司	扬州市邗江区文昌西路 56 号(公元国际大厦)1－611	邗江
扬州华都国际旅行社有限公司	扬州市江都区人民路 31 号	江都
扬州锦江研学国际旅行社有限公司	扬州市邗江区文昌中路 650 号 301	邗江
扬州大华国际旅行社有限公司	扬州市扬子江北路 399 号商 2－商 5－42062	邗江
扬州洋江国际旅行社有限公司	扬州市新城花园梅香苑 45 栋 108	开发
宝应县新启程旅行社有限公司	宝应县叶挺路 269 号	宝应
江苏宏途旅业有限公司	扬州市邗江区四季园新村综合 5－302	邗江
扬州悠游假期国际旅行社有限公司	扬州市平山堂路	蜀冈
扬州快乐行旅行社有限公司	宝应县苏中北路 6 号	宝应
扬州嘉旭旅游有限责任公司	扬州市邗江区蒋王镇冯庄村厉庄组	邗江
扬州市拓展国际旅游有限公司	扬州市文昌东路 15 号江广智慧城东苑四号楼	广陵
扬州博客旅行社有限公司	扬州市金茂广场 3 幢 507	邗江
扬州鼎兴国际旅行社有限公司	扬州市广陵区皮坊街 3 号	广陵
江苏平安国际旅游有限公司	扬州市文昌中路 678 号 2－2	邗江
扬州青创国际旅行社有限公司	扬州市江都区龙川北路 77 号明珠山庄 1 幢 105 室(门市)	江都
扬州市玉屏国际旅行社有限公司	扬州市邗江区扬子江中路 729 号	邗江
仪征金太阳国际旅行社有限公司	仪征市真州镇仪化生活区白沙路 10 号 1－	仪征
扬州市风尚旅行社有限公司	新城花园 143 幢 105 室	开发
扬州文广旅行社有限公司	文昌中路 60 号东廊房－3－6 轴	广陵
扬州京彩假日国际旅行社有限公司	文昌中路 8 号(华泰首席国际大厦)426 室	广陵
扬州康泰国际旅行社有限公司	扬州市邗江区翠柳苑(现代广场)9－711	邗江
江都市三元国际旅行社有限公司	扬州市江都区江淮路 66 号北幢 102 室	江都
扬州众诚旅行社有限公司	扬州市润扬广场 3 幢 202 室	邗江
扬州空港国际旅游有限公司	扬州市顺达路 138 号顺达生活广场 2－1316	邗江
扬州九州行国际旅行社有限公司	扬州市盐阜西路 6 号	广陵
扬州泰禾国际旅行社有限公司	万鸿城市花园 27－7 号	邗江
扬州华夏国际旅行社有限公司	扬州市广陵区临江路 205 号	广陵
扬州市地平线旅行社有限公司	文昌西路 56 号(公元国际大厦)421 室	邗江
扬州凯风国际旅行社有限公司	扬州市广陵区文昌中路 58 号 3－7 层－602－1	广陵
扬州宁扬国际旅行社有限公司	扬州市邗江区国展路 56 号业恒生活广场 807	邗江
扬州路路通旅行社有限公司	邗江区百祥路	邗江
宝应宇通旅行社有限公司	宝应县白田中路 58 号五洲国际 1、6、7－12 号商铺	宝应

12－10　续表 2

单位名称	地　址	地　区
扬州春晖旅行社有限公司	扬州市新城河路 520 号	邗江
扬州金马国际旅行社有限公司	扬州市江都区新区金城银都嘉苑 B3 幢	江都
扬州小骆驼国际旅行社有限公司	扬子江北路 259 号 301、302、303 室	邗江
江苏国都之旅国际旅游有限公司	运河西路 588－310、311 号(壹位商业广场)	广陵
扬州市枣林湾国际旅行社有限公司	仪征市枣林湾生态园天池路枣林山庄	仪征
扬州苏宁旅行社有限公司	扬州市扬子江北路 101 号双桥商务广场 A 座 629	邗江
扬州江海旅行社有限公司	扬州市扬子江南路 5 号江海学院专家楼一楼	开发
扬州爱尚国际旅游有限公司	扬子江北路 819 号 1－305	邗江
扬州市江都区春之秋国际旅行社有限公司	扬州市江都区仙女镇工农西路 41 号	江都
扬州新时代商务旅行社有限公司	文化里 3 号	广陵
扬州文化商务旅行社有限公司	扬州市渡江南路西侧七里河南侧(江南左岸 1 幢 901 室)	广陵
扬州天一国际旅游有限公司	扬州市西城上筑苑 4－1013	邗江
扬州万里行国际旅行社有限公司	扬州市四望亭路 399－8 号(旺庭公馆)	邗江
扬州润扬国际旅行社有限公司	四望亭路 190 号	邗江
扬州东航旅行社有限公司	仪征市真州镇化纤生活区环南路	仪征
宝应大众旅行社有限责任公司	宝应县安宜镇叶挺东路 59 号西首 1 号、2 号门市	宝应
扬州中康国际旅行社有限公司	仪征市真州镇国庆路 139 号－1	仪征
扬州山水国际旅行社有限公司	扬州市邗江区京华城路 18 号端木大厦 5 栋 2002 室	邗江
扬州中江旅行社有限公司	扬州市文昌中路 672 号	邗江
扬州市中原旅行社有限公司	文汇东路 263 号 265 号	邗江
宝应县西湖旅行社有限责任公司	宝应县安宜镇中大街 19 号	宝应
哥伦布极限旅行江苏有限公司	泰州路 43 号	广陵
扬州燕宇旅行社有限公司	扬州市广陵区汶河北路 42 号	广陵
扬州市中友旅行社有限公司	邵伯镇淮江路 101 号	江都
扬州天马国际旅游发展有限公司	扬州盐阜东路 9 号	广陵
扬州新视野教育国际旅行社有限公司	扬州市扬子江中路 757 号 312 室	邗江
扬州春江花都国际旅行社有限公司	扬州市江都区中远欧洲城龙川路营业用房 170 号	江都
扬州市和平国际旅行社有限公司	扬州市文汇东路 201 号	邗江
扬州龙行天下国际旅行社有限公司	扬州市史可法路 30 号	蜀冈
扬州市纵横旅行社有限公司	扬州市四望亭路 279 号太和广场 347 室	邗江
扬州百乐门旅行社有限责任公司	扬州市江都区仙女镇工农路 2 号(江都宾馆内)	江都
扬州扬帆国际商务旅行社有限公司	扬州市友谊路 103 号	蜀冈
扬州环宇国际旅行社有限公司	江阳商贸城 18－318	邗江
扬州世纪康辉国际旅行社有限公司	扬州市江都区三元路 33 号	江都
宝应县青年旅行社	宝应县叶挺桥商住楼－109	宝应
扬州知北游文化旅游有限公司	扬州市邗江区文昌中路 650 号 312 室	邗江
扬州新华旅行社有限公司	扬州市东方名城 1－03 幢 302 室	广陵
扬州市太平洋假日国际旅行社有限公司	扬州市江都区人民路 18 号	江都
扬州新世界国际旅行社有限公司	扬州市大虹桥路停车场 5 号	邗江
扬州天成旅行社有限公司	邗江路 451 号	邗江
扬州新天旅行社有限公司	金都汇 3 幢 308 室	邗江

12－10　续表3

单位名称	地　址	地　区
仪征市黎明国际旅行社	仪征市真州镇真州东路30号1幢	仪征
扬州新国航国际旅行社有限公司	扬州市四望亭路399号旺庭公馆3幢621室	邗江
扬州同程旅行社有限公司	扬州市高桥路28号莱茵苑42栋201室	蜀冈
仪征市怡华假日旅行社有限公司	仪征市真州镇化纤生活区环南路15号西南侧	仪征
扬州中信旅行社有限公司	扬州市江阳东路125号滨河国际广场676室	广陵
扬州自由漫步旅行社有限公司	扬州市泰州路22－1号22号	广陵
扬州市江都区神州国际旅行社有限公司	扬州市江都区工农路28号	江都
扬州瘦西湖国际旅行社有限责任公司	扬州市瘦西湖路187号	蜀冈
高邮市走四方旅行社有限公司	高邮市文游中路176号	高邮
扬州京华国际旅行社有限公司	扬州大学北路159号	邗江
扬州二分明月旅行社有限责任公司	润扬广场3－105B	邗江
扬州中侨国际旅行社有限公司	文汇西路215号华远国际大厦A座509室	邗江
扬州航空国际旅行社有限公司	扬州市维扬路243号1－日座510室	开发
扬州海天商务旅行社有限公司	双子星国际广场1幢6单元日座619室	邗江
扬州金桥国际旅行社有限公司	扬州市文昌西路佳云阁306室	邗江
扬州市凤凰岛旅行社有限公司	扬州市生态科技新城泰安镇凤凰岛景区	广陵
扬州烟花三月旅行社有限责任公司	邗江中路汇好数码广场607室	邗江
扬州景智国际旅行社有限公司	扬州市西城上筑4幢1015	邗江
扬州顺安招商旅行社有限公司	汶河南路44号(盛世商务楼)603室	广陵
扬州康辉假期旅行社有限公司	扬子江北路101号(双桥商务广场)1－622	邗江
扬州天天游旅行社有限公司	文昌中路395号星月宾馆3F	广陵
扬州夕阳红旅行社有限公司	扬州市四望亭路51号－518	广陵
扬州市华悦国际旅行社有限公司	扬州市扬子江北路387号	邗江
扬州市雄都旅行社有限公司	扬州市江都区仙女镇人民路26号	江都
扬州市中北旅行社	扬州市江阳东路332号	广陵
扬州蓝天国际旅行社有限公司	扬州市广陵区运河西路230号F915室	广陵
高邮市喜福来旅行社有限公司	高邮市海潮路南海桥头北东侧	高邮
扬州银发春兰国际旅行社有限公司	扬州市文昌西路246号	邗江
扬州春秋国际旅行社有限公司	扬州市丰乐上街9号史可法纪念馆内	邗江
仪征市化纤国际旅行社有限公司	仪征市真州镇胥浦环西路10号	仪征
扬州西湖国际旅行社有限公司	扬州市邗江区市府西巷2－1	邗江
宝应县环球旅行社有限公司	叶挺东路47号	宝应
仪征中北国际旅行社	仪征市真州镇工农北路419号	仪征
扬州铁道国际旅行社有限责任公司	扬子江北路451号	蜀冈
扬州光大研学国际旅行社有限公司	扬州市文昌西路56号(公元国际大厦)1－412	邗江
扬州天地国际旅游有限公司	扬州市汶河南路44号404室(盛世商务楼)	广陵
扬州金色阳光国际旅行社有限公司	扬州市江都区人民路20号	江都
扬州金阳光国际旅行社有限公司	扬州市邗江区新城河路160号	邗江
扬州市国泰旅游有限公司	西城上筑苑4幢626号	邗江
扬州石塔宾馆有限公司石塔旅行社	扬州市文昌中路246号	广陵
扬州扬子江国际旅行社有限公司	扬州市梅岭东路31－8号	蜀冈

12－11 扬州市 AAA 级以上景区基本情况

旅游景区名称	地 址	旅游景区等级
扬州市瘦西湖风景区	大虹桥路 28 号	AAAAA
扬州大明寺	平山堂东路八号	AAAA
扬州市个园	盐阜东路 10 号	AAAA
扬州市何园	徐凝门大街 66 号	AAAA
扬州中国雕版印刷博物馆/扬州博物馆	文昌西路 468 号	AAAA
扬州京华城休闲旅游区	京华城路 168 号	AAAA
扬州市茱萸湾景区	茱萸湾路 888 号	AAAA
扬州市东关历史文化旅游区	东关街 27 号	AAAA
扬州高邮市盂城驿景区	馆驿巷 13 号	AAAA
扬州宋夹城景区	长春路 48 号	AAAA
扬州汉陵苑	平山堂东路 98 号	AAAA
扬州马可波罗花世界	生态科技新城自在岛花海路 1 号	AAAA
运河三湾风景区	广陵区宝塔南路	AAAA
扬州市邵伯古镇景区	扬州市江都区邵伯镇	AAAA
仪征市捺山地质公园	月塘镇环山路 1 号	AAAA
高邮市抗日战争最后一役文化园	高邮市熙和巷 70 号	AAAA
扬州凤凰岛生态旅游区	广陵区泰安镇凤凰岛路 88 号	AAA
扬州史可法纪念馆	广储门外街 24 号	AAA
扬州吴道台宅第	泰州路 45 号	AAA
宝应县纵棹园	宝应县安宜东路 1 号	AAA
仪征博物馆	仪征市解放西路 201 号	AAA
扬州市高邮镇国寺	高邮京杭大运河中心岛	AAA
高邮文游台	高邮市人民路 507 号	AAA
仪征市红山体育公园	仪征市枣林湾生态园	AAA
宝应宁国寺景区	宝应县安宜南路 60 号	AAA
扬州陈园景区	甘泉镇甘泉影视基地旁	AAA
江都开元寺景区	江都区大桥镇佘坂村	AAA
江都朴园景区	江都区丁伙镇北环路 18 号	AAA
扬州市润扬森林公园	邗江区润扬南路 1 号	AAA
江都自在公园	江都区长江路 515 号	AAA
仪征孔雀山生态体育公园	陈集镇丁桥村	AAA
宝应楚甸公园	宝应县邵家村	AAA
扬子郊野公园	施桥镇临江路	AAA
宝射河休闲体育公园	宝应县白田路宝射河大桥南首	AAA
宝应湖国家湿地公园	宝应县正润路 1 号	AAA
高邮市菱塘回族乡古清真寺景区	高邮市北岗路菱塘回族乡	AAA
高邮文化体育休闲公园	高邮市 233 国道	AAA
蜀冈生态公园	润扬北路与平山堂西路交汇处	AAA
花都汇－扬州园艺体验中心	瘦西湖路 399 号	AAA
天乐湖旅游度假区	仪征市月塘镇四庄村江扬路 1 号	AAA
扬州市民歌民乐公园	江都区龙城路世纪豪园西	AAA
扬州艺术馆	润江路 477 号	AAA
扬州科技馆	广陵区文昌东路 9 号	AAA
界首老街文化景区	国庆路与 233 国道交叉口东	AAA

13

财政　金融

编辑:项月

13－1　主要年份财政收入与支出

单位:万元

年　份	财政收入	公共预算收入	财政支出
1978	20266	20266	9934
1979	19845	19845	10686
1980	20572	20572	10899
1981	21433	21433	10649
1982	23811	23811	12220
1983	25791	25791	16170
1984	27846	27846	18356
1985	35589	35589	20080
1986	39919	39919	26928
1987	43978	43978	27939
1988	55651	55651	35559
1989	61256	61256	43213
1990	66570	66570	49303
1991	65988	65988	58939
1992	81867	81867	57804
1993	129289	129289	91088
1994	161162	71576	105017
1995	187999	88693	126160
1996	204067	99718	142919
1997	229962	104600	158873
1998	255303	122882	183928
1999	274958	135651	201069
2000	339920	163357	237079
2001	407071	205101	290539
2002	556114	231613	392554
2003	729081	305517	517835
2004	938888	402425	663373
2005	1170310	495486	873131
2006	1580277	630188	1217880
2007	2136143	856900	1509396
2008	2662005	1048317	2127649
2009	3100890	1280788	2566759
2010	4008818	1677818	3333569
2011	5009588	2180818	4218869
2012	5545139	2249986	4663329
2013	4185402	2592606	5357125
2014	4684615	2951918	3677273
2015	5151816	3367462	4427805
2016	5294500	3453000	4789699
2017	5171922	3201787	5076403
2018	5421167	3400339	5635745

13－2 财政收入与支出

（2018 年）　　单位:万元

项　　目	全 市	市 区				宝 应	仪 征	高 邮
			广 陵	邗 江	江 都			
财政总收入	**5421167**	**3578704**	**564541**	**811665**	**744081**	**368513**	**891791**	**582159**
上划中央收入	**2263363**	**1428025**	**287255**	**380322**	**358017**	**161297**	**425764**	**248277**
#增值税	1320153	815960	161802	219980	232994	110523	225706	167964
消费税	161289	90498	3804	324	28547	558	65325	4908
企业所得税(60%)	580938	366485	85026	126516	74025	39387	112577	62489
个人所得税(60%)	200983	154882	36623	33502	22451	10829	22156	13116
一般公共预算收入	**3400339**	**2247248**	**351204**	**600171**	**528875**	**275918**	**509152**	**368021**
#税收收入	2721078	1742138	321199	489143	413009	220573	440352	318015
#增值税	1319175	815445	161843	219838	232760	110451	225305	167974
营业税	975	512	－41	141	234	72	401	－10
企业所得税(40%)	387294	244326	56684	84344	49350	26258	75050	41660
个人所得税(40%)	133988	103255	24415	22335	14967	7219	14771	8743
一般公共预算支出	**5635745**	**3515889**	**300363**	**673879**	**1121903**	**717623**	**660347**	**741886**
#一般公共服务	656443	441343	50329	118418	74200	63787	80506	70807
科学技术	153129	84169	7179	12145	34491	22754	14680	31526
教育	923339	541398	54240	114380	175473	137583	103781	140577
文化体育与传媒	97968	76626	1485	3763	5521	4668	6609	10065
医疗卫生	393649	213673	20824	41360	66058	61104	48970	69902
节能环保	209042	153218	4262	62157	33715	18331	18575	18918
城乡社区事务	788868	567722	46705	129219	255022	74159	78698	68289
交通运输	248717	183353	1890	8362	91682	22767	18500	24097
社会保障和就业	674214	371915	42063	53116	163637	113661	81048	107590
住房保障	178421	144887	13519	3163	49208	19173	4778	9583
农林水事务	498517	244365	23427	41554	76554	83609	85760	84783

13－3　主要年份金融机构存贷款

年　份	本外币各项存款余额（亿元）	本外币各项贷款余额（亿元）	人民币各项存款余额（亿元）	人民币各项贷款余额（亿元）	外汇各项存款余额（亿美元）	外汇各项贷款余额（亿美元）
1996	—	—	234.85	206.14	1.24	2.83
1997	—	—	291.07	236.87	1.41	2.66
1998	—	—	341.60	259.51	1.51	2.13
1999	—	—	394.49	278.76	1.97	1.87
2000	—	—	444.47	276.05	2.52	1.36
2001	—	—	505.77	297.93	2.70	1.38
2002	—	—	592.79	356.23	3.31	1.45
2003	747.34	452.04	720.97	433.86	3.19	2.20
2004	865.46	486.00	839.70	470.68	3.11	1.85
2005	977.39	530.18	952.70	513.33	3.06	2.09
2006	1112.52	609.42	1085.28	597.24	3.49	1.56
2007	1276.27	765.88	1253.85	750.77	3.07	2.07
2008	1583.03	902.26	1551.91	889.40	4.55	1.88
2009	2101.21	1236.17	2067.13	1212.75	4.99	3.43
2010	2471.96	1514.88	2430.55	1486.06	6.25	4.35
2011	2860.65	1751.50	2818.31	1718.03	6.72	5.31
2012	3365.22	2042.98	3310.84	2006.50	8.65	5.80
2013	3888.39	2375.62	3836.87	2341.85	8.45	5.46
2014	4323.54	2766.18	4269.75	2732.42	8.79	5.52
2015	4793.82	3118.17	4719.40	3095.77	11.46	3.45
2016	5448.23	3526.36	5361.55	3508.13	12.49	2.63
2017	5811.97	4028.99	5700.87	4007.76	17.00	3.25
2018	6080.73	4643.49	5997.55	4630.51	12.12	1.89

13－4　主要年份城乡居民住户存款

单位:万元

年　份	全　市	市　区	#江　都	宝　应	仪　征	高　邮
1978	5683	3822	1266	756	381	724
1979	8463	5257	1773	1279	581	1346
1980	12225	8018	2933	1597	985	1625
1981	15825	10159	3775	2101	1335	2230
1982	22733	14059	5427	3313	2004	3357
1983	30792	18910	7778	4398	2723	4761
1984	44760	28212	12589	6177	3946	6425
1985	58219	36436	15402	7709	5464	8610
1986	79728	49541	21148	10743	8148	11296
1987	111156	69309	29544	14631	11979	15237
1988	128886	80492	33513	16618	14929	16847
1989	190728	121220	50451	23946	21477	24085
1990	278722	178865	77025	33232	31714	34911
1991	372131	242727	104844	42930	42914	43560
1992	473124	314297	134213	52854	52431	53542
1993	610212	400696	188578	70464	74012	65040
1994	824448	542330	245651	96975	92160	92983
1995	1120957	729561	339773	133228	126901	131267
1996	1563311	1025748	457249	163395	187054	187114
1997	1840674	1227758	547822	186671	211021	215224
1998	2172694	1474612	660747	210575	239872	247635
1999	2470022	1672659	742581	247711	263830	285822
2000	2760458	1860089	808945	295203	284121	321045
2001	3145837	2124931	907901	343683	314344	362879
2002	3780858	2513456	1036607	400155	434916	432331
2003	4491267	2978007	1194163	473871	523535	515854
2004	5227957	3459956	1391055	558581	604747	604673
2005	6046486	3999036	1589804	651018	678679	717753
2006	6755500	4471503	1769047	716012	747887	820098
2007	7114663	4702255	1852424	755371	763744	893293
2008	8991000	5982900	2337200	923500	964400	1120200
2009	10953113	7340739	2780899	1107390	1173990	1330995
2010	12523929	8381899	3135618	1262557	1363619	1515854
2011	14278665	9512654	3503207	1431274	1612511	1722226
2012	16975080	11279876	4140083	1718810	1942330	2034064
2013	19310195	12766330	4672524	1970199	2232298	2341370
2014	21170920	13713008	5145041	2285140	2481310	2691462
2015	23766844	15310188	5794787	2626023	2732089	3098544
2016	25609777	16329203	6196989	2867105	2957311	3456159
2017	26646363	16824140	6337225	3044731	3061639	3715853
2018	28606486	18008475	6782096	3285168	3314576	3998268

注:2015年人民银行调整金融报表项目及归属,取消储蓄存款,本表2015年往后数据为住户存款。

13－5 分地区金融机构人民币存贷款情况

（2018 年）

单位：亿元

项　　目	全　市	市　区	#江　都	宝　应	仪　征	高　邮
一、各项存款	**5997.55**	**4142.92**	**1059.83**	**561.85**	**655.11**	**637.67**
（一）境内存款	5992.85	4138.72	1059.58	561.76	654.79	637.58
1. 住户存款	2860.65	1800.85	678.21	328.52	331.46	399.83
（1）活期存款	797.70	511.23	156.98	93.09	78.38	114.99
（2）定期及其他存款	2062.95	1289.61	521.23	235.42	253.08	284.83
2. 非金融企业存款	1894.02	1472.46	225.10	122.83	177.93	120.81
（1）活期存款	808.94	586.38	94.90	57.63	91.78	73.16
（2）定期及其他存款	1085.08	886.08	130.20	65.20	86.15	47.65
3. 广义政府存款	1187.04	816.11	156.11	110.41	145.06	115.45
（1）财政性存款	39.27	23.40	8.06	4.25	4.68	6.94
（2）机关团体存款	1147.77	792.72	148.05	106.17	140.38	108.51
4. 非银行业金融机构存款	51.14	49.30	0.16		0.34	1.49
（二）境外存款	4.70	4.20	0.26	0.09	0.32	0.09
二、各项贷款	**4630.51**	**3370.46**	**672.55**	**378.10**	**452.44**	**429.51**
（一）境内贷款	4630.09	3370.05	672.54	378.10	452.43	429.51
1. 住户贷款	1716.02	1224.45	239.62	172.72	167.96	150.89
（1）短期贷款	385.20	232.43	73.36	43.92	71.05	37.79
消费贷款	115.75	78.53	14.61	12.00	15.82	9.40
经营贷款	269.44	153.91	58.75	31.92	55.23	28.38
（2）中长期贷款	1330.82	992.02	166.26	128.79	96.91	113.10
消费贷款	1240.42	928.06	152.85	122.89	83.60	105.86
经营贷款	90.40	63.96	13.41	5.90	13.31	7.24
2. 非金融企业及机关团体贷款	2914.08	2145.60	432.92	205.38	284.47	278.62
（1）短期贷款	1197.63	851.53	198.84	108.66	104.02	133.42
（2）中长期贷款	1448.60	1075.99	186.36	82.92	166.38	123.30
（3）票据融资	266.77	217.04	47.73	13.80	14.07	21.87
（4）融资租赁						
（5）各项垫款	1.07	1.04				0.03
3. 非银行业金融机构贷款						
（二）境外贷款	0.41	0.40				0.01

13－6　金融机构存贷款年末余额

（2018 年）

	本外币（亿元）	人民币（亿元）	外　汇（亿美元）
一、各项存款	**6080.73**	**5997.55**	**12.12**
（一）境内存款	6075.61	5992.85	12.06
1. 住户存款	2884.34	2860.65	3.45
（1）活期存款	809.09	797.70	1.66
（2）定期及其他存款	2075.24	2062.95	1.79
2. 非金融企业存款	1953.02	1894.02	8.60
（1）活期存款	851.08	808.94	6.14
（2）定期及其他存款	1101.95	1085.08	2.46
3. 广义政府存款	1187.09	1187.04	0.01
（1）财政性存款	39.27	39.27	
（2）机关团体存款	1147.82	1147.77	0.01
4. 非银行业金融机构存款	51.16	51.14	0.00
（二）境外存款	5.12	4.70	0.06
二、各项贷款	**4643.49**	**4630.51**	**1.89**
（一）境内贷款	4643.08	4630.09	1.89
1. 住户贷款	1716.11	1716.02	0.01
（1）短期贷款	385.28	385.20	0.01
消费贷款	115.84	115.75	0.01
经营贷款	269.44	269.44	
（2）中长期贷款	1330.82	1330.82	0.00
消费贷款	1240.42	1240.42	0.00
经营贷款	90.40	90.40	
2. 非金融企业及机关团体贷款	2926.97	2914.08	1.88
（1）短期贷款	1207.42	1197.63	1.43
（2）中长期贷款	1451.70	1448.60	0.45
（3）票据融资	266.77	266.77	
（4）融资租赁			
（5）各项垫款	1.07	1.07	
3. 非银行业金融机构贷款			
（二）境外贷款	0.41	0.41	

13－7　证券业务情况(2018年)

单位:万户、亿元

项　　目	全　市	市　区	#江　都	宝　应	仪　征	高　邮
开设资金帐户	67.79	56.37	7.79	4.25	4.34	2.83
保证金余额	21.39	16.35	2.26	0.80	1.42	0.57
当年证券交易额	9950.41	7510.68	776.26	806.35	561.34	295.79
#股票	6714.03	4755.18	621.62	713.82	404.51	218.92
基金	546.86	489.22	22.50	8.50	8.09	18.55

13－8　历年保险业务情况

单位:亿元

项　　目	2011年	2012年	2013年	2014年	2015年	2016年	2017年	2018年
财产险								
保费收入	17.61	20.46	23.90	27.47	31.55	33.43	35.02	37.20
赔款和给付	7.50	12.44	13.28	14.34	15.84	20.43	21.08	22.58
人寿险								
保费收入	55.37	53.74	63.98	69.20	15.84	114.94	123.12	138.55
赔款和给付	1.67	1.90	2.51	2.76	2.90	2.88	3.54	4.01

14

能源　电力

编辑:高鹏

14－1　全社会用电分月情况

（2018 年）　　　　单位:万千瓦时

月　份	用电量	其　中			
		第一产业	第二产业	第三产业	居民用电
合　计	**2489850**	**28367**	**1687379**	**367091**	**407013**
第一季度	**588657**	**3384**	**373126**	**93705**	**118442**
1 月	230559	1215	164245	35393	29706
2 月	166158	1004	95009	28164	41981
3 月	191940	1165	113872	30148	46755
第二季度	**574547**	**6045**	**415073**	**70999**	**82430**
4 月	183449	1763	124889	21324	35473
5 月	189952	2264	141145	21897	24646
6 月	201146	2018	149039	27778	22311
第三季度	**715372**	**12100**	**466400**	**116623**	**120249**
7 月	254696	3008	185173	40636	25879
8 月	258444	4591	171909	40689	41255
9 月	202232	4501	109318	35298	53115
第四季度	**611274**	**6838**	**432780**	**85764**	**85892**
10 月	184723	3407	119042	23412	38862
11 月	196298	1902	145553	25395	23448
12 月	230253	1529	168185	36957	23582

14－2 分地区全社会用电情况

（2018 年）

单位：万千瓦时

项　　目	全　市	市　区	#江　都	宝　应	仪　征	高　邮
全社会用电合计	**2489850**	**1363761**	**428495**	**232061**	**457417**	**407422**
一、全行业用电合计	2082837	1114215	348432	177685	411091	350657
第一产业	28367	5483	3963	3526	1859	17499
第二产业	1687379	846360	288708	139061	378417	294352
第三产业	367091	262372	55761	35098	30815	38806
二、城乡居民生活用电	407013	249546	80063	54376	46326	56765
城镇居民	235271	163998	33465	26840	22805	21628
乡村居民	171742	85548	46598	27536	23521	35137
全行业用电分类	**2082837**	**1114215**	**348432**	**177685**	**411091**	**350657**
一、农、林、牧、渔业	47583	14586	10140	7783	3703	21511
二、工业	1656353	824128	283971	136267	375652	291117
三、建筑业	31296	22477	4808	2806	2767	3246
四、交通运输、仓储和邮政业	16692	11552	5284	1040	2409	1691
五、信息传输、计算机服务和软件业	25644	16979	3844	2809	2448	3408
六、商业、住宿和餐饮业	115436	78677	22006	11549	11676	13534
七、金融、房地产、商务及居民服务业	70321	58986	4712	4206	3724	3405
八、公共事业及管理组织	119512	86830	13667	11225	8712	12745

14－3 规模以上工业企业分地区主要能源消费量

（2018 年）

地　区	原　煤（吨）	焦　炭（吨）	天然气（万立方米）	原　油（吨）	汽　油（吨）	柴　油（吨）	燃料油（吨）	电　力（万千瓦时）	能源合计（吨标准煤）
全　市	**9184761**	**1708225**	**162418**	**700327**	**19663**	**46852**	**5315**	**1728054**	**16238047**
市　区	7416253	762750	64152	493952	18246	37142	932	888940	9917138
开发区	5576715		2807	52949	1622	13230		294994	4642252
广陵	416156	759469	1051		3952	7235	337	220293	2169570
邗江	1189415		49001		3075	5295		144592	1730396
江都	233967	3281	11293	441003	9598	11381	595	229061	1374921
宝　应	960		2450		135	1025	3045	121423	322232
仪　征	1476179	226	92421	206375	495	2747	899	417266	3951568
高　邮	291369	945248	3395		787	5939	439	300426	2047109

14－4　规模以上工业企业主要能源分行业消费量

（2018 年）

项　　目	原　煤（吨）	焦　炭（吨）	天然气（气态）（万立方米）	原　油（吨）	汽　油（吨）
总　　计	**9184761**	**1708225**	**162418**	**700327**	**19663**
煤炭开采和洗选业					
石油和天然气开采业	48206		2720	52949	1061
黑色金属矿采选业	95138		438		
农副食品加工业	278		235		312
食品制造业			87		224
酒、饮料和精制茶制造业					
纺织业	3038		619		299
纺织服装、服饰业	5572		441		983
皮革、毛皮、羽毛及其制品和制鞋业	3012		124		774
木材加工和木、竹、藤、棕、草制品业	4385				23
家具制造业	3100				25
造纸及纸制品业	269720				114
印刷和记录媒介复制业	65				199
文教、工美、体育和娱乐用品制造业	798		132		745
石油加工、炼焦和核燃料加工业	240		5	441003	37
化学原料及化学制品制造业	951993		4162	206375	3098
医药制造业	9952		90		238
化学纤维制造业	799825		16069		184
橡胶和塑料制品业	629		439		316
非金属矿物制品业	292	120	1116		290
黑色金属冶炼及压延加工业	463903	1696456	5269		242
有色金属冶炼及压延加工业	30643	7999	1037		677
金属制品业	3746	2398	1037		1147
通用设备制造业	1356	379	433		1868
专用设备制造业	628		889		1513
汽车制造业	23		3704		1134
铁路、船舶、航空航天和其他运输设备制造业	1253	220	920		310
电气机械及器材制造业	1770	653	1644		1839
计算机、通信和其他电子设备制造业	2755		1160		417
仪器仪表制造业	43		107		1002
其他制造业	947				425
废弃资源综合利用业	159		22		1
金属制品、机械和设备修理业					
电力、热力的生产和供应业	6481292		119515		
燃气生产和供应业			3		148
水的生产和供应业					14

14－4　续表　　　　　　　　　　　　　　（2018 年）

项　　目	柴　油（吨）	燃料油（吨）	其他石油制　品（吨）	热　　力（百万千焦）	电　　力（万千瓦时）	能源合计（吨标准煤）
总　　计	**46852**	**5315**	**178706**	**22570112**	**1728054**	**16238047**
煤炭开采和洗选业						
石油和天然气开采业	9741			145930	34428	211685
黑色金属矿采选业					19853	98185
农副食品加工业	439			55382	9063	19940
食品制造业	69			156101	5750	14936
酒、饮料和精制茶制造业	17			431352	5891	22023
纺织业	133				60097	87737
纺织服装、服饰业	242				14730	31225
皮革、毛皮、羽毛及其制品和制鞋业	77			42671	15177	27701
木材加工和木、竹、藤、棕、草制品业	336			185731	9932	29105
家具制造业					1318	6270
造纸及纸制品业	601			3680569	57282	439140
印刷和记录媒介复制业	173				2815	4072
文教、工美、体育和娱乐用品制造业	1106	3045			19327	34347
石油加工、炼焦和核燃料加工业	65	860	40483		6532	709198
化学原料及化学制品制造业	2506		138199	12185493	303405	2146297
医药制造业	83			511974	11411	41653
化学纤维制造业	285	899		4197480	120883	1089242
橡胶和塑料制品业	3603		11	328371	37255	74170
非金属矿物制品业	9017				67677	114551
黑色金属冶炼及压延加工业	4806				207877	3502752
有色金属冶炼及压延加工业	69	174			88902	154001
金属制品业	1280			55631	46874	82127
通用设备制造业	1339			8852	33729	53737
专用设备制造业	1594				22636	45006
汽车制造业	2659			414712	93190	182804
铁路、船舶、航空航天和其他运输设备制造业	3033	337		2657	41916	75359
电气机械及器材制造业	1779		13	65441	139508	205402
计算机、通信和其他电子设备制造业	150			35466	75065	114086
仪器仪表制造业	827				37507	51143
其他制造业	3				13573	18877
废弃资源综合利用业	47				1136	1876
金属制品、机械和设备修理业						
电力、热力的生产和供应业	770			66298	103259	6524468
燃气生产和供应业					7140	9031
水的生产和供应业	3				12918	15902

14－5 规模以上工业企业能源消费及库存量

（2018 年）

名　　称	计量单位	消 费 量			期末库存
		合　　计	工业生产消费	非工业生产消费	
能源合计	**吨标准煤**	**16238047**	**16177465**	**60582**	**533561**
原煤	吨	9184761	9179996	4765	559968
其他洗煤	吨	667	667		
焦炭	吨	1708225	1708225		91844
高炉煤气	万立方米	568600	568600		
转炉煤气	万立方米	43502	43502		
天然气	万立方米	162418	160913	1504	
液化天然气	吨	105696	103980	1716	119
原油	吨	700327	700327		15306
汽油	吨	19663	14421	5242	348
煤油	吨	270	269	1	11
柴油	吨	46852	39827	7025	2706
燃料油	吨	5315	5315		53
液化石油气	吨	2264	2008	256	
炼厂干气	吨	17938	17938		
润滑油	吨	213	122	91	2
石蜡	吨	35	35		
石油焦	吨	417	417		99
其他石油制品	吨	178706	178706		4158
热力	百万千焦	22570112	22419552	150560	
电力	万千瓦时	1728054	1719013	9041	
城市生活垃圾用于燃料	吨	619157	619157		
生物质废料用于燃料	吨标准煤	214608	214608		6095
余热余压	百万千焦	12260923	12260923		

14－6　规模以上工业企业分行业用水情况

（2018 年）　　　　单位:万立方米

名　　称	合　计	其中			重　复 用水量
		地表淡水	地下淡水	自来水	
总　　计	**70091**	**62331**	**1011**	**6745**	**186832**
煤炭开采和洗选业					
石油和天然气开采业	1360	787	494	79	625
黑色金属矿采选业	11			11	
农副食品加工业	195	4	116	75	3
食品制造业	119			119	14
酒、饮料和精制茶制造业	256		60	195	107
纺织业	216	2	4	210	2
纺织服装、服饰业	192	4	9	178	3
皮革、毛皮、羽毛及其制品和制鞋业	116	1	2	113	1
木材加工和木、竹、藤、棕、草制品业	58	1	46	11	40
家具制造业	14			14	
造纸及纸制品业	866	822	3	40	606
印刷和记录媒介复制业	20			20	
文教、工美、体育和娱乐用品制造业	84	1	2	81	
石油加工、炼焦和核燃料加工业	82	82			3921
化学原料及化学制品制造业	5684	4271	31	1380	72895
医药制造业	156		21	136	329
化学纤维制造业	4435	4335		101	72902
橡胶和塑料制品业	136	1	3	132	1879
非金属矿物制品业	250	72	35	143	24
黑色金属冶炼及压延加工业	853	669	4	180	516
有色金属冶炼及压延加工业	221	2		218	2
金属制品业	190	8	2	180	
通用设备制造业	152	4	2	146	1
专用设备制造业	228	1		227	2
汽车制造业	528	2	1	525	988
铁路、船舶、航空航天和其他运输设备制造业	266	10	5	250	
电气机械及器材制造业	960	6	40	914	8
计算机、通信和其他电子设备制造业	954		129	824	124
仪器仪表制造业	135			134	283
其他制造业	49			48	5
废弃资源综合利用业	11			11	4
电力、热力的生产和供应业	7983	7970		13	31549
燃气生产和供应业	20			20	
水的生产和供应业	43293	43276		17	

14－7　全市规模以上工业企业综合能耗前50名排序

（2018年）

单位名称	地区	位次
扬州市秦邮特种金属材料有限公司	高邮市	1
江苏国信扬州发电有限责任公司	开发区	2
扬州第二发电有限责任公司	开发区	3
扬州恒润海洋重工有限公司	广陵区	4
江苏华电扬州发电有限公司	邗江区	5
中国石化仪征化纤有限责任公司	仪征市	6
江苏华电仪征热电有限公司	化工园	7
江苏瑞祥化工有限公司	化工园	8
永丰余造纸（扬州）有限公司	开发区	9
江苏扬农化工集团有限公司	广陵区	10
中国石化集团江苏石油勘探局	开发区	11
实友化工（扬州）有限公司	化工园	12
扬州港口污泥发电有限公司	开发区	13
江苏优士化学有限公司	化工园	14
扬州泰达环保有限公司	邗江区	15
扬州泰富特种材料有限公司	江都区	16
江苏国信仪征热电有限责任公司	仪征市	17
江苏康博新材料科技有限公司	高邮市	18
大连化工（江苏）有限公司	化工园	19
江苏扬钢特钢有限公司	高邮市	20
扬州石化有限责任公司	江都区	21
宝应协鑫生物质发电有限公司	宝应县	22
远东联石化（扬州）有限公司	化工园	23
扬州诚德钢管有限公司	江都区	24
江苏奥克化学有限公司	化工园	25

14－7　续表　(2018年)

单位名称	地区	位次
扬州龙川钢管有限公司	江都区	26
扬州一川镍业有限公司	广陵区	27
江苏长青农化股份有限公司	江都区	28
上海大众汽车有限公司仪征公司	仪征市	29
江苏华伦化工有限公司	江都区	30
扬州华航特钢有限公司	江都区	31
晶澳(扬州)太阳能科技有限公司	开发区	32
永丰余生活用纸(扬州)有限公司	开发区	33
明岐铝轮毂仪征有限公司	仪征市	34
扬州海螺水泥有限责任公司	江都区	35
中海工业(江苏)有限公司	江都区	36
江苏太极实业新材料有限公司	广陵区	37
仪化东丽聚酯薄膜有限公司	仪征市	38
通达气体工业(扬州)有限公司	化工园	39
扬州天富龙科技纤维有限公司	仪征市	40
宝胜科技创新股份有限公司	宝应县	41
扬州市华伦溶剂有限公司	江都区	42
扬州联博药业有限公司	邗江区	43
江苏兴邦资源利用有限公司	化工园	44
扬州五亭桥缸套有限公司	邗江区	45
江苏扬农锦湖化工有限公司	化工园	46
扬州荣德新能源科技有限公司	开发区	47
飞利浦照明工业(中国)有限公司	仪征市	48
宝生时代包装材料江苏有限公司	宝应县	49
普莱克斯(扬州)工业气体有限公司	化工园	50

14－8 全市规模以上工业企业原煤消费前50名排序

（2018年）

单位名称	地区	位次
江苏国信扬州发电有限责任公司	开发区	1
扬州第二发电有限责任公司	开发区	2
江苏华电扬州发电有限公司	邗江区	3
中国石化仪征化纤有限责任公司	仪征市	4
江苏瑞祥化工有限公司	化工园	5
扬州港口污泥发电有限公司	开发区	6
永丰余造纸（扬州）有限公司	开发区	7
扬州市秦邮特种金属材料有限公司	高邮市	8
江苏扬农化工集团有限公司	广陵区	9
扬州恒润海洋重工有限公司	广陵区	10
扬州泰富特种材料有限公司	江都区	11
实友化工（扬州）有限公司	化工园	12
大连化工（江苏）有限公司	化工园	13
中国石化集团江苏石油勘探局	开发区	14
江苏长青农化股份有限公司	江都区	15
江苏华伦化工有限公司	江都区	16
江苏国信仪征热电有限责任公司	仪征市	17
扬州一川镍业有限公司	广陵区	18
扬州市华伦溶剂有限公司	江都区	19
扬州龙川钢管有限公司	江都区	20
扬州华兴化工有限公司	江都区	21
江苏康博新材料科技有限公司	高邮市	22
扬州江汉针纺有限公司	江都区	23
江苏爱德福乳胶制品有限公司	江都区	24
扬州市刘氏化工有限公司	高邮市	25

14－8　续表　（2018 年）

单　位　名　称	地　区	位　次
扬州市德运塑业科技股份有限公司	高邮市	26
扬州金世缘床上用品有限公司	江都区	27
江苏快乐木业集团有限公司	江都区	28
扬州宏远电子有限公司	高邮市	29
扬州市江都区三元机械厂	江都区	30
江苏江源木业有限公司	江都区	31
江苏新光华机械有限公司	江都区	32
扬州日兴生物科技股份有限公司	高邮市	33
高邮市包装制品有限公司	高邮市	34
宝应县鑫龙铸造有限公司	宝应县	35
高邮市日月钢业有限公司	高邮市	36
扬州宏远科技有限公司	高邮市	37
江苏精威数控机床有限公司	江都区	38
扬州贝尔化工有限公司	江都区	39
扬州市二姜化工有限公司	江都区	40
扬州杰迪生物科技有限公司	高邮市	41
江苏东兴鬃刷有限公司	江都区	42
扬州万通畜产有限公司	江都区	43
扬州超人运动器材有限公司	广陵区	44
高邮市宝盛钢业有限公司	高邮市	45
江苏西尔特橡胶股份有限公司	高邮市	46
扬州飞翎金属制品有限公司	仪征市	47
高邮市方圆机电制造有限公司	高邮市	48
扬州市金晨化工有限公司	江都区	49
江苏鼎晟液压有限公司	江都区	50

14－9　全市规模以上工业企业成品油消费前50名排序

（2018年）

单位名称	地区	位次
中国石化集团江苏石油勘探局	开发区	1
扬州市孟仕玻璃有限公司	宝应县	2
扬州市秦邮特种金属材料有限公司	高邮市	3
江苏荣能集团股份有限公司	邗江区	4
潍柴动力扬州柴油机有限责任公司	开发区	5
中国石化仪征化纤有限责任公司	仪征市	6
扬州恒润海洋重工有限公司	广陵区	7
中海工业(江苏)有限公司	江都区	8
扬州市利达化工有限公司	江都区	9
江苏新光华机械有限公司	江都区	10
扬州大洋造船有限公司	广陵区	11
扬州石化有限责任公司	江都区	12
扬州市富齐化工有限公司	江都区	13
江苏精威数控机床有限公司	江都区	14
高邮市天大建材科技有限公司	高邮市	15
扬州巨力体育用品有限公司	江都区	16
江苏宇锋建材股份有限公司	瘦西湖景区	17
江苏扬钢特钢有限公司	高邮市	18
扬州广菱电子有限公司	广陵区	19
扬州市捷达混凝土有限公司	广陵区	20
扬州沃盛车业制造有限公司	江都区	21
扬州市百仕德礼品工艺有限公司	高邮市	22
江苏金陵船舶有限责任公司	仪征市	23
扬州元益混凝土有限公司	仪征市	24
扬州天予混凝土有限公司	开发区	25

14－9　续表　　　　　　　　　　　　　　　　　（2018 年）

单位名称	地区	位次
仪征嘉园混凝土有限公司	仪征市	26
扬州市为政五金冷轧有限公司	江都区	27
扬州市方正商品混凝土有限公司	邗江区	28
江苏新曙光电力器材有限公司	江都区	29
仪征金城混凝土有限公司	仪征市	30
中铁宝桥（扬州）有限公司	广陵区	31
扬州旭阳春玻璃制品有限公司	宝应县	32
扬州市精固链传动机械制造有限公司	开发区	33
扬州万达散热器有限公司	江都区	34
扬州市盛熙新型建材有限公司	高邮市	35
扬州澄露环境工程有限公司	江都区	36
中船澄西扬州船舶有限公司	江都区	37
江苏揽月工程科技发展股份有限公司	江都区	38
江苏国信扬州发电有限责任公司	开发区	39
扬州市凯尔环卫设备有限公司	江都区	40
扬州汇丰仪表有限公司	江都区	41
扬力集团股份有限公司	邗江区	42
宝应博瑞混凝土有限公司	宝应县	43
扬州维扬豆制食品有限公司	广陵区	44
扬州宏鑫混凝土制品有限公司	广陵区	45
江苏锦鑫新能源科技有限公司	高邮市	46
江苏京都印务有限公司	江都区	47
扬州第二发电有限责任公司	开发区	48
扬州祖名豆制食品有限公司	开发区	49
永丰余造纸（扬州）有限公司	开发区	50

14－10　全市规模以上工业企业电力消费前50名排序

（2018年）

单位名称	地区	位次
中国石化仪征化纤有限责任公司	仪征市	1
扬州市秦邮特种金属材料有限公司	高邮市	2
江苏瑞祥化工有限公司	化工园	3
扬州恒润海洋重工有限公司	广陵区	4
江苏康博新材料科技有限公司	高邮市	5
永丰余造纸（扬州）有限公司	开发区	6
江苏扬农化工集团有限公司	广陵区	7
中国石化集团江苏石油勘探局	开发区	8
江苏国信扬州发电有限责任公司	开发区	9
扬州第二发电有限责任公司	开发区	10
扬州华航特钢有限公司	江都区	11
晶澳（扬州）太阳能科技有限公司	开发区	12
江苏华电扬州发电有限公司	邗江区	13
扬州泰富特种材料有限公司	江都区	14
扬州海螺水泥有限责任公司	江都区	15
实友化工（扬州）有限公司	化工园	16
通达气体工业（扬州）有限公司	化工园	17
江苏优士化学有限公司	化工园	18
远东联石化（扬州）有限公司	化工园	19
扬州五亭桥缸套有限公司	邗江区	20
上海大众汽车有限公司仪征公司	仪征市	21
中海工业（江苏）有限公司	江都区	22
扬州一川镍业有限公司	广陵区	23
江苏奥克化学有限公司	化工园	24
扬州荣德新能源科技有限公司	开发区	25

14－10　续表　（2018 年）

单位名称	地区	位次
江苏扬钢特钢有限公司	高邮市	26
宝胜科技创新股份有限公司	宝应县	27
大连化工(江苏)有限公司	化工园	28
普莱克斯(扬州)工业气体有限公司	化工园	29
江苏太极实业新材料有限公司	广陵区	30
扬州亚东水泥有限公司	开发区	31
扬力集团股份有限公司	邗江区	32
江苏长青农化股份有限公司	江都区	33
仪化东丽聚酯薄膜有限公司	仪征市	34
江苏金陵船舶有限责任公司	仪征市	35
亚普汽车部件股份有限公司	开发区	36
扬州协鑫光伏科技有限公司	开发区	37
扬州宏远电子有限公司	高邮市	38
永丰余生活用纸(扬州)有限公司	开发区	39
江苏康源纺织有限公司	宝应县	40
宝金新城江都气体有限公司	江都区	41
扬州自来水有限责任公司	开发区	42
扬州港口污泥发电有限公司	开发区	43
明岐铝轮毂仪征有限公司	仪征市	44
扬州依利安达电子有限公司	仪征市	45
中船澄西扬州船舶有限公司	江都区	46
扬州盈德气体有限公司	开发区	47
潍柴动力扬州柴油机有限责任公司	开发区	48
扬州诚德钢管有限公司	江都区	49
扬州石化有限责任公司	江都区	50

15

科学技术

编辑:石火培　钱刚　王敏

15－1　全市科技成果获奖情况

单位:项

年　份	国　家 发明奖	国家科技 进 步 奖	省科技 进步奖	市科技 进步奖
1979			14	
1980			9	
1981			18	53
1982			17	56
1983			24	58
1984			22	70
1985		3	26	90
1986		1	18	83
1987		3	23	99
1988		3	24	80
1989		1	18	82
1990		2	25	79
1991		2	29	109
1992			16	120
1993			28	124
1994		1	12	100
1995	1		27	116
1996			11	92
1997		2	7	88
1998			14	107
1999			11	104
2000			5	102
2001			17	84
2002			19	84
2003			13	89
2004		1	10	95
2005			13	82
2006			18	92
2007			13	87
2008			7	83
2009		2	7	82
2010		1	15	81
2011		6	17	82
2012			16	82
2013			16	81
2014		5	19	82
2015		1	17	81
2016		1	17	80
2017		2	17	81
2018		2	26	

15－2　全市2018年国家高新技术企业名录

单位名称	所在地区	单位名称	所在地区
江苏原木环境科技有限公司	邗江	仪征市澳星汽车配件有限公司	仪征
扬州瑞邦化工技术有限公司	邗江	江苏中钒新材料科技有限公司	仪征
扬州蓝邦数控制刷设备有限公司	邗江	谷山扬州机械有限公司	仪征
江苏阳瑞建设工程集团有限公司	邗江	江苏瑞伯特智能科技股份有限公司	仪征
扬州思普尔科技有限公司	邗江	江苏泽景汽车电子股份有限公司	仪征
扬州兴峰新材料有限公司	邗江	扬州派德粉末冶金有限公司	仪征
江苏满堂红建筑装饰工程有限公司	邗江	扬州市三诚机械制造有限公司	仪征
江苏艺凯环保科技有限公司	邗江	扬州天白光电有限公司	仪征
扬州泰利特种装备有限公司	邗江	仪征市海帆化工有限公司	仪征
扬州科源汽车部件有限公司	邗江	仪征斯瑞达塑业有限公司	仪征
扬州莱达光电技术有限公司	邗江	智坤(江苏)半导体有限公司	仪征
扬州尖塔信息科技有限公司	邗江	中核华兴达丰机械工程有限公司	仪征
扬州市诚智自动化装备有限公司	邗江	江苏怡人纺织科技股份有限公司	仪征
扬州金致星机械有限公司	邗江	南京斯贝尔复合材料仪征有限公司	仪征
扬州润发机械有限公司	邗江	扬州安特自动化科技有限公司	仪征
扬州万坤机械有限公司	邗江	扬州华诚土工材料有限公司	仪征
扬州市邗江华兴机械有限公司	邗江	扬州市其乐纤维科技有限公司	仪征
扬州市舜意机械有限公司	邗江	扬州扬工机械有限公司	仪征
扬州万事达金属制品有限公司	邗江	仪征江阳砼制品有限公司	仪征
江苏奥吉瑞斯新能源有限公司	邗江	仪征市祥生复合材料有限公司	仪征
扬州健行电子科技有限公司	邗江	江苏富纳电子科技有限公司	仪征
扬州瑞控汽车电子有限公司	邗江	江苏优晶能源科技有限公司	仪征
扬州永锋工业设备安装有限公司	邗江	扬州中孚机械有限公司	仪征
扬州市同创再生资源有限公司	邗江	江苏卫航汽车通信科技有限责任公司	仪征
扬州牧丰环保机械有限公司	邗江	扬州万润光电科技有限公司	仪征
神州交通工程集团有限公司	邗江	江苏鑫都管业有限公司	宝应
江苏中科金汇生态科技有限公司	邗江	江苏凯博防爆电气有限公司	宝应
扬州联博药业有限公司	邗江	扬州市皇宙塑粉有限公司	宝应
扬州嘉华电气股份有限公司	邗江	江苏果米文化发展有限公司	宝应
江苏奥都智能科技有限公司	邗江	冠立科技扬州有限公司	宝应
扬州玉泰软件开发有限公司	邗江	江苏子田机械有限公司	宝应
扬州锐得自动化设备有限公司	邗江	江苏玉河教玩具有限公司	宝应
江苏歪梨信息科技有限公司	邗江	江苏米奇妙教玩具集团有限公司	宝应
扬州华峰防雷新科技有限公司	邗江	江苏海创电气科技有限公司	宝应
扬州嘉明环保科技有限公司	邗江	扬州续笙新能源科技有限公司	宝应

15－2　续表1

单位名称	所在地区	单位名称	所在地区
扬州扬子金属减震配件有限公司	邗江	扬州欣泰电热元件制造有限公司	宝应
江苏健通新能源科技有限公司	邗江	江苏五洲管业有限公司	宝应
江苏华力索菲新材料有限公司	邗江	扬州市兴盛印染制造有限公司	宝应
江苏丰尚智能科技有限公司	邗江	扬州凯翔精铸科技有限公司	宝应
扬州鼎隆机械有限公司	邗江	扬州宇新管业有限公司	宝应
扬州茂源环保科技有限公司	邗江	江苏新浪泵业科技有限公司	宝应
江苏银河电气有限公司	邗江	江苏海峰绳缆科技有限公司	宝应
江苏松晨信息科技有限公司	邗江	江苏威能电气有限公司	宝应
江苏安宇环保科技有限公司	邗江	宝应县科达电缆料有限公司	宝应
江苏孚安科技能源有限公司	邗江	扬州汇翔精密冲件有限公司	宝应
扬州宝昌包装材料科技有限公司	邗江	扬州俊飞铜业科技有限公司	宝应
江苏庆峰国际环保工程有限公司	邗江	宝应县光华陶瓷有限公司	宝应
江苏江扬线缆有限公司	邗江	扬州希塔尔电气设备有限公司	宝应
扬州好爱玩具礼品有限公司	邗江	宝利泰橡胶科技扬州有限公司	宝应
扬州富铭新材料有限公司	邗江	扬州神龙绳业有限公司	宝应
扬州久久塑业有限公司	邗江	扬州蒙泰电气有限公司	宝应
扬州市扬修电力设备有限公司	邗江	华宝科技有限公司	宝应
江苏龙脉新能源汽车配件有限公司	邗江	扬州市新天河绳业有限公司	宝应
扬州中旋机械科技有限公司	邗江	扬州市优珂电气有限公司	宝应
扬州力源线缆有限公司	邗江	扬州尼尔液压科技有限公司	宝应
江苏龙迈环保设备有限公司	邗江	江苏安胜电缆有限公司	宝应
扬州瑞能电器设备有限公司	邗江	扬州兴轮绳缆有限公司	宝应
扬州杰嘉工业固废处置有限公司	化工	扬州合瑞精密制造有限公司	广陵
江苏华旭环保股份有限公司	化工	扬州华科智能科技有限公司	广陵
扬州建元生物科技有限公司	化工	扬州鹏为软件有限公司	广陵
仪征市长恒电器有限公司	化工	扬州三丰新能源科技有限公司	广陵
扬州恒基达鑫国际化工仓储有限公司	化工	扬州市聚名网络科技有限公司	广陵
扬州凯普电子有限公司	高邮	海普康(扬州)自动化技术有限公司	广陵
江苏弘德科技发展有限公司	高邮	江苏恒盛光学器材有限公司	广陵
江苏康博新材料科技有限公司	高邮	扬州峰威新能源科技有限公司	广陵
江苏新逵凯科技发展有限公司	高邮	扬州英诺精密机械科技有限公司	广陵
江苏宏飞光电集团有限公司	高邮	江苏超诚智能科技有限公司	广陵
江苏赛鸥电气集团有限公司	高邮	江苏广宇网络器材有限公司	广陵
江苏兴达新材料有限公司	高邮	扬州豪扬新型建筑材料有限公司	广陵
扬州市通明电器集团有限公司	高邮	扬州市凯耀机械有限公司	广陵

15－2　续表2

单位名称	所在地区	单位名称	所在地区
高邮市精标齿轮制造有限公司	高邮	江苏天帝线缆有限公司	广陵
扬州兴福果机电科技有限公司	高邮	扬州天星门窗幕墙有限公司	广陵
扬州兴益机械有限公司	高邮	扬州千代科技有限公司	广陵
江苏金光芒灯饰工程集团有限公司	高邮	扬州迅达线缆有限公司	广陵
江苏康正生物科技有限公司	高邮	江苏帝华线缆有限公司	广陵
江苏绿塔环境工程有限公司	高邮	扬州圣林弹簧五金有限公司	广陵
江苏浦莱特实业有限公司	高邮	扬州正德超硬刀具有限公司	广陵
江苏日月星辰光电科技有限公司	高邮	江苏飞浩信息科技有限公司	广陵
江苏瑞澜光电科技有限公司	高邮	扬州动源车用泵业有限公司	广陵
江苏省科华光电科技有限公司	高邮	扬州市江洲医疗器械有限公司	广陵
江苏省瑞翔灯业制造有限公司	高邮	江苏东贝通信科技有限公司	广陵
江苏月华照明科技有限公司	高邮	江苏古河光电科技有限公司	广陵
高邮市恒立液压成套设备有限公司	高邮	江苏罗克韦尔自动化设备有限公司	广陵
扬州伯瑞格机械有限公司	高邮	江苏通达医疗器械有限公司	广陵
扬州市海德灯业有限公司	高邮	扬州时代电子有限公司	广陵
扬州市李伟照明电器有限公司	高邮	江苏东腾线缆科技有限公司	广陵
扬州市顺腾不锈钢照明器材有限公司	高邮	扬州恒通通讯光缆有限公司	广陵
扬州市万佳照明电器有限公司	高邮	扬州健步鞋业有限公司	广陵
扬州市星科光电照明科技有限公司	高邮	扬州华大锅炉有限公司	广陵
扬州市扬扬照明器材有限公司	高邮	扬州天朗水务设备有限公司	江都
扬州灯魁照明器材有限公司	高邮	扬州市江戎机械制造有限公司	江都
高邮市精正机械制造有限公司	高邮	江苏兴业铝材有限公司	江都
扬州市中标照明器材有限公司	高邮	扬州鑫昊重型机械有限公司	江都
扬州燎原电气工程有限公司	高邮	金晨粉末涂料（江苏）有限公司	江都
扬州市法马智能设备有限公司	高邮	扬州龙锦涂装环保设备有限公司	江都
丰祺电气集团有限公司	高邮	扬州向阳花智能设备有限公司	江都
江苏晨曦照明集团有限公司	高邮	扬州亚联机械科技有限公司	江都
扬州市强胜电气有限公司	高邮	江苏天普星环境科技有限公司	江都
扬州市邮星消防器材有限公司	高邮	别克派利尔电梯（扬州）有限公司	江都
高邮市灯具厂	高邮	扬州市恒邦机械制造有限公司	江都
高邮亚普塑业有限公司	高邮	扬州市顺达科技有限公司	江都
江苏福瑞德光电有限公司	高邮	扬州辰鑫新材料科技有限公司	江都
江苏扬州富达液压机械集团有限公司	高邮	亚威徕斯机器人制造（江苏）有限公司	江都
江苏中祥光电有限公司	高邮	江苏中欣联科动力有限公司	江都
江苏宏程重工有限公司	高邮	江苏永春环境工程有限公司	江都

15－2　续表3

单位名称	所在地区	单位名称	所在地区
江苏飞腾光电科技有限公司	高邮	江苏正点数控科技有限公司	江都
扬州宏睿新能源产品科技发展有限公司	高邮	江苏沃荷乳胶科技有限公司	江都
扬州市志高建筑防水材料有限公司	高邮	扬州市江都区有达工程机械有限公司	江都
扬州市昕业照明电器有限公司	高邮	江苏金都电力科技有限公司	江都
江苏方大光电科技有限公司	高邮	扬州阔图制冷设备有限公司	江都
扬州市月丰照明器材有限公司	高邮	江苏英美迪自动化科技有限公司	江都
江苏天马光电科技有限公司	高邮	江苏金运农业科技发展有限公司	江都
江苏永泰照明有限公司	高邮	中设精工制造江苏有限公司	江都
扬州市博瑞光电照明有限公司	高邮	江苏金阳光新能源科技有限公司	江都
高邮市怡和车辆附件有限公司	高邮	扬州威德曼自动化科技有限公司	江都
江苏顺天灯业钢杆制造有限公司	高邮	江苏润源水务设备有限公司	江都
扬州市威鹏自动化科技有限公司	高邮	扬州江淮轻型汽车有限公司	江都
扬州万达环保科技有限公司	高邮	扬州市武坚体育用品有限公司	江都
江苏艺迪交通工程有限公司	高邮	江苏鲲鹏电力设备有限公司	江都
高邮市大江泵业有限公司	高邮	扬州高捷电子科技有限公司	江都
高邮市翔宇机械制造有限公司	高邮	扬州振中锌业有限公司	江都
高邮市明源照明科技有限公司	高邮	江苏众凯环保科技有限公司	江都
江苏松山照明集团有限公司	高邮	江苏乐通彩业新型建材有限公司	江都
英莱特照明工程集团有限公司	高邮	扬州杰信车用空调有限公司	江都
高邮市环邮泵业有限公司	高邮	江苏赛诺格兰医疗科技有限公司	江都
高邮市顺达动力机电有限公司	高邮	扬州正大机械制造有限公司	江都
江苏跃马建工集团有限公司	高邮	江苏威特斯锅炉制造有限公司	江都
高邮市新潮自动化机械有限公司	高邮	扬州兰都塑料科技有限公司	江都
江苏同科蓄电池股份有限公司	高邮	扬州斯普森机械制造有限公司	江都
江苏华夏灯业制造有限公司	高邮	扬州科苑化工有限公司	江都
扬州润盈机械有限公司	高邮	扬州顺祥汽车内饰材料有限公司	江都
扬州利家科技有限公司	高邮	江苏三工钢桥股份有限公司	江都
江苏恒天源照明集团有限公司	高邮	江苏新真威试验机械有限公司	江都
江苏恩泰照明科技有限公司	高邮	江苏珩图智能科技有限公司	江都
扬州市金阳光照明电气有限公司	高邮	扬州起航机械有限公司	江都
江苏弘耀照明集团有限公司	高邮	扬州凯芬机械有限公司	江都
扬州市金诺尔不锈钢有限公司	高邮	扬州市金鑫高压配套设备有限公司	江都
扬州市华太建材科技有限公司	高邮	扬州市凯瑞特医疗用品有限公司	江都
江苏凯能机械设备有限公司	高邮	扬州景如源电镀设备配件有限公司	江都
江苏巨隆光电科技有限公司	高邮	扬州华昌汽车电器有限公司	江都

15－2　续表4

单位名称	所在地区	单位名称	所在地区
扬州市永达电源有限公司	高邮	扬州市双宝电力设备有限公司	江都
扬州润达气动液压成套设备有限公司	高邮	江苏四象软件有限公司	开发区
扬州市兴龙塑料有限公司	高邮	扬州普立特科技发展有限公司	开发区
江苏烨华交通器材有限公司	高邮	扬州中润环保工程有限公司	开发区
扬州宏祥光电科技有限公司	高邮	扬州水安水工设备制造有限公司	开发区
扬州古籍线装书有限公司	生科	扬州万泰电子科技有限公司	开发区
扬州诚森塑胶有限公司	生科	江苏宏图远景科技有限公司	开发区
江苏阿科米科技有限公司	仪征	扬州天辉实验室装备环保工程有限公司	开发区
扬州富威尔复合材料有限公司	仪征	扬州众力金属制造有限公司	开发区
扬州洪维汽车零部件有限公司	仪征	扬州卡卡湾信息技术有限公司	开发区
扬州锦辉化纤有限公司	仪征	扬州远大信息科技有限公司	开发区
扬州莱斯帝汽车装备有限公司	仪征	扬州耐拓软件有限公司	开发区
扬州依利安达电子有限公司	仪征		

15－3　县级以上政府部门所属研究与开发机构

（2018年）

项　目	机构数（个）	职工总数（人）	#高中级职称	经费收入总额（万元）	#政府拨款	经费支出总额（万元）
总　计	**12**	**585**	**183**	**30518**	**9231**	**24915**
一、按隶属关系分						
部省属	2	354	123	14765	6891	15846
市属	10	231	60	15754	2340	9068
二、按国民经济行业分						
农、林、牧、渔、水利业	2	354	123	14765	6891	15846
工业						
科学研究和综合技术服务业	10	231	60	15754	2340	9068
其他						

15－4　全市专利申请受理量及授权量

单位:项

年份	受理量	发　明	实用新型	外观设计	授权量	发　明	实用新型	外观设计
1986	20	2	17	1	16	1	14	1
1987	50	5	44	1	41		40	1
1988	58	8	45	5	45		40	5
1989	79	9	68	2	43	3	38	2
1990	94	10	66	18	52	2	38	12
1991	110	17	87	6	51	4	41	6
1992	119	3	112	4	101		97	4
1993	88	11	66	11	76	1	64	11
1994	124	13	107	14	118		106	12
1995	127	13	95	19	93		75	18
1996	128	10	95	23	119	1	95	23
1997	214	17	149	48	152	2	106	44
1998	176	14	118	44	178	1	133	44
1999	377	43	185	149	287	4	182	101
2000	334	39	204	91	289	6	178	105
2001	389	24	241	124	226	14	142	70
2002	795	75	405	315	380	6	229	145
2003	1029	101	497	431	714	15	317	382
2004	1399	147	549	703	733	18	381	334
2005	2077	271	833	973	895	31	410	454
2006	2573	400	981	1192	1189	54	672	463
2007	4162	514	1288	2360	1577	81	944	552
2008	6124	907	1400	3817	2003	106	1107	790
2009	7468	1157	1949	4362	2524	167	1257	1100
2010	9980	2068	2575	5337	3790	214	2300	1276
2011	14459	3154	3658	7647	5344	284	2449	2611
2012	18996	4222	4242	10532	8091	482	3200	4409
2013	22825	5159	5268	12398	11416	406	4024	6986
2014	22709	4907	5437	12365	11843	467	3787	7589
2015	24814	5771	6253	12790	13948	754	4994	8200
2016	27043	6124	7150	13769	13253	738	4834	7681
2017	32638	8287	10419	13932	14214	996	5022	8196
2018	42792	9717	14890	18185	22804	1346	9976	11482

15－5　扬州大学科技活动人力资源投入分布情况

（2018 年）　　　　单位:人

项　　目	合　计	#教师系列小　计	教　授	副教授	讲　师	助　教
科技活动人员合计	**2128**	**1619**	**245**	**582**	**767**	**25**
一、按年龄分						
30 岁及以下	161	138		3	134	1
31－35 岁	316	268	2	54	206	6
36－40 岁	297	253	24	96	123	10
41－45 岁	320	245	38	71	132	4
46－55 岁	841	574	119	292	159	4
56－60 岁	186	134	55	66	13	
61 岁及以上	7	7	7			
二、按原学学科分						
自然科学	578	457	64	195	196	2
工程与技术	731	603	73	188	333	9
医药科学	180	140	17	47	73	3
农业科学	627	413	91	152	159	11
其　　他	12	6			6	
三、按最后学历分						
博士研究生	1014	911	169	279	463	
硕士研究生	534	467	56	212	183	16
大学本科	486	240	20	90	121	9
大学专科	69	1		1		
中专及以下	25					

15－6　扬州大学科技活动课题情况

（2018 年）

项　　目	课题数（项）	当年投入经　费（千元）	当年支出经　费（千元）	当年投入人　员（人/年）	科学家工程师	研究生人　数（人）
合　计	**1666**	**471832**	**294876**	**893**	**876**	**3731**
基础研究	424	172324	96334	269	265	1115
应用研究	252	60300	52209	139	138	631
实验发展	395	112362	77776	228	223	927
R&D 成果应用	233	43148	24412	129	125	499

15－7　扬州大学科技成果情况

（2018 年）

项　　目	计量单位	合　计	自然科学	工程与技术	医药科学	农业科学
出版科技著作	部	23		8	10	5
科技专著	部	9		5	2	2
	千字	680		548	100	32
国(境)外出版	部	2		1		1
	千字	47		35		12
高校教科书	部	12		2	8	2
	千字	1951		655	754	542
编著	部	7	1	3	1	2
	千字	1230	210	840	50	130
发表学术论文	篇	2661	971	750	311	629
#国外学术刊物发表	篇	2071	908	540	158	465

16

教育、文化和卫生

编辑:项月

16－1　主要年份在校生人数

单位:万人

年　份	高　校	普通中学	小　　学
1978	0.56	24.56	65.02
1979	0.58	22.38	63.60
1980	0.66	22.06	61.88
1981	0.63	20.29	57.54
1982	0.53	20.27	52.98
1983	0.61	20.30	49.44
1984	0.78	21.03	46.95
1985	1.05	21.46	45.02
1986	1.17	21.09	45.22
1987	1.24	20.27	43.59
1988	1.34	19.23	42.24
1989	1.33	19.04	40.24
1990	1.34	19.48	37.62
1991	1.30	19.89	34.84
1992	1.39	20.35	32.09
1993	1.61	19.86	31.09
1994	1.77	19.65	31.26
1995	1.81	19.12	32.31
1996	1.89	18.18	34.86
1997	2.12	17.02	37.42
1998	2.31	16.62	38.71
1999	2.55	17.85	38.43
2000	3.07	19.99	37.51
2001	3.41	22.43	36.08
2002	4.07	24.84	33.39
2003	4.74	26.61	30.76
2004	5.30	27.19	28.58
2005	5.91	26.41	26.57
2006	6.98	25.90	25.18
2007	7.61	25.22	24.05
2008	7.85	24.69	23.42
2009	7.60	23.61	22.93
2010	7.33	22.25	22.74
2011	7.78	20.81	22.72
2012	7.26	19.79	22.44
2013	7.64	19.02	22.06
2014	7.53	18.42	21.88
2015	7.56	17.88	21.63
2016	7.44	17.56	21.26
2017	8.28	17.50	21.05
2018	7.90	17.51	21.45

16－2　各级各类教育事业情况

（2018 年）　　　　单位:人

项　　目	学校数（所）	毕业生数	招生数	在校学生数	专任教师
普通高等学校	8	20982	25524	78957	5473
中等职业教育学校	7	8393	6406	23494	1494
普通中学学校	166	57927	58898	175123	16215
#高中	32	21381	23431	64821	6095
初中	134	36546	35467	110302	10120
职业高中	3	5403	5332	16817	648
技工学校	14	4995	9301	21888	1421
普通小学	209	35937	39692	214547	13369
特殊教育学校	7	187	153	1109	214
幼儿园	354			109546	6763

16－3　分地区中、小学情况

（2018 年）

项　　目	全　市	市　区				宝　应	仪　征	高　邮
			广　陵	邗　江	江　都			
学校总数(所)								
普通中学	166	87	10	18	37	30	21	28
#高中	32	18	2	4	6	5	4	5
小学	209	102	18	18	53	38	29	40
在校学生数(人)								
普通中学	175123	99980	5578	21437	36074	31666	19008	24469
#高中	64821	35932	1982	7865	13776	11685	7078	10126
小学	214547	130044	32853	36685	40368	33708	23604	27191
专任教师数(人)								
普通中学	16215	8758	670	1908	3550	2993	1825	2639
#高中	6095	3269	222	737	1331	1166	602	1058
小学	13369	7747	1992	2013	2656	2125	1593	1904

16－4　分地区普通高校招生录取情况

（2018 年）　　单位:人

项　目	全　市	市　区		宝　应	仪　征	高　邮
		邗　江	江　都			
考生人数	20480	11058	2282	4502	3514	2349	3559
录取合计	19408	10493	2206	4257	3362	2246	3307
本科合计	16331	8972	2000	3509	2752	1859	2748
专科合计	3077	1521	206	748	610	387	559

16－5　分地区幼儿教育情况

（2018 年）

项　目	全　市	市　区	广　陵	邗　江	江　都	宝　应	仪　征	高　邮
幼儿园数(所)	354	199	45	47	77	54	39	62
在园幼儿数(人)	109546	66290	14615	20015	20684	15471	12446	15339
幼儿园教职工数(人)	6763	3936	976	1190	1108	1111	760	956

16－6 文化事业基本情况

（2018 年）

项目	单位	全市	市区	江都	宝应	仪征	高邮
广播覆盖率	%	100	100	100	100	100	100
电视覆盖率	%	100	100	100	100	100	100
剧场、影剧院数	个	50	35	9	5	6	4
公共图书馆	个	7	4	1	1	1	1
公共图书馆图书总藏量	千册、件	4247	3287	378	205	452	303
博物馆数	个	16	10	1	2	1	3
体育场馆数	个	24	18	4	2	2	2

16－7 宗教事业基本情况

（2018 年）

项目	全市	市区	江都	宝应	仪征	高邮
宗教活动场所（处）	**233**	**96**	**49**	**54**	**34**	**49**
佛教	135	51	32	35	19	30
道教	4	1			1	2
基督教	84	40	16	18	13	13
天主教	2	1				1
伊斯兰	8	3	1	1	1	3
教职人员（名）	593	352	119	91	81	69

16－8　分地区卫生事业情况

（2018年）

项　　目	单　位	全　市	市　区				宝　应	仪　征	高　邮
				广　陵	邗　江	江　都			
医疗卫生机构数	个	1813	1065	229	421	415	337	159	252
#医院数	个	80	53	20	20	13	12	9	6
卫生院数	个	69	21	5	4	12	19	10	19
医疗卫生机构床位数	张	23355	14517	6913	2759	4845	2833	2690	3315
#医院床位数	张	17119	11339	5910	2074	3355	1663	2041	2076
卫生院床位数	张	3656	1463	203	143	1117	924	539	730
卫生技术人员数	人	29202	17820	7620	4679	5521	4091	3289	4002
#执业（助理）医师数	人	11209	6869	2901	1993	1975	1591	1244	1505
注册护士数	人	11659	7569	3588	1949	2032	1323	1315	1452

16－9　主要年份卫生事业情况

年　份	卫生机构数（个）	卫生机构床位数（张）	卫生技术人员数（人）	执业（助理）医师数	注册护士数
1978	593	6671	8833	3912	
1980	647	7497	9696	4180	
1985	731	8469	11827	5104	
1990	805	10010	13707	6309	
1991	816	10008	14149	6389	
1992	800	9548	14641	6787	
1993	793	10607	14962	6945	
1994	793	10777	15336	7001	
1995	788	10937	16204	7335	
1996	789	10482	16276	7552	
1997	938	10631	16665	7842	
1998	936	10679	16801	7967	
1999	762	10663	16179	7433	
2000	756	10506	16347	7595	
2001	743	10560	16235	7516	
2002	872	10929	15043	6447	
2003	890	10864	15247	6574	
2004	1140	10991	14788	6417	
2005	1208	11765	15269	7003	
2006	1351	13074	16509	7571	
2007	2100	13646	20589	7640	
2008	2043	13318	21489	7450	
2009	2046	14464	22409	7874	
2010	2028	14685	22826	7881	
2011	1982	15281	23272	8066	
2012	1903	15853	21087	8818	
2013	1815	19202	22464	9276	
2014	1782	19765	23338	9491	9382
2015	1780	20121	26419	9826	9938
2016	1787	20683	27213	10405	10406
2017	1756	15261	28609	10872	11336
2018	1813	23355	29202	11209	11659

17

其他社会事业

编辑:项月

17－1　社会福利事业基本情况

（2018 年）　　　　单位：个、人、张

项　　目	全　市	市　区	江　都	宝　应	仪　征	高　邮
社会福利院						
院　　数	7	4	1	1	1	1
职工人数	307	207	46	20	40	40
年末床位数	1834	1106	144	278	170	280
年末收养人员	1006	653	150	136	111	106
儿童福利院						
院　　数	4	1	0	1	1	1
职工人数	113	37	0	2	3	71
年末床位数	400	150	0	30	50	170
年末收养人员	210	51	0	0	0	159
城市养老服务机构						
院　　数	31	17	4	4	7	3
职工人数	618	438	51	47	54	79
年末床位数	6291	4473	538	327	1065	426
年末收养人员	1881	1425	140	140	178	138
农村养老服务机构						
院　　数	76	35	13	14	11	16
职工人数	807	371	248	108	166	162
年末床位数	14144	4803	3302	3748	2195	3398
年末收养人员	7019	2506	1986	937	1321	2255

17－2　城乡居民最低生活保障情况

（2018 年）　　单位：人、万元

项　　目	全　市	市　区	江　都	宝　应	仪　征	高　邮
城镇居民最低生活保障人数	4791	2604	577	880	538	769
#在职人员	86	78	20	1	0	7
老年人	1638	918	337	259	204	257
灵活就业人员	606	493	122	56	8	49
失业人员	289	284	22	0	4	1
在校生	295	175	35	64	40	16
其他人员	181	49	10	31	32	69
农村居民最低生活保障人数	27162	8316	5223	8733	3645	6468
#农村五保户人数	19531	7627	4717	4299	2728	4877
集中供养的五保户人数	5020	2225	1882	940	617	1238
分散供养的五保户人数	14511	5402	2835	3359	2111	3639
城镇居民最低生活保障资金	3107.3	1869.5	374.69	445.34	348.91	443.55
农村居民最低生活保障资金	12785.32	3951.7	2314.26	3865	2031.27	2937.35

17－3 社会保障情况

（2018 年）

项目	单位	全市	市区	广陵	邗江	江都
企业职工基本养老保险参保人数	人	1065160	659838		123739	171015
企业职工基本养老保险离退休人数	人	443952	295683		43245	84473
机关事业单位养老保险在职参保人数	人	80364	43331	4088	6604	16802
机关事业单位养老保险离退休人数	人	52206	27087	3224	3274	11643
城乡居民养老保险参保人数	人	870291	325111	33945	51000	229584
城乡居民养老保险待遇领取人数	人	765260	317801	42509	57636	206602
失业保险参保人数	人	670328	442302	45575	87420	74329
工伤保险参保人数	人	806147	497597		74481	109602
基本医疗保险参保人数	人	4347954	2297206	123486	365766	897047
#城乡居民基本医疗保险参保人数	人	2982509	1426246	123486	224909	717331
城镇职工基本医疗保险参保人数	人	1365445	870960		140857	179716
生育保险参保人数	人	746184	482083		70998	90177

17－3 续表 （2018 年）

项目	单位	宝应	仪征	高邮
企业职工基本养老保险参保人数	人	120756	142008	142558
企业职工基本养老保险离退休人数	人	46952	53511	47806
机关事业单位养老保险在职参保人数	人	13573	11008	12452
机关事业单位养老保险离退休人数	人	8899	6195	10025
城乡居民养老保险参保人数	人	250000	95012	200168
城乡居民养老保险待遇领取人数	人	179474	92708	175277
失业保险参保人数	人	67000	95406	65620
工伤保险参保人数	人	81882	114205	112463
基本医疗保险参保人数	人	767590	526973	756185
#城乡居民基本医疗保险参保人数	人	624619	349603	582041
城镇职工基本医疗保险参保人数	人	142971	177370	174144
生育保险参保人数	人	66005	110774	87322

17－4 司法工作情况

项目	2013年	2014年	2015年	2016年	2017年	2018年
律师工作						
律师事务所(所)	57	58	61	69	77	84
执业律师(人)	639	692	735	787	883	912
担任法律顾问(家)	3223	4177	2711	2742	3148	3358
民事案件诉讼代理(件)	7715	8249	10446	13590	18915	21086
刑事诉讼辩护及代理(件)	1208	1114	1421	1317	1589	1924
非诉讼法律事务(件)	623	1582	570	729	795	552
咨询和代写法律文书(件)	14950	17483	11999	14917	13504	11180
行政诉讼(件)	59	102	297	260	572	537
公证工作						
公证机构(个)	7	7	7	7	7	8
公证人员(人)	73	86	89	93	97	112
公证员(人)	39	40	41	39	45	46
助理公证员(人)	13	28	27	32	28	41
办理公证总数(件)	35247	33265	35848	38712	47214	38233
办理国内公证文书(件)	24226	21469	23660	26776	36035	27203
办理涉外及涉港澳台公证(件)	11021	11796	12188	11936	11179	11030
司法鉴定工作						
司法鉴定机构(个)	6	7	8	8	8	7
司法鉴定人员(人)	66	93	98	118	117	116
法律援助工作						
法律援助中心(个)	7	7	7	7	7	7
工作人员(人)	25	19	29	31	26	23
民事法律援助(起)	6235	6195	6277	4490	4373	4491
刑事法律援助(起)	352	562	564	599	671	1050
接待来访咨询(件)	15435	16979	8696	9933	9929	20717
人民调解工作						
调解组织(个)	2105	2091	1823	2288	1650	1632
调解人员(人)	8792	9914	7118	7310	4117	4192
调解纠纷总数(件)	14640	13666	11881	11969	74497	92914
调解纠纷成功数(件)	14602	13536	11748	11808	73935	92692
基层法律服务工作						
基层法律服务所(个)	106	100	100	94	94	91
基层法律工作者(人)	383	387	398	386	380	380
民事诉讼代理(件)	3521	3685	4210	4653	5543	6898
民事非诉讼代理(件)	875	935	1056	1247	1392	1980
担任法律顾问(家)	765	964	1121	1321	1505	1660
司法所(个)	**84**	**86**	**86**	**82**	**85**	**85**

18

建设　环保

编辑:项月

18－1 公用事业情况

（2018 年）

项目	单位	全市	市区	宝应	仪征	高邮
供水综合生产能力（包括自备水源）	万吨/日	182.8	121.1	30.9	19.9	11.0
供水总量	万吨	29763.8	20563.4	2724.1	3887.4	2588.9
售水量	万吨	21790.22	15527.54	2030.21	2433.67	1798.80
#居民生活用水量	万吨	9901.38	7042.5	1074.7	882.52	901.67
用水人口	万人	194.3	121.9	26.5	21.2	24.6
用水普及率	%	100.0	100.0	100.0	100.0	100.0
供气总量（人工煤气、天然气）	万立方米	46617.0	25286.5	6499.3	10474.0	4357.2
#家庭用量	万立方米	13533.4	8722.9	1366.5	1715.0	1729.0
用气人口	人	166.0	110.7	18.7	17.5	19.1
液化石油气供气总量	吨	33680.8	15621.5	4578.3	10125.0	3356.0
#家庭用量	吨	24104.4	12834.4	2280.0	6055.0	2935.0
用液化气人口	人	27.3	11.0	7.7	3.5	5.2
道路面积	万平方米	4136.36	2793.66	490.39	426.91	425.40
排水管道长度	公里	3777.21	2797.40	313.85	372.80	293.16
年末公交车路数	路	223	168	17	27	11
公共汽（电）车运营车辆数	辆	2651	2214	142	155	140
公共汽（电）车客运总量	万人次	21452.3	19370.5	798.2	799.0	484.6
出租汽车数	辆	3564	2461	165	601	337
绿化覆盖面积	公顷	14918	9944	2045	1754	1174
#建成区	公顷	11859	7569	1460	1695	1134
绿地面积	公顷	12639	8540	1428	1595	1076
#建成区	公顷	11199	7202	1388	1583	1026
公园绿地面积	公顷	3098	2318	306	244	231
公园面积	公顷	1976	1774	52	122	28
污水处理厂数	座	8.0	3.0	2.0	2.0	1.0
垃圾处理站数（生活垃圾转运站）	个	115.0	72.0	6.0	9.0	28.0
污水处理率	%	93.4	95.6	88.5	90.3	87.0
#污水集中处理率	%	88.3	90.9	88.5	78.0	83.1
生活垃圾无害化处理率	%	100.0	100.0	100.0	100.0	100.0

18 - 2　城市建设用地情况

（2018 年）　　单位：平方公里

项　　目	全　市	市　区	宝　应	仪　征	高　邮
建成区面积	273.26	171.83	35.15	39.28	27.00
城市现状建设用地面积	268.75	171.38	34.36	39.01	24.00
#居住用地	73.90	47.02	11.96	8.43	6.49
公共管理与公共服务用地	17.08	10.96	1.57	2.20	2.35
商业服务业设施用地	15.71	11.86	1.10	1.29	1.46
工业用地	58.92	37.31	6.70	12.11	2.80
物流仓储用地	5.36	1.86	0.39	2.17	0.94
道路与交通设施用地	42.33	28.94	4.79	4.30	4.30
公用设施用地	6.19	2.88	0.81	0.97	1.53
绿地与广场用地	49.26	30.55	7.04	7.54	4.13
本年征用土地面积	13.00	2.47	3.23	2.88	4.42
其中：耕地	7.92	1.41	2.37	1.75	2.39
水资源总量（万平方米）	215600	90200	25800	48700	50900

18 - 3　城市自来水情况（公共供水）

（2018 年）

项　　目	全　市	市　区	宝　应	仪　征	高　邮
综合生产能力（万立方米/日）	164.79	109.91	30.00	15.00	9.88
水厂个数	12	8	1	1	2
供水管道长度（公里）	5771.64	3802.41	625.97	881.64	461.62
供水总量（万立方米）	25598.02	18012.83	2504.71	2731.55	2348.93
#售水量	21790.22	15527.54	2030.21	2433.67	1798.80
其中：生产运营用水	4702.8	2771.7	440.9	736.8	753.4
公共服务用水	2354.70	1787.63	281.03	192.30	93.74
居民家庭用水	9901.38	7042.51	1074.68	882.52	901.67
其他用水	4831.34	3925.75	233.58	622.01	50.00
#免费供水量	722.88	445.64	151.80	61.44	64.00
其中：生活用水	151.80		151.80		
#漏损水量	3084.92	2039.65	322.70	236.44	486.13
用水户数（户）	993377	653502	180000	64880	94995
#家庭用户	867599	594695	130000	59620	83284
用水人口（万人）	191.96	121.94	26.53	18.90	24.59

18－4　城市天然气、液化石油气情况

（2018 年）

项　　目	全　市	市　区	宝　应	仪　征	高　邮
天然气					
供气管道长度(公里)	5651.05	3901.60	515.25	464.98	769.22
供气总量合计(万立方米)	41670.94	22885.17	5857.81	9579	3348.96
其中:销售气量	41191.31	22585.89	5857.33	9504.49	3243.60
#居民家庭	11145.86	7437.90	1102.33	1022.39	1583.24
其中:燃气损失量	479.63	299.28	0.48	74.51	105.36
用气户数（户）	640147	458620	64227	65030	52270
#家庭用户	637249	456504	63978	64837	51930
用气人口(万人)	157.42	107.40	17.25	16.50	16.27
天然气汽车加气站(座)	26	14	4	5	3
液化石油气					
供气总量合计(吨)	35001.79	15921.63	5215.32	10385.84	3479.00
其中:销售气量	34944.47	15901.63	5215.00	10348.84	3479.00
#居民家庭	26182.45	13723.45	2637.00	6776.00	3046.00
其中:燃气损失量	57.32	20.00	0.32	37.00	
用气户数（户）	139866	57943	33758	14300	33865
#家庭用户	135167	56599	30863	13900	33805
用气人口(万人)	35.01	13.35	9.01	4.45	8.20

18－5　全市重点调查工业污染排放及处理利用情况

（2018 年）

项　　　　目	单　位	2018 年
一、企业基本情况		
1、汇总工业企业数	个	459.0
2、工业总产值(当年价格)	亿元	2535.3
3、工业锅炉数	台/蒸吨	333/18606.4
4、工业窑炉数	座	416.0
二、工业废水		
1、废水治理设施数	套	323.0
2、废水治理设施处理能力	万吨/日	39.2
3、废水治理设施运行费用	万元	30145.1
4、工业废水排放量	万吨	5710.4
#排入污水处理厂的	万吨	3437.1
5、工业废水中污染物排放量		
(1)化学需氧量	吨	4772.4
(2)氨氮	吨	461.8
(3)总氮	吨	805.5
(4)总磷	吨	62.1
(5)石油类	吨	9.3
(6)挥发酚	千克	427.7
(7)氰化物	千克	662.8
(8)砷	千克	0.6
(9)铅	千克	73.8
(10)镉	千克	0.6
(11)汞	千克	
(12)总铬	千克	4970.6
(13)六价铬	千克	117.5
三、工业废气		
1、工业废气排放量	亿标立方米	3256.6

项　　　目	单　位	本年实际
2、废气治理设施数	套	2806
#:脱硫设施数	套	125
#:脱硝设施数	套	56
#:除尘设施数	套	382
#:VOCs处理设施数	套	382
3、废气治理设施处理能力	万标立方米/时	257462.8
4、废气治理设施运行费用	万元	91539.6
5、二氧化硫排放量	吨	12324.3
6、氮氧化物排放量	吨	24266.1
7、烟(粉)尘排放量	吨	10867.6
8、挥发性有机物(VOCs)排放量	吨	1854.1
四、工业固体废物		
1、一般工业固体废物产生量	万吨	556.92
2、一般工业固体废物综合利用量	万吨	524.40
其中:综合利用往年贮存量	万吨	0.38
3、一般工业固体废物处置量	万吨	31.96
其中:处置往年贮存量	万吨	0.03
4、一般工业固体废物贮存量	万吨	0.97
5、一般工业固体废物倾倒丢弃量	万吨	
6、危险废物产生量	万吨	19.3562
7、危险废物综合利用量	万吨	5.4226
其中:综合利用往年贮存量	万吨	0.2322
8、危险废物处置量	万吨	14.0692
其中:处置往年贮存量	万吨	0.8861
9、危险废物贮存量	万吨	0.9827
10、危险废物倾倒丢弃量	万吨	

18－6　环境保护基本情况

（2018年）

项　　目	单 位	全 市	广 陵	邗 江	江 都	宝 应	仪 征	高 邮
废水排放总量	万吨	24927.06	3085.59	7022.89	4419.02	2960.46	3606.32	3832.78
其中:工业源	万吨	7365.76	1035.91	2108.45	783.7	452.43	1653.33	1331.94
城镇生活源	万吨	17549.45	2049.68	4908.06	3635.32	2508.03	1951.2	2497.16
集中式治理设施	万吨	11.85		6.38			1.79	3.68
化学需氧量(COD)排放量	吨	41429.91	6409.66	10887.6	8028.36	5708.24	4427.04	5969.01
其中:工业源	吨	6199	1049.28	1593.14	1020.42	822.9	620.84	1092.43
农业源	吨	10.63			10.63			
城镇生活源	吨	35197.88	5360.38	9280.43	6997.31	4885.34	3800.5	4873.92
集中式治理设施	吨	22.4		14.03			5.7	2.66
氨氮排放量	吨	5629.52	854.78	1305.88	1199.28	860.66	574.68	834.24
其中:工业源	吨	550.53	59.3	90.09	153.74	131.67	7.52	108.2
农业源	吨	1.13			1.13			
城镇生活源	吨	5076.54	795.48	1214.68	1044.41	728.99	567.11	725.88
集中式治理设施	吨	1.32		1.11			0.05	0.16
总磷排放量	吨	431.69	60.01	79.21	76.75	71.09	50.26	94.37
其中:工业源	吨	67.14	1.61	6.6	6.24	8.71	1.72	42.25
农业源	吨	0.14			0.14			
城镇生活源	吨	364.22	58.4	72.44	70.37	62.38	48.53	52.1
集中式治理设施	吨	0.2		0.17				0.02
废水治理设施数	套	323	19	48	125	40	59	32
废水治理设施处理能力	万吨/日	39.2	1.963	6.3701	2.72	1.9896	18.3222	7.8364
废水治理设施运行费用	万元	30145.1	3436.77	5405.75	4480.15	317.29	15474.44	1030.7
二氧化硫排放量	吨	18487.05	3845.61	7134.14	2464.86	529.21	1023.32	3489.92
其中:工业源	吨	15587.73	3416.31	6374.43	1903.99	137.73	717.3	3037.98
城镇生活源	吨	2835.6	429.3	759.71	560.87	391.48	304.55	389.69
集中式治理设施	吨	63.72					1.47	62.25
氮氧化物排放量	吨	28045.15	6078.16	11475.98	2035.25	242.22	2665.12	5548.42
其中:工业源	吨	27259.84	6004.34	11345.32	1938.79	174.89	2588.38	5208.12
城镇生活源	吨	488.19	73.82	130.66	96.46	67.33	52.37	67.55
机动车	吨							
集中式治理设施	吨	297.12					24.37	272.75
烟(粉)尘排放量	吨	12634.38	3123.32	4400.32	2417.71	217.69	461.52	2013.82
其中:工业源	吨	11898.97	3010.35	4208.07	2277.41	123.77	372.78	1906.6
城镇生活源	吨	717	112.97	192.25	140.3	93.92	84.06	93.5

18-6 续表 (2018年)

项目	单位	全市	广陵	邗江	江都	宝应	仪征	高邮
机动车	吨							
集中式治理设施	吨	18.41					4.69	13.72
挥发性有机物(VOCs)排放量	吨	2575.65	45.91	1006.08	716.22	403.93	325.6	77.91
其中:工业源	吨	2438.98	25.22	969.49	689.2	385.07	310.93	59.06
城镇生活源	吨	136.67	20.68	36.59	27.02	18.86	14.67	18.85
机动车	吨							
废气治理设施数	套	2806	52	242	1969	80	278	185
废气治理设施运行费用	万元	91539.62	3383	56516.23	13426.17	1173.09	10505.13	6536
一般工业固体废物产生量	万吨	573.373	201.2618	166.2385	14.9148	7.7858	51.2961	131.8761
一般工业固体废物综合利用量	万吨	539.4561	200.2043	140.4108	10.1133	7.6843	49.405	131.6383
其中:综合利用往年贮存量	万吨	0.5765		0.2571	0.00195	0.05	0.2653	0.0021
一般工业固体废物综合利用率	%	93.99	99.47	84.33	67.80	98.07	95.82	99.82
危险废物产生量	万吨	19.3562	0.8018	2.0341	5.7158	0.1945	5.9388	4.6712
危险废物综合利用量	万吨	5.4226	0.0355	1.1642	0.0165		3.1279	1.0785
其中:综合利用往年贮存量	万吨	0.2322	0.0051	0.0002	0.0104		0.2156	0.0009
危险废物处置量	万吨	14.0692	0.8183	0.8902	5.7892	0.1897	2.9881	3.3937
其中:处置住年贮存量	万吨	0.8861	0.08	0.0552	0.2679	0.0301	0.1617	0.2913
危险废物处置利用率	%	95.20	96.27	98.32	96.86	84.46	96.83	90.10
当年完成"三同时"环保验收项目环保投资	万元	95474.32	2641	1121.5	34265.7	4240	20000	20916.12
工业污染防治施工项目本年完成投资	万元	15338.6		1215	3043.6		11080	
废水治理项目	万元	1520			1520			
废气治理项目	万元	13050		1215	755		11080	
工业固体废物治理项目	万元	300			300			
噪声治理项目	万元							
其它治理项目	万元	468.6			468.6			
环境空气质量								
可吸入颗粒物(PM10)	毫克/立方米	90	90	90	88	72	79	64
细颗粒物(PM2.5)	毫克/立方米	49	49	49	48	42	40	43
二氧化硫	毫克/立方米	13	13	13	17	14	16	20
氮氧化物	毫克/立方米	38	38	38	25	25	28	23
空气质量达到及好于二级的天数比重	%	64.4	63.2	65.4	80.5	85.2	77.3	85.6
水环境质量								
集中式饮用水源地水质达标率	%	100	100	100	100	100	100	100
道路交通噪声等效声级	dB(A)	66.9	69.0	69.0	65.4	62.0	63.8	61.6

19

乡镇资料

编辑:丁超

19－1　全市乡(镇)农村社会经济主要指标(一)

(2018年)

乡镇名称	村民委员会(个)	居委会(个)	通公共交通村(个)	通自来水村(个)	乡镇总户数(户)	乡镇总人口(人)
广陵区						
李典镇	13	2	13	13	13724	43668
沙头镇	12	2	12	12	11472	37099
头桥镇	15	2	15	15	15066	49075
湾头镇	4	3	4	4	7908	24992
汤汪乡	4	4	4	4	6205	25301
生态科技新城						
杭集镇	10	1	10	10	10527	39405
泰安镇	11	1	11	11	7332	23844
邗江区						
蒋王街道	2	5	2	2	11112	38676
汊河街道	9	2	9	9	21120	70682
甘泉街道	9	1	9	9	7795	31388
公道镇	11	3	11	11	12341	39821
方巷镇	18	2	18	18	12266	43589
槐泗镇	13	2	13	13	11883	38853
瓜洲镇	3	2	3	3	4895	16638
杨寿镇	7	1	7	7	6592	25173
杨庙镇	8	1	8	8	6072	23192
西湖镇	7	4	7	7	17515	41267
双桥乡	4	3	4	4	34174	81926
景　区						
平山乡	4	2	4	4	6055	24659
城北乡	2	3	2	2	8845	28525
江都区						
仙女镇	30	33	30	30	52469	141120

19－1　续表1　　（2018年）

乡镇名称	村民委员会（个）	居委会（个）	通公共交通村（个）	通自来水村（个）	乡镇总户数（户）	乡镇总人口（人）
小纪镇	30	3	30	30	29711	91135
武坚镇	14	3	14	14	13018	39211
樊川镇	21	5	20	21	20950	62580
真武镇	18	4	16	18	18228	51768
宜陵镇	11	5	11	11	16193	50908
丁沟镇	17	2	17	17	19023	62150
郭村镇	23	2	23	23	23675	77632
邵伯镇	20	3	20	20	29869	74230
丁伙镇	16	2	16	16	15743	43885
大桥镇	32	8	32	32	50890	150763
吴桥镇	14	2	11	14	15349	50194
浦头镇	13	1	13	13	13115	44401
宝应县						
安宜镇	18	24	15	18	62041	243885
氾水镇	20	7	20	20	26169	93936
夏集镇	14	3	14	14	17294	47905
柳堡镇	16	3	12	16	14926	46252
射阳湖镇	30	3	30	30	24867	66979
广洋湖镇	13	1	13	13	6857	20756
鲁垛镇	12	1	12	12	6929	25372
小官庄镇	9	1	9	9	8991	27464
望直港镇	19	2	15	19	17374	63415
曹甸镇	22	3	22	22	18521	64460
西安丰镇	8	3	5	8	8123	31365
山阳镇	16	2	16	16	15096	51945
黄塍镇	8	1	4	8	6760	22530
泾河镇	18	3	18	18	13007	48515

19－1　续表2　　（2018年）

乡镇名称	村民委员会（个）	居委会（个）	通公共交通村（个）	通自来水村（个）	乡镇总户数（户）	乡镇总人口（人）
开发区						
施桥镇	11	4	11	11	11032	36746
八里镇	8	4	8	8	6230	24950
朴席镇	9	1	9	9	9668	31453
仪征市						
真州镇	9	25	9	9	75190	239215
新集镇	13	1	13	13	11356	40827
新城镇	11	3	11	11	10226	33479
马集镇	9	1	9	9	8164	28639
刘集镇	17	2	17	17	13277	46803
陈集镇	14	1	14	14	11416	35044
大仪镇	18	3	18	18	14493	50573
月塘镇	19	3	19	19	16480	55582
青山镇	9	6	9	9	11624	25684
高邮市						
高邮街道	6	13	6	6	56235	157579
龙虬镇	11	2	11	11	9684	34694
汤庄镇	17	4	17	17	18342	58125
卸甲镇	17	4	13	17	23588	77458
三垛镇	21	4	21	21	23368	74897
甘垛镇	16	3	2	16	19005	54103
界首镇	8	1	8	8	10258	32354
周山镇	8	1	8	8	7596	26586
临泽镇	22	6	22	22	28991	95948
送桥镇	17	3	17	17	20965	70586
菱塘回族乡	6	2	6	6	6894	24271

19－2　全市乡(镇)农村社会经济主要指标(二)

(2018年)

乡镇名称	乡镇从业人员(人)	#第一产业从业人员(人)	#第二产业从业人员(人)	年末耕地面积(公顷)	农作物总播种面积(公顷)	#粮食播种面积(公顷)
广陵区						
李典镇	25720	1835	14863	2301	4314	3807
沙头镇	21422	2517	13485	2250	4239	1849
头桥镇	28219	3322	17009	2724	5629	4441
湾头镇	13982	672	7627	0	0	0
汤汪乡	7735	250	3987	30	8	0
生态科技新城						
杭集镇	29935	1405	22395	896	1821	1530
泰安镇	13336	2832	7282	1314	1942	1492
邗江区						
蒋王街道	19403	352	6588	353	587	370
汉河街道	47182	3755	23006	1797	2581	2343
甘泉街道	17328	1064	10710	1448	1614	1368
公道镇	21211	2408	13646	2703	5595	4887
方巷镇	25285	3976	16632	2720	5940	5040
槐泗镇	22937	2435	13587	2256	4540	2527
瓜洲镇	8536	1003	4351	317	305	257
杨寿镇	12205	1409	5903	1536	2288	1643
杨庙镇	14654	1404	6782	1321	1177	845
西湖镇	22352	741	12306	591	255	189
双桥乡	42634	0	4778	0	0	0
景　区						
平山乡	7795	359	4899	277	555	373
城北乡	16781	3448	5981	150	72	52
江都区						
仙女镇	91638	7746	44173	3513	7293	5796

19－2　续表1　　　　　　　　　　　　（2018年）

乡镇名称	乡镇从业人员（人）	#第一产业从业人员（人）	#第二产业从业人员（人）	年末耕地面积（公顷）	农作物总播种面积（公顷）	#粮食播种面积（公顷）
小纪镇	42164	6841	19156	7547	17628	14168
武坚镇	24841	1448	14169	3505	7867	6457
樊川镇	31023	7362	10178	4906	12154	11450
真武镇	28478	2152	15528	3304	7698	6485
宜陵镇	26219	1878	15536	2290	5733	4744
丁沟镇	40330	4050	18000	4702	9359	8386
郭村镇	41940	5559	21275	6001	9954	8352
邵伯镇	60720	6910	31510	4462	7637	6737
丁伙镇	28205	4037	13963	3689	5449	4847
大桥镇	94254	9621	57036	4844	11582	9008
吴桥镇	24526	2734	12448	2753	6800	4675
浦头镇	22235	3564	14231	2471	4055	3382
宝应县						
安宜镇	111096	7951	48021	3977	7816	6636
氾水镇	50440	9320	20024	7363	15172	13077
夏集镇	28745	9063	12654	5860	12693	11186
柳堡镇	28600	9891	15314	4875	11198	9252
射阳湖镇	42084	13865	14301	7931	16719	15859
广洋湖镇	14691	5469	6832	2971	6624	4975
鲁垛镇	15688	4613	4329	3166	6822	5953
小官庄镇	14025	1742	7148	2762	5868	5490
望直港镇	43386	7616	20675	4540	8692	7226
曹甸镇	35973	7021	18362	4648	10561	8517
西安丰镇	14450	4320	7578	1850	5358	4120
山阳镇	29909	7894	17018	4295	9971	8581
黄塍镇	16105	3005	10008	1840	4230	3680
泾河镇	26527	5422	16114	4244	9723	8609

19－2　续表 2　　（2018 年）

乡镇名称	乡镇从业人员（人）	#第一产业从业人员（人）	#第二产业从业人员（人）	年末耕地面积（公顷）	农作物总播种面积（公顷）	#粮食播种面积（公顷）
开发区						
施桥镇	23200	700	15500	612	653	300
八里镇	18145	846	8620	354	687	495
朴席镇	18495	3495	3887	2330	3862	3556
仪征市						
真州镇	80730	1780	26850	1491	1664	782
新集镇	26455	4548	12321	3170	4498	3853
新城镇	19230	5231	10231	2698	2483	1983
马集镇	15867	3071	7374	3870	3774	2902
刘集镇	27342	2995	16509	5267	5687	4836
陈集镇	18913	2125	12842	4948	6655	6141
大仪镇	27423	3375	18043	6311	9143	8195
月塘镇	29558	2180	17528	7395	7210	6208
青山镇	21122	2035	11145	997	997	664
高邮市						
高邮街道	84383	2289	41358	837	2937	2484
龙虬镇	16723	5594	8514	2045	6127	4287
汤庄镇	36520	7384	18012	7004	13925	12921
卸甲镇	41065	8256	25648	9930	17756	15835
三垛镇	46413	14658	18876	6923	13236	12142
甘垛镇	30651	10245	11086	6965	14906	11537
界首镇	15036	2780	8960	2421	5997	5014
周山镇	13177	4008	4830	2651	5730	5319
临泽镇	52863	12120	28343	7901	19293	16608
送桥镇	44687	6253	27568	6413	14110	12156
菱塘回族乡	15076	683	8743	1965	4550	4050

19－3　全市乡(镇)农村社会经济主要指标(三)

(2018年)

乡镇名称	粮食产量(吨)	蔬菜产量(吨)	禽蛋产量(吨)	肉类产量(吨)	#猪肉产量(吨)	水产品产量(吨)
广陵区						
李典镇	29008	33894	1103	3905	1635	9850
沙头镇	12146	74570	590	652	585	1920
头桥镇	30781	34356	972	1479	968	1458
湾头镇						
汤汪乡		335		3	3	
生态科技新城						
杭集镇	9442	3889	591	561	358	2785
泰安镇	10223	5980	340	1425	1064	1448
邗江区						
蒋王街道	2100	16120				167
汉河街道	14224	10383	274	1747	1397	2145
甘泉街道	12111	7951	623	721	621	2786
公道镇	32646	9694	468	798	591	8988
方巷镇	40253	15360	1216	4766	2318	13652
槐泗镇	18811	18511	386	3927	2985	3164
瓜洲镇	1561	1857	296	699	88	802
杨寿镇	13670	4840	493	1174	912	2530
杨庙镇	6847	7152	131	962	762	1056
西湖镇	1172	2411	195	947	892	174
双桥乡						
景　区						
平山乡	600	121	27	12	12	2
城北乡	620	6				
江都区						
仙女镇	41846	39506	2733	1962	1812	4898

19－3　续表1　（2018年）

乡镇名称	粮食产量（吨）	蔬菜产量（吨）	禽蛋产量（吨）	肉类产量（吨）	#猪肉产量（吨）	水产品产量（吨）
小纪镇	101218	55103	9965	5335	1504	28194
武坚镇	47779	53607	2332	3642	2632	27831
樊川镇	80417	21397	2713	2662	2622	7045
真武镇	47417	25547	1975	4988	2286	17435
宜陵镇	32121	36196	544	1445	436	1583
丁沟镇	71191	27819	1650	6500	5500	1457
郭村镇	61130	22601	2357	4975	4350	3554
邵伯镇	52668	16955	2305	1680	198	14809
丁伙镇	34972	16734	828	3310	485	2823
大桥镇	64740	98935	8379	14624	4126	7789
吴桥镇	32562	39311	516	858	159	1222
浦头镇	21808	10366	640	1981	1365	2303
宝应县						
安宜镇	52988	36180	2213	3181	3163	10041
氾水镇	102954	30300	2299	3056	3020	19588
夏集镇	77501	19506	2650	5420	4880	8075
柳堡镇	76003	47760	1580	1352	788	24302
射阳湖镇	121190	21105	2976	3470	1520	22732
广洋湖镇	40210	34132	556	402	195	23042
鲁垛镇	46524	20842	1092	1529	1470	6007
小官庄镇	42053	9601	445	1396	1260	1596
望直港镇	55915	37971	1206	1074	1042	9873
曹甸镇	68735	30069	374	1036	602	15344
西安丰镇	32958	28456	1846	1298	879	6238
山阳镇	73520	16280	2880	4009	1794	19560
黄塍镇	29600	8000	1005	4005	3135	1300
泾河镇	66458	15916	1511	2152	1741	4535

19－3　续表2　　（2018年）

乡镇名称	粮食产量（吨）	蔬菜产量（吨）	禽蛋产量（吨）	肉类产量（吨）	#猪肉产量（吨）	水产品产量（吨）
开发区						
施桥镇	1840	6054				116
八里镇	3763	3925	120	325	208	832
朴席镇	22855	6854	182	578	308	800
仪征市						
真州镇	6109	20507	119	1317	1232	803
新集镇	24813	17897	1256	2987	1634	1108
新城镇	13720	16135	168	107	61	101
马集镇	22704	20770	1033	2242	1370	362
刘集镇	31930	25786	1240	2350	1154	492
陈集镇	42510	11835	695	3104	1496	815
大仪镇	57604	32434	1711	8127	4705	2030
月塘镇	48242	36125	1217	3266	1801	802
青山镇	4325	5725	95	405	356	280
高邮市						
高邮街道	14426	10772	3522	2357	1196	10492
龙虬镇	34168	11602	555	2448	1729	18053
汤庄镇	97017	24361	5627	5955	2471	20639
卸甲镇	131165	25410	3467	12382	9905	19035
三垛镇	96984	20876	2551	10257	9366	36874
甘垛镇	88559	13000	16292	6962	2880	21279
界首镇	38101	12555	1562	2042	1710	7891
周山镇	43510	8720	1180	4413	3150	10409
临泽镇	131250	53159	3093	10327	6173	23742
送桥镇	97162	27156	8800	14865	4900	9935
菱塘回族乡	26101	5350	2700	6310	1650	8965

19－4　全市乡(镇)农村社会经济主要指标(四)

(2018年)

乡镇名称	企业个数(个)	#工业企业(个)	农业机械总动力(千瓦)	农村居民人均可支配收入(元)	自来水用水户数(户)	各种社会福利收养性单位数(个)
广陵区						
李典镇	737	536	31500	28991	13724	1
沙头镇	516	370	13360	29428	11472	1
头桥镇	814	718	23000	28868	14310	1
湾头镇	340	204		32212	7908	0
汤汪乡	128	28		28735	6205	0
生态科技新城						
杭集镇	1322	1102	11580	39486	10527	2
泰安镇	323	255	14755	27155	7332	1
邗江区						
蒋王街道	405	33	4988	29910	11112	1
汉河街道	3126	2503	15579	35798	15512	2
甘泉街道	948	332	6150	29495	7795	1
公道镇	357	229	35950	28361	11755	1
方巷镇	375	316	36895	28258	12266	1
槐泗镇	658	393	33940	30730	11883	2
瓜洲镇	64	54	3145	31351	4895	1
杨寿镇	396	336	27988	28450	6230	1
杨庙镇	337	264	14108	29414	6072	1
西湖镇	1042	405	4523	36609	17515	1
双桥乡	2313	77		43065	34174	2
景　区						
平山乡	240	97	1711	19000	4900	0
城北乡	302	1	600	28451	8692	1
江都区						
仙女镇	4210	2410	61765	27696	52320	6

19－4　续表1　（2018年）

乡镇名称	企业个数（个）	#工业企业（个）	农业机械总动力（千瓦）	农村居民人均可支配收入（元）	自来水用水户数（户）	各种社会福利收养性单位数（个）
小纪镇	1423	1365	116971	29925	29635	2
武坚镇	620	560	47178	36315	13018	1
樊川镇	1155	700	75970	23778	20950	1
真武镇	501	374	37198	28241	17317	1
宜陵镇	1035	806	33773	32770	16193	1
丁沟镇	950	315	46379	29016	19000	1
郭村镇	648	426	61780	22984	23675	1
邵伯镇	830	600	56000	40193	29769	1
丁伙镇	850	735	39731	38900	15000	1
大桥镇	2053	843	46606	34100	47928	4
吴桥镇	441	411	24139	26375	14768	1
浦头镇	1014	658	21372	28152	13015	1
宝应县						
安宜镇	2312	2086	63025	29824	60881	1
氾水镇	2105	2033	75566	29182	25469	1
夏集镇	615	599	41400	24435	17294	1
柳堡镇	573	463	58820	24866	14197	1
射阳湖镇	1207	1039	67879	24266	24867	1
广洋湖镇	356	159	20504	24720	6857	1
鲁垛镇	245	231	29002	23824	6929	1
小官庄镇	426	385	24125	21849	8552	1
望直港镇	325	253	30114	21450	17374	1
曹甸镇	1575	242	32892	26230	18032	1
西安丰镇	315	280	23270	21161	8123	1
山阳镇	322	290	33120	21600	12850	1
黄塍镇	204	168	14440	19500	6760	1
泾河镇	441	402	35762	21169	13007	1

19－4　续表2　　（2018年）

乡镇名称	企业个数（个）	#工业企业（个）	农业机械总动力（千瓦）	农村居民人均可支配收入（元）	自来水用水户数（户）	各种社会福利收养性单位数（个）
开发区						
施桥镇	453	285	2850	33500	11032	1
八里镇	174	88	9895	24946	6200	1
朴席镇	120	70	36386	33586	9668	1
仪征市						
真州镇	2453	745	18086	30688	75190	1
新集镇	333	252	18000	21300	11304	1
新城镇	163	141	18000	28100	9452	1
马集镇	422	375	13985	28182	7883	1
刘集镇	315	230	51055	23800	13277	1
陈集镇	570	508	44000	23108	11416	2
大仪镇	732	489	63620	25070	14125	2
月塘镇	462	395	18760	25749	16475	1
青山镇	135	93	14621	27000	11600	1
高邮市						
高邮街道	1925	601	23664	29130	52650	5
龙虬镇	223	159	28587	26247	9684	1
汤庄镇	962	446	53425	20908	18342	1
卸甲镇	931	788	110616	30660	23588	2
三垛镇	1085	1018	136874	22305	23368	1
甘垛镇	380	158	43662	27396	17654	1
界首镇	204	183	4250	22877	9730	1
周山镇	283	271	19850	24760	7596	1
临泽镇	571	457	40670	26140	28991	2
送桥镇	1198	1033	53000	31380	20865	3
菱塘回族乡	585	478	22105	33500	6894	1

19－5　全市乡(镇)农村社会经济主要指标(五)

(2018 年)

乡镇名称	剧场、影剧院个数(个)	金融机构网点数(个)	农业技术服务机构个数(个)	农业技术服务机构从业人员数(人)	乡镇公路里程(公里)	公园及休闲健身广场个数(个)
广陵区						
李典镇	1	7	1	7	510	23
沙头镇	1	5	5	44	240	15
头桥镇	1	6	1	40	150	1
湾头镇	0	2	1	3	22	1
汤汪乡	0	3	0	0	18	4
生态科技新城						
杭集镇	1	8	4	28	350	3
泰安镇	1	3	1	5	155	19
邗江区						
蒋王街道	2	4	1	26	92	4
汊河街道	1	6	1	6	160	3
甘泉街道	1	2	4	18	70	27
公道镇	1	6	1	29	357	6
方巷镇	1	5	1	46	297	2
槐泗镇	0	4	3	38	620	29
瓜洲镇	1	4	1	23	75	8
杨寿镇	0	3	1	5	245	33
杨庙镇	1	3	1	6	166	18
西湖镇	2	12	2	8	167	12
双桥乡	2	20	0	0	50	14
景　区						
平山乡	1	6	5	16	20	13
城北乡	0	3	0	0	46	6
江都区						
仙女镇	4	44	15	162	904	49

19－5　续表1　（2018年）

乡镇名称	剧场、影剧院个数（个）	金融机构网点数（个）	农业技术服务机构个数（个）	农业技术服务机构从业人员数（人）	乡镇公路里程（公里）	公园及休闲健身广场个数（个）
小纪镇	3	14	33	102	348	35
武坚镇	1	7	1	25	107	4
樊川镇	1	9	4	33	210	30
真武镇	0	7	6	51	76	29
宜陵镇	1	5	9	26	72	42
丁沟镇	0	6	1	42	105	22
郭村镇	1	10	1	21	323	33
邵伯镇	2	10	11	58	134	65
丁伙镇	0	5	2	8	240	2
大桥镇	1	15	4	35	245	41
吴桥镇	1	5	5	29	97	33
浦头镇	1	5	6	35	55	18
宝应县						
安宜镇	5	46	1	55	440	9
氾水镇	2	7	2	58	396	33
夏集镇	1	7	1	41	230	4
柳堡镇	0	7	2	26	304	10
射阳湖镇	1	7	2	26	230	38
广洋湖镇	1	2	1	17	58	16
鲁垛镇	1	3	1	28	88	15
小官庄镇	1	3	1	17	125	3
望直港镇	1	4	1	30	374	4
曹甸镇	1	5	1	26	192	4
西安丰镇	1	2	2	19	48	1
山阳镇	1	3	2	32	240	1
黄塍镇	0	2	1	15	96	2
泾河镇	1	2	1	12	149	1

19－5　续表2　（2018年）

乡镇名称	剧场、影剧院个数（个）	金融机构网点数（个）	农业技术服务机构个数（个）	农业技术服务机构从业人员数（人）	乡镇公路里程（公里）	公园及休闲健身广场个数（个）
开发区						
施桥镇	1	4	1	15	8	29
八里镇	0	5	6	20	37	6
朴席镇	0	3	2	12	135	2
仪征市						
真州镇	8	30	4	27	165	49
新集镇	0	6	2	17	218	3
新城镇	1	6	1	10	95	3
马集镇	0	2	2	23	145	2
刘集镇	1	6	2	20	140	2
陈集镇	0	5	2	37	270	18
大仪镇	0	10	2	44	155	12
月塘镇	1	5	2	33	260	3
青山镇	0	4	2	19	126	10
高邮市						
高邮街道	5	42	1	92	726	31
龙虬镇	0	4	3	35	255	16
汤庄镇	2	8	10	46	305	8
卸甲镇	2	10	2	65	344	4
三垛镇	1	10	1	76	381	20
甘垛镇	0	6	7	36	317	18
界首镇	1	2	1	20	90	4
周山镇	1	2	1	20	104	1
临泽镇	1	8	1	36	387	32
送桥镇	2	9	1	49	53	23
菱塘回族乡	1	3	7	34	165	2

19－6　全市乡（镇）农村社会经济主要指标（六）

（2018 年）

乡镇名称	学校总数（个）	在校学生数（人）	教师总数（人）	幼儿园托儿所（个）	医疗卫生机构个数（个）	城乡居民最低生活保障人（人）
广陵区						
李典镇	3	2197	201	2	1	59
沙头镇	3	2390	217	2	1	149
头桥镇	4	3401	283	2	2	201
湾头镇	4	5844	552	3	1	18
汤汪乡	2	1520	109	3	3	32
生态科技新城						
杭集镇	3	3230	235	2	2	302
泰安镇	2	954	123	1	1	202
邗江区						
蒋王街道	2	4508	337	4	5	230
汉河街道	4	3956	294	5	11	160
甘泉街道	2	1868	164	1	6	199
公道镇	2	3674	321	2	1	548
方巷镇	2	1256	135	4	2	611
槐泗镇	1	2360	149	3	19	208
瓜洲镇	4	2793	377	1	6	50
杨寿镇	1	1027	107	1	1	146
杨庙镇	2	1422	124	1	1	250
西湖镇	6	7522	568	5	9	70
双桥乡	5	9050	625	8	12	61
景　区						
平山乡	2	1355	120	2	8	115
城北乡	3	3197	117	1	2	92
江都区						
仙女镇	30	35676	3744	28	31	495

19－6　续表1　　　　　　　　　　　　　　（2018年）

乡镇名称	学校总数（个）	在校学生数（人）	教师总数（人）	幼儿园托儿所（个）	医疗卫生机构个数（个）	城乡居民最低生活保障人（人）
小纪镇	8	2259	376	4	6	1021
武坚镇	4	1430	219	3	3	1470
樊川镇	5	1442	225	4	30	567
真武镇	6	1952	234	5	4	621
宜陵镇	4	2699	281	2	2	270
丁沟镇	5	4340	540	2	19	286
郭村镇	6	3669	333	7	26	298
邵伯镇	7	4657	606	4	22	209
丁伙镇	4	767	213	2	17	243
大桥镇	8	7447	522	7	40	702
吴桥镇	3	1945	135	5	2	352
浦头镇	5	2365	186	4	2	254
宝应县						
安宜镇	24	44018	2836	16	51	1639
氾水镇	5	5588	491	3	26	909
夏集镇	5	1070	176	3	17	630
柳堡镇	3	1265	163	3	21	494
射阳湖镇	9	3401	240	7	34	984
广洋湖镇	2	1156	106	1	14	446
鲁垛镇	2	746	92	1	8	684
小官庄镇	2	1249	126	1	8	356
望直港镇	4	2685	230	8	18	809
曹甸镇	4	2977	210	2	22	1369
西安丰镇	3	1678	124	2	11	517
山阳镇	3	764	139	2	20	920
黄塍镇	2	1035	144	1	9	630
泾河镇	5	1106	201	2	20	801

19－6　续表2　（2018年）

乡镇名称	学校总数（个）	在校学生数（人）	教师总数（人）	幼儿园托儿所（个）	医疗卫生机构个数（个）	城乡居民最低生活保障人（人）
开发区						
施桥镇	2	1891	103	3	1	99
八里镇	2	1450	132	2	1	289
朴席镇	2	823	111	2	8	270
仪征市						
真州镇	20	28302	2020	20	2	633
新集镇	3	2379	211	4	1	278
新城镇	3	1650	213	3	12	469
马集镇	3	803	122	2	7	566
刘集镇	4	2574	182	2	10	293
陈集镇	3	1339	143	1	7	373
大仪镇	4	2506	226	3	12	335
月塘镇	4	1622	210	3	16	1022
青山镇	3	654	116	1	1	184
高邮市						
高邮街道	17	36634	2570	28	51	640
龙虬镇	3	520	107	2	9	386
汤庄镇	6	1346	185	4	20	994
卸甲镇	7	1900	263	4	27	700
三垛镇	5	1766	218	4	22	778
甘垛镇	4	773	104	3	22	900
界首镇	2	1143	108	2	11	516
周山镇	2	434	66	1	7	382
临泽镇	7	3228	309	4	28	986
送桥镇	6	3357	308	4	19	1760
菱塘回族乡	3	1975	156	1	8	259

19－7　全市乡(镇)农村社会经济主要指标(七)

(2018年)

乡镇名称	图书馆、文化站个数(个)	公共图书馆藏书量(千册)	公共体育设施面积(平方米)	公共文化设施面积(平方米)	人均住房面积(平方米)	住楼房户比重(%)
广陵区						
李典镇	1	35	64000	11500	82	90
沙头镇	1	9.5	5406	5540	44	81
头桥镇	1		46850	36600	68	52
湾头镇	1	5	4000	1000	52	97
汤汪乡	4	31	25550	14290	80	99
生态科技新城						
杭集镇	2	14	50000	6600	79	81
泰安镇	1	16	14520	3040	40	90
邗江区						
蒋王街道	1	24	5552	6334	75	99
汉河街道	1	57	10500	1500	63	97
甘泉街道	11	24.8	21590	9460	70	96
公道镇	2	31	39620	39620	45	90
方巷镇	1	17.5	3950	1700	76	99
槐泗镇	1	244	97870	3677	75	94
瓜洲镇	1	11	50000	2000	60	90
杨寿镇	9	50	25520	2900	54	91
杨庙镇	1	27	5680	700	70	99
西湖镇	11	36	43031	15455	60	99
双桥乡	10	51	61645	23472	94	99
景　区						
平山乡	1	10	5800	600	78	67
城北乡	1	30.8	120	56	48	99
江都区						
仙女镇	6	210	263846	62136	62	92.1

19－7　续表1　　　　　　　　　　　　　　　　（2018 年）

乡镇名称	图书馆、文化站个数（个）	公共图书馆藏书量（千册）	公共体育设施面积（平方米）	公共文化设施面积（平方米）	人均住房面积（平方米）	住楼房户比重（%）
小纪镇	1	33	8000	5000	39	55
武坚镇	1	34	4588	2150	39	75
樊川镇	1	48	52923	5012	46	70
真武镇	4	9.6	1960	196	36	90
宜陵镇	1	36	28500	11200	52	69.5
丁沟镇	1	3	1120	68000	57	90
郭村镇	1	48	26195	9050	63	70
邵伯镇	2	42.3	42000	56000	68	87
丁伙镇	1	28	4300	500	60	93
大桥镇	2	82	33500	18200	50	88
吴桥镇	1	130	9778	23442	62	47
浦头镇	1	1		400	45	99
宝应县						
安宜镇	5	16	15780	7361	44	97
氾水镇	1	28.5	11000	46635	46	66
夏集镇	1	38	6998	8300	46	79.4
柳堡镇	1	6.6	40800	7200	41	62
射阳湖镇	1	34	1500	2200	50	38
广洋湖镇	1	1.2	360	256	45	62
鲁垛镇	1	8	22600	1926	46	30
小官庄镇	2	35	23345	1142	57	67
望直港镇	1	34	26082	9035	44	45
曹甸镇	1	51.8	49790	1826	46	71
西安丰镇	1	23.8	5915	7222	47	56.9
山阳镇	1	4	26000	3100	45	46
黄塍镇	1		1000	380	42	71
泾河镇	2		500	6000	38	77

乡镇名称	图书馆、文化站个数（个）	公共图书馆藏书量（千册）	公共体育设施面积（平方米）	公共文化设施面积（平方米）	人均住房面积（平方米）	住楼房户比重（%）
开发区						
施桥镇	1	22	49214	5122	52	83.5
八里镇	1	9	4500	520	60	95
朴席镇	2	2	1200	2530	35	70
仪征市						
真州镇	3	4050	123500	13000	45	98.4
新集镇	2	38	3196	8000	59	85
新城镇	1	25.5	3100	2800	62	96
马集镇	1	32	23000	19600	58	90
刘集镇	1	10	14620	1010	45	88
陈集镇	1	40	18000	15000	45	92
大仪镇	1	12	25960	1120	53	97
月塘镇	1	121	450	550	62	60
青山镇	1	23	14000	1500	45	67
高邮市						
高邮街道	20	248	298732	45896	60	98.5
龙虬镇	1	77	1838	657	55	72
汤庄镇	18	69	6790	7060	57	45
卸甲镇	22	58	9500	6000	41	80
三垛镇	1	102	85650	2800	42	43
甘垛镇	1	21.5	2670	2638	45	58
界首镇	10	2.35	6550	3560	41	96.2
周山镇	1	2.4	500	300	37	83
临泽镇	1	17.3	9850	5200	45	50
送桥镇	3	7.32	63560	23540	53	90
菱塘回族乡	1	20.2	2595	11687	53	85

20

全省市县及长三角资料

编辑:项月

20－1　人　　口

（2018 年）

市县名称	年末户籍人口（万人）	女性人口（万人）	年末常住人口（万人）	出生人数（人）	死亡人数（人）	人口密度（人/平方公里）
南京市	**696.94**	**350.09**	**843.62**	**78750**	**41507**	**1281**
无锡市	**497.21**	**252.48**	**657.45**	**42117**	**36939**	**1421**
江阴市	125.95	63.60	165.18	9990	9227	1674
宜兴市	108.13	54.88	125.61	8508	8987	629
徐州市	**1044.77**	**504.13**	**880.20**	**139514**	**53436**	**748**
丰　县	121.48	58.03	95.05	15883	5563	656
沛　县	129.81	62.16	111.88	17096	8044	619
睢宁县	144.10	68.79	102.80	19975	7762	581
新沂市	113.21	54.53	91.19	16713	7270	573
邳州市	194.36	93.13	144.21	26413	9931	692
常州市	**382.20**	**194.37**	**472.86**	**33964**	**27437**	**1082**
溧阳市	79.04	39.31	76.33	6709	6112	497
苏州市	**703.55**	**359.38**	**1072.17**	**68487**	**49004**	**1238**
常熟市	106.80	55.04	151.58	6932	9259	1188
张家港市	92.94	47.51	126.06	7077	7047	1277
昆山市	90.32	45.97	166.59	12524	4836	1787
太仓市	49.40	25.55	71.92	3516	4092	888
南通市	**762.52**	**387.88**	**731.00**	**52870**	**69915**	**693**
如东县	102.08	51.95	97.85	5622	10099	351
启东市	111.04	56.74	95.00	6588	10353	554
如皋市	141.97	71.24	124.17	11144	12866	788
海门市	99.59	50.73	90.47	6682	9599	791
海安市	92.73	46.94	86.45	5966	8994	731
连云港市	**534.34**	**255.58**	**452.00**	**75031**	**34690**	**594**
东海县	124.62	59.64	97.10	21043	7972	477
灌云县	103.74	49.02	80.83	12450	6519	525
灌南县	81.92	38.60	63.72	9729	5602	620

市县名称	年末户籍人口（万人）	女性人口（万人）	年末常住人口（万人）	出生人数（人）	死亡人数（人）	人口密度（人/平方公里）
淮安市	**561.33**	**8.00**	**492.50**	**50200**	**36900**	**491**
涟水县	16.00	1.00	84.98	9400	6700	7979
盱眙县	79.82	39.13	65.70	6600	5000	6186
金湖县	34.90	17.47	33.29	2800	2400	3132
盐城市	**824.73**	**399.27**	**720.00**	**81607**	**53253**	**425**
响水县	62.36	29.50	49.70	7341	3541	337
滨海县	122.57	58.08	93.00	13702	5929	477
阜宁县	112.28	53.47	82.54	11831	7456	574
射阳县	95.18	46.32	87.85	8134	6582	337
建湖县	78.42	37.80	72.45	8328	3901	626
东台市	109.81	54.44	97.04	8684	9043	306
扬州市	**458.83**	**230.13**	**453.10**	**37309**	**37961**	**696.15**
宝应县	88.76	43.76	75.90	7590	8458	607.08
仪征市	59.16	29.54	57.06	4807	4593	655.84
高邮市	80.82	40.62	74.30	6637	6761	420.49
镇江市	**270.78**	**137.10**	**319.64**	**22326**	**21966**	**832**
丹阳市	80.63	40.84	98.97	6038	6572	945
扬中市	28.25	14.43	34.39	3346	2302	1052
句容市	58.90	29.79	62.76	4963	5078	455
泰州市	**503.39**	**247.13**	**463.57**	**42299**	**42578**	**801**
兴化市	155.67	73.98	124.38	14053	12660	519
靖江市	65.88	33.32	68.48	6128	5187	1045
泰兴市	117.88	57.85	107.22	8836	10276	917
宿迁市	**591.26**	**284.58**	**492.59**	**75666**	**47307**	**578**
沭阳县	198.28	94.71	156.72	27646	12468	682
泗阳县	106.79	50.94	84.75	10993	7601	615
泗洪县	109.58	53.06	89.88	13688	10029	334

20－2　户数及土地面积

（2018 年）

市县名称	年末总户数（万户）	#乡村户数	土地面积（平方公里）	建成区面积（平方公里）	建成区绿化覆盖面积（公顷）
南京市	**246.44**	**62.68**	**6587**	**817**	**36833**
无锡市	**169.20**	**59.57**	**4627**	**552**	**23780**
江阴市	38.19	18.12	987	125	5399
宜兴市	37.46	20.96	1997	84	3636
徐州市	**280.98**	**174.69**	**11765**	**476**	**20383**
丰　县	32.65	25.48	1450	32	1286
沛　县	37.41	24.25	1806	52	2160
睢宁县	33.44	25.05	1769	34	1415
新沂市	31.36	20.71	1592	37	1582
邳州市	46.52	33.04	2085	49	2122
常州市	**134.91**	**71.29**	**4372**	**300**	**12905**
溧阳市	26.45	20.11	1535	32	1357
苏州市	**230.92**	**87.34**	**8657**	**756**	**31967**
常熟市	32.25	17.72	1276	98	4497
张家港市	32.33	20.06	987	59	2416
昆山市	30.92	10.42	932	72	3236
太仓市	15.80	6.57	810	52	2095
南通市	**285.34**	**197.17**	**10549**	**395**	**17011**
如东县	36.63	30.15	2791	25	1071
启东市	46.02	37.89	1715	33	1399
如皋市	44.57	35.36	1576	41	1702
海门市	38.70	29.69	1144	30	1257
海安市	34.09	24.87	1183	32	1351
连云港市	**145.92**	**94.01**	**7615**	**309**	**12680**
东海县	29.73	22.18	2037	31	1272
灌云县	26.45	19.68	1538	28	1144
灌南县	22.21	14.90	1028	28	1122

市县名称	年末总户数（万户）	#乡村户数	土地面积（平方公里）	建成区面积（平方公里）	建成区绿化覆盖面积（公顷）
淮 安 市	**166.64**	**99.58**	**10030**	**292**	**12289**
涟 水 县	30.68	22.34	107	37	1533
盱 眙 县	21.61	16.27	106	40	1637
金 湖 县	12.44	7.92	106	26	1106
盐 城 市	**269.69**	**181.11**	**16931**	**358**	**15116**
响 水 县	16.90	11.79	1474	22	928
滨 海 县	34.66	23.87	1950	35	1484
阜 宁 县	35.25	21.65	1439	46	1906
射 阳 县	30.99	20.88	2606	25	1054
建 湖 县	28.70	18.65	1157	29	1163
东 台 市	38.48	32.14	3176	37	1573
扬 州 市	**147.82**	**100.22**	**6591**	**273**	**11859**
宝 应 县	26.97	20.79	1462	35	1460
仪 征 市	19.35	11.91	902	39	1695
高 邮 市	25.23	19.22	1922	27	1134
镇 江 市	**101.65**	**57.18**	**3840**	**223**	**9441**
丹 阳 市	27.86	19.73	1047	36	1483
扬 中 市	10.63	7.85	327	15	601
句 容 市	22.86	16.26	1378	29	1200
泰 州 市	**166.30**	**119.42**	**5787**	**237**	**10041**
兴 化 市	50.66	37.11	2395	40	1714
靖 江 市	21.05	15.75	656	34	1442
泰 兴 市	39.29	30.98	1170	34	1395
宿 迁 市	**151.52**	**106.37**	**8524**	**237**	**10194**
沭 阳 县	49.74	36.06	2299	65	2782
泗 阳 县	27.08	19.80	1378	40	1706
泗 洪 县	29.32	19.10	2694	38	1606

20－3　年末就业人员

（2018 年）　　单位：万人

市县名称	就业人员	第一产业	第二产业	第三产业	私营企业就业人员	个　体就业人员
南 京 市	**462.60**	**42.60**	**146.20**	**273.80**	**396.75**	**123.93**
无 锡 市	**388.20**	**15.80**	**213.60**	**158.80**	**291.99**	**79.31**
江 阴 市	99.33	4.69	60.68	33.96	72.03	23.53
宜 兴 市	74.13	7.95	40.17	26.01	64.84	9.79
徐 州 市	**483.10**	**119.90**	**170.20**	**193.00**	**143.21**	**105.97**
丰　县	55.02	16.27	20.25	18.50	9.31	10.24
沛　县	64.05	18.35	23.51	22.19	17.05	7.73
睢 宁 县	61.98	18.55	22.63	20.80	19.83	12.75
新 沂 市	54.98	14.81	20.09	20.09	21.48	10.26
邳 州 市	87.00	24.21	31.69	31.10	15.66	19.72
常 州 市	**282.20**	**29.40**	**137.40**	**115.40**	**184.19**	**72.94**
溧 阳 市	49.90	11.56	24.31	14.03	25.30	9.64
苏 州 市	**692.30**	**21.70**	**405.80**	**264.80**	**489.84**	**171.59**
常 熟 市	104.42	3.64	63.06	37.72	55.19	23.23
张家港市	77.15	4.07	45.70	27.38	63.95	19.88
昆 山 市	116.90	1.59	73.42	41.89	81.94	34.46
太 仓 市	45.82	2.44	26.41	16.97	30.36	8.33
南 通 市	**455.00**	**83.70**	**211.60**	**159.70**	**227.89**	**101.74**
如 东 县	61.40	12.31	30.51	19.00	19.56	9.91
启 东 市	66.38	15.42	29.06	22.00	22.92	7.42
如 皋 市	73.35	16.66	34.30	22.00	32.91	16.05
海 门 市	64.04	14.08	30.99	19.00	26.01	13.20
海 安 市	53.85	10.36	28.40	15.00	35.85	11.43
连云港市	**250.50**	**77.70**	**81.70**	**91.10**	**54.39**	**43.96**
东 海 县	56.59	18.41	18.03	20.14	9.59	11.13
灌 云 县	47.85	18.37	13.08	16.39	5.80	7.59
灌 南 县	36.44	14.96	11.09	10.39	4.61	5.73

市县名称	就业人员	第一产业	第二产业	第三产业	私营企业就业人员	个　体就业人员
淮安市	**285.10**	**76.90**	**89.90**	**118.30**	**90.57**	**58.15**
涟水县	48.68	16.93	11.67	20.07	12.09	8.21
盱眙县	38.60	11.60	12.78	14.22	11.13	7.81
金湖县	19.30	5.44	6.64	7.22	8.73	2.93
盐城市	**431.80**	**95.90**	**158.50**	**177.40**	**156.79**	**63.57**
响水县	27.45	7.03	9.88	10.54	6.57	4.41
滨海县	55.10	14.71	19.12	21.27	13.76	5.94
阜宁县	50.07	13.47	17.56	19.04	20.32	7.69
射阳县	55.67	14.07	19.71	21.89	11.38	5.99
建湖县	42.84	9.36	16.96	16.52	12.04	5.51
东台市	63.70	14.15	23.26	26.29	34.77	8.43
扬州市	**267.10**	**39.40**	**120.40**	**107.30**	**140.08**	**61.87**
宝应县	42.12	10.28	18.82	13.00	16.29	7.99
仪征市	39.65	7.77	18.41	13.00	13.64	7.79
高邮市	46.12	10.05	21.49	15.00	23.65	9.48
镇江市	**194.80**	**21.90**	**85.10**	**87.80**	**111.63**	**55.48**
丹阳市	63.75	5.71	32.95	25.09	42.27	16.41
扬中市	21.76	1.31	11.40	9.05	18.55	3.75
句容市	39.40	9.42	15.22	14.76	12.62	11.26
泰州市	**275.50**	**55.70**	**111.90**	**107.90**	**110.71**	**66.37**
兴化市	73.90	21.70	25.70	26.50	18.18	15.76
靖江市	40.70	6.20	20.60	13.90	18.99	8.43
泰兴市	63.50	14.70	25.90	22.90	22.51	17.58
宿迁市	**282.70**	**84.30**	**101.10**	**97.30**	**97.60**	**67.41**
沭阳县	94.23	26.86	36.63	30.74	44.65	16.98
泗阳县	49.40	18.18	16.06	15.16	12.76	11.88
泗洪县	48.66	16.80	16.42	15.44	12.27	11.59

20－4 乡村就业人员

（2018 年）

单位:万人

市　县	乡　村 就业人员	#农　林 牧渔业	#工业	#建筑业	#交通运输、仓 储及邮政业	#批发和 零售业
南京市	**112.68**	**21.46**	**35.57**	**23.37**	**6.71**	**7.90**
无锡市	**112.16**	**15.20**	**69.78**	**6.11**	**3.05**	**5.12**
江阴市	36.02	3.95	24.55	1.57	1.04	1.44
宜兴市	36.14	7.89	18.90	3.10	0.99	1.58
徐州市	**356.40**	**126.28**	**104.61**	**51.81**	**16.11**	**22.92**
丰　县	52.85	21.47	15.61	7.27	1.83	2.70
沛　县	50.70	16.47	14.90	10.17	1.85	2.47
睢宁县	59.60	22.92	17.54	8.61	1.52	2.93
新沂市	44.52	17.75	10.06	8.45	1.38	2.70
邳州市	62.94	19.61	20.03	6.17	4.21	5.70
常州市	**127.37**	**22.54**	**60.05**	**16.73**	**4.85**	**6.67**
溧阳市	32.14	7.64	8.97	9.31	1.84	1.86
苏州市	**171.58**	**21.02**	**104.35**	**9.65**	**5.45**	**10.43**
常熟市	38.38	3.42	24.05	2.07	1.16	2.36
张家港市	31.77	3.12	21.00	1.54	1.30	1.71
昆山市	20.92	1.60	12.94	1.08	0.60	1.34
太仓市	15.19	2.69	9.86	0.57	0.37	0.31
南通市	**297.53**	**60.23**	**88.85**	**62.84**	**15.42**	**26.70**
如东县	47.44	7.62	18.13	9.89	2.44	2.73
启东市	47.99	10.51	12.87	10.62	2.09	4.52
如皋市	60.75	12.96	18.82	10.68	2.23	3.63
海门市	48.73	11.10	11.66	11.33	2.29	6.72
海安市	37.18	6.63	11.34	8.63	2.98	3.09
连云港市	**177.46**	**74.93**	**32.33**	**32.27**	**8.61**	**8.95**
东海县	43.48	18.68	7.84	8.63	2.27	2.02
灌云县	38.76	19.71	5.61	4.16	1.15	1.48
灌南县	31.08	14.05	5.19	5.03	2.28	1.65

市　县	乡　村就业人员（万人）	#农　林牧渔业	#工业	#建筑业	#交通运输、仓储及邮政业	#批发和零售业
淮 安 市	**211.87**	**84.60**	**43.37**	**31.08**	**7.17**	**9.02**
涟 水 县	49.82	20.29	6.84	5.39	1.20	1.77
盱 眙 县	34.25	13.48	7.10	3.94	1.15	1.31
金 湖 县	13.18	4.45	3.69	2.50	0.42	0.53
盐 城 市	**298.13**	**104.61**	**61.25**	**37.20**	**13.99**	**14.28**
响 水 县	21.73	8.79	5.65	1.38	0.75	0.86
滨 海 县	43.36	15.53	5.80	4.88	2.50	1.87
阜 宁 县	36.28	14.03	5.15	5.83	1.71	1.59
射 阳 县	34.56	12.04	5.50	3.87	1.69	2.02
建 湖 县	30.07	9.01	9.30	3.55	1.30	1.67
东 台 市	48.50	18.70	10.30	6.78	2.02	2.20
扬 州 市	**180.59**	**32.15**	**66.12**	**34.24**	**7.39**	**11.65**
宝 应 县	40.87	10.05	12.03	9.75	1.84	2.80
仪 征 市	23.08	3.13	7.72	5.28	0.87	1.31
高 邮 市	36.83	8.80	14.29	6.60	1.24	1.97
镇 江 市	**100.24**	**19.87**	**50.78**	**11.60**	**3.48**	**3.41**
丹 阳 市	36.58	6.29	21.81	3.01	1.06	1.15
扬 中 市	13.64	1.90	8.82	0.66	0.36	0.51
句 容 市	26.58	7.13	8.53	5.90	1.13	0.86
泰 州 市	**215.26**	**41.51**	**66.39**	**35.85**	**13.11**	**17.29**
兴 化 市	60.65	19.33	10.40	5.98	4.34	5.67
靖 江 市	31.03	4.93	15.86	2.80	1.55	1.70
泰 兴 市	56.91	8.34	16.95	11.57	3.45	5.84
宿 迁 市	**222.07**	**83.63**	**63.19**	**29.39**	**7.86**	**12.98**
沭 阳 县	78.89	26.80	27.93	8.33	3.20	4.32
泗 阳 县	40.60	13.99	12.52	5.25	1.20	2.25
泗 洪 县	38.31	20.29	6.32	4.63	1.09	2.13

20－5　地区生产总值

（2018 年）　　单位:亿元

市县名称	地区生产总值	第一产业	第二产业	第三产业	#工业	人均地区生产总值（元）
南京市	**12820.40**	**273.42**	**4721.61**	**7825.37**	**4055.14**	**152886**
无锡市	**11438.62**	**125.07**	**5464.01**	**5849.54**	**5009.33**	**174270**
江阴市	3806.18	36.98	2071.91	1697.29	1990.78	230538
宜兴市	1713.28	50.61	890.31	772.36	764.41	136473
徐州市	**6755.23**	**631.39**	**2812.02**	**3311.82**	**2329.18**	**76915**
丰　县	460.14	86.85	182.69	190.60	138.16	48380
沛　县	762.62	104.11	332.87	325.64	222.25	68137
睢宁县	577.30	96.40	235.56	245.34	172.48	56149
新沂市	653.32	73.82	261.91	317.59	219.41	71577
邳州市	920.66	132.32	364.44	423.90	305.58	63824
常州市	**7050.27**	**156.25**	**3263.29**	**3630.73**	**2951.35**	**149277**
溧阳市	935.51	51.06	453.97	430.48	379.67	122626
苏州市	**18597.47**	**213.99**	**8933.28**	**9450.20**	**8240.37**	**173765**
常熟市	2400.23	39.90	1230.01	1130.00	1161.97	158332
张家港市	2720.18	30.63	1423.68	1266.00	1352.35	216027
昆山市	3832.06	31.62	2074.53	1726.00	1951.17	230270
太仓市	1330.72	34.98	675.47	620.00	631.33	185470
南通市	**8427.00**	**397.77**	**3947.88**	**4081.35**	**3283.23**	**115320**
如东县	952.29	75.22	439.13	437.94	373.47	97232
启东市	1063.33	72.04	505.34	485.95	400.55	111824
如皋市	1120.48	69.39	534.36	516.73	447.12	90031
海门市	1249.00	58.80	609.51	580.69	506.51	137958
海安市	993.00	61.41	467.40	464.19	388.17	114798
连云港市	**2771.70**	**325.57**	**1207.39**	**1238.74**	**961.89**	**61332**
东海县	494.42	73.46	207.78	213.18	176.92	50916
灌云县	375.00	69.15	159.06	146.79	119.46	46373
灌南县	352.99	57.24	162.12	133.63	140.07	55397

市县名称	地区生产总值	第一产业	第二产业	第三产业	#工业	人均地区生产总值（元）
淮安市	**3601.25**	**358.70**	**1508.11**	**1734.44**	**1268.00**	**73204**
涟水县	476.00	62.39	183.93	229.95	152.51	56033
盱眙县	441.00	59.39	173.78	208.17	140.95	67185
金湖县	296.00	37.04	111.51	147.74	98.61	89023
盐城市	**5487.08**	**573.40**	**2436.45**	**2477.23**	**2090.05**	**75987**
响水县	349.86	42.82	173.91	133.13	158.20	70112
滨海县	475.42	63.45	193.75	218.22	161.54	50997
阜宁县	482.83	58.88	210.42	213.53	154.39	58274
射阳县	536.61	87.67	196.71	252.23	179.63	60875
建湖县	561.68	50.17	238.93	272.58	202.84	77196
东台市	878.68	99.03	356.12	423.53	313.65	90084
扬州市	**5466.17**	**273.34**	**2623.24**	**2569.59**	**2283.60**	**120944**
宝应县	630.46	71.79	282.24	276.43	230.35	83032
仪征市	673.94	23.84	347.49	302.61	306.19	118401
高邮市	669.02	77.71	291.33	299.98	232.32	89970
镇江市	**4050.00**	**138.40**	**1976.60**	**1935.00**	**1804.00**	**126906**
丹阳市	1250.25	48.56	631.07	570.62	605.88	126736
扬中市	542.00	18.36	273.24	250.40	261.17	157742
句容市	571.10	46.41	264.19	260.50	233.10	91077
泰州市	**5107.63**	**280.05**	**2434.01**	**2393.57**	**2119.00**	**109988**
兴化市	905.13	124.85	339.92	440.36	291.71	72422
靖江市	1002.05	24.44	492.51	485.10	442.32	146061
泰兴市	1050.34	60.42	490.63	499.29	430.64	97697
宿迁市	**2750.72**	**300.84**	**1279.54**	**1170.34**	**1080.78**	**55906**
沭阳县	825.45	97.35	373.98	354.11	332.51	52704
泗阳县	479.22	61.22	236.25	181.75	196.39	56602
泗洪县	478.95	69.99	203.20	205.76	170.70	53303

20－6　地区生产总值构成

（2018年）

市县名称	地区生产总值指数（上年＝100）	三次产业占GDP比重（%）			一般公共预算收入占GDP比重（%）	外贸依存度（%）
		第一产业	第二产业	第三产业		
南京市	**108.0**	**2.1**	**36.8**	**61.0**	**11.5**	**33.7**
无锡市	**107.4**	**1.1**	**47.8**	**51.1**	**8.8**	**53.9**
江阴市	107.0	1.0	54.4	44.6	6.7	41.9
宜兴市	108.0	3.0	52.0	45.1	7.0	16.3
徐州市	**104.2**	**9.3**	**41.6**	**49.0**	**7.8**	**11.5**
丰县	103.0	18.9	39.7	41.4	6.1	11.7
沛县	103.6	13.7	43.6	42.7	7.4	5.9
睢宁县	104.4	16.7	40.8	42.5	7.2	8.8
新沂市	104.3	11.3	40.1	48.6	8.0	12.5
邳州市	103.5	14.4	39.6	46.0	6.4	11.0
常州市	**107.0**	**2.2**	**46.3**	**51.5**	**7.9**	**32.1**
溧阳市	108.0	5.5	48.5	46.0	7.1	8.1
苏州市	**106.8**	**1.2**	**48.0**	**50.8**	**11.4**	**125.7**
常熟市	106.8	1.7	51.2	47.1	8.8	69.5
张家港市	106.7	1.1	52.3	46.5	8.6	88.3
昆山市	107.2	0.8	54.1	45.0	10.1	153.9
太仓市	106.8	2.6	50.8	46.6	11.7	72.2
南通市	**107.2**	**4.7**	**46.8**	**48.4**	**7.2**	**30.2**
如东县	107.5	7.9	46.1	46.0	6.0	42.4
启东市	107.4	6.8	47.5	45.7	6.8	18.3
如皋市	107.3	6.2	47.7	46.1	6.2	21.8
海门市	108.0	4.7	48.8	46.5	5.7	16.2
海安市	108.1	6.2	47.1	46.7	6.2	12.3
连云港市	**104.7**	**11.7**	**43.6**	**44.7**	**8.5**	**22.7**
东海县	104.9	14.9	42.0	43.1	4.7	6.3
灌云县	104.0	18.4	42.4	39.1	6.0	3.6
灌南县	104.0	16.2	45.9	37.9	6.4	3.6

市县名称	地区生产总值指数（上年＝100）	三次产业占 GDP 比重（%）			一般公共预算收入占 GDP 比重（%）	外贸依存度（%）
		第一产业	第二产业	第三产业		
淮 安 市	**106.5**	**10.0**	**41.9**	**48.2**	**6.9**	**9.2**
涟 水 县	106.6	13.1	38.6	48.3	4.5	4.6
盱 眙 县	106.5	13.5	39.4	47.2	4.1	2.4
金 湖 县	106.5	12.5	37.7	49.9	7.4	12.1
盐 城 市	**105.5**	**10.5**	**44.4**	**45.1**	**6.9**	**11.5**
响 水 县	108.1	12.2	49.7	38.1	7.2	12.5
滨 海 县	105.3	13.3	40.8	45.9	6.1	7.6
阜 宁 县	105.3	12.2	43.6	44.2	5.7	5.2
射 阳 县	105.6	16.3	36.7	47.0	4.9	5.8
建 湖 县	105.6	8.9	42.5	48.5	5.0	4.6
东 台 市	105.6	11.3	40.5	48.2	6.5	7.2
扬 州 市	**106.7**	**5.0**	**48.0**	**47.0**	**6.2**	**14.4**
宝 应 县	106.6	11.4	44.8	43.8	4.4	11.8
仪 征 市	106.7	3.5	51.6	45.0	7.6	16.7
高 邮 市	108.0	11.6	43.5	44.8	5.5	4.9
镇 江 市	**103.1**	**3.4**	**48.8**	**47.8**	**7.4**	**19.2**
丹 阳 市	102.8	3.9	50.5	45.6	4.9	16.9
扬 中 市	105.0	3.4	50.4	46.2	6.0	8.7
句 容 市	105.5	8.1	46.3	45.6	8.8	8.0
泰 州 市	**106.7**	**5.5**	**47.7**	**46.9**	**7.0**	**19.0**
兴 化 市	104.5	13.8	37.6	48.7	4.4	5.3
靖 江 市	107.1	2.4	49.2	48.4	5.6	18.6
泰 兴 市	107.2	5.8	46.7	47.5	7.1	32.5
宿 迁 市	**106.8**	**10.9**	**46.5**	**42.5**	**7.5**	**8.6**
沭 阳 县	106.8	11.8	45.3	42.9	5.7	6.3
泗 阳 县	106.9	12.8	49.3	37.9	5.3	6.7
泗 洪 县	106.9	14.6	42.4	43.0	5.4	3.0

20－7　农林牧渔业总产值

（2018 年）　　　　单位：亿元

市县名称	农林牧渔业总产值	农　业	林　业	畜牧业	渔　业	农林牧渔服务业
南京市	**489.47**	**277.28**	**29.15**	**33.37**	**123.04**	**26.63**
无锡市	**226.19**	**138.87**	**18.84**	**8.19**	**35.57**	**24.73**
江阴市	67.57	39.00	8.31	2.79	9.31	8.17
宜兴市	89.36	54.84	4.13	3.62	19.01	7.77
徐州市	**1211.96**	**760.86**	**21.58**	**337.49**	**48.01**	**44.03**
丰　县	171.33	124.33	1.26	38.59	1.24	5.91
沛　县	203.14	128.02	1.17	53.84	7.69	12.41
睢宁县	184.61	104.60	4.76	61.37	6.37	7.50
新沂市	153.92	77.58	5.75	42.27	20.88	7.43
邳州市	267.19	173.89	4.71	65.12	9.88	13.59
常州市	**293.80**	**162.49**	**2.13**	**27.01**	**81.02**	**21.15**
溧阳市	94.71	51.22	1.21	6.35	31.73	4.18
苏州市	**410.09**	**177.64**	**24.57**	**24.10**	**134.41**	**49.37**
常熟市	75.09	44.41	2.78	3.60	14.68	9.63
张家港市	59.78	34.86	7.68	4.12	4.49	8.61
昆山市	56.87	17.38	4.92	0.66	30.43	3.48
太仓市	66.97	29.55	3.86	8.86	16.75	7.96
南通市	**761.23**	**324.55**	**4.89**	**167.67**	**178.57**	**85.56**
如东县	156.71	50.87	1.12	36.70	57.08	10.95
启东市	144.81	46.47	0.82	14.24	65.59	17.69
如皋市	120.57	65.57	0.25	39.07	7.12	8.56
海门市	106.35	52.58	1.13	13.88	23.18	15.57
海安市	125.32	49.46	0.35	51.47	11.34	12.70
连云港市	**636.65**	**304.65**	**16.00**	**115.89**	**155.49**	**44.62**
东海县	144.43	83.81	4.45	26.54	12.94	16.70
灌云县	138.70	68.78	2.97	35.66	17.93	13.35
灌南县	106.69	71.29	2.41	19.51	8.56	4.92

市县名称	农林牧渔业总产值	农　业	林　业	畜牧业	渔　业	农林牧渔服务业
淮安市	**662.58**	**413.70**	**15.11**	**147.12**	**73.56**	**13.09**
涟水县	123.22	86.53	3.37	26.68	3.78	2.85
盱眙县	108.87	63.93	1.86	19.30	21.87	1.90
金湖县	69.55	40.09	2.06	7.74	17.60	2.06
盐城市	**1183.89**	**519.46**	**30.80**	**311.93**	**237.80**	**83.90**
响水县	80.23	36.49	1.71	19.62	15.27	7.15
滨海县	120.66	61.48	4.99	26.70	23.85	3.64
阜宁县	120.25	45.68	4.12	40.40	19.59	10.46
射阳县	196.81	77.57	5.18	44.36	53.48	16.23
建湖县	100.27	38.19	2.33	25.81	25.10	8.83
东台市	219.54	101.67	4.68	63.59	32.80	16.79
扬州市	**514.02**	**243.36**	**13.98**	**61.87**	**166.05**	**28.75**
宝应县	132.73	51.13	2.86	13.20	58.58	6.95
仪征市	47.22	28.79	2.60	9.06	2.23	4.54
高邮市	148.83	55.74	2.31	18.79	63.93	8.06
镇江市	**245.94**	**135.64**	**10.10**	**31.94**	**36.11**	**32.15**
丹阳市	83.85	47.06	2.08	10.84	12.46	11.41
扬中市	28.93	14.01	1.09	3.67	5.06	5.10
句容市	78.81	46.62	5.32	8.40	8.59	9.88
泰州市	**484.36**	**269.90**	**3.61**	**70.80**	**115.67**	**24.39**
兴化市	221.02	96.94	1.56	17.35	93.88	11.29
靖江市	42.73	26.02	0.50	8.56	3.55	4.09
泰兴市	101.55	66.75	1.02	24.81	5.66	3.30
宿迁市	**559.37**	**334.65**	**19.86**	**89.21**	**98.78**	**16.85**
沭阳县	184.80	145.55	5.69	26.39	3.35	3.83
泗阳县	117.18	61.94	7.90	17.13	25.53	4.68
泗洪县	138.72	58.75	2.01	21.39	53.18	3.40

20－8　农业生产情况

（2018 年）

市县名称	农作物总播种面积（千公顷）	#粮食作物	农业机械总动力（万千瓦）	农用化肥施用量（万吨）	农村用电量（亿千瓦时）
南京市	**270.05**	**151.38**	**231.62**	**6.71**	**32.08**
无锡市	**145.37**	**84.34**	**96.33**	**4.89**	**422.58**
江阴市	34.75	19.94	26.66	1.28	182.26
宜兴市	82.26	55.17	48.26	2.26	87.30
徐州市	**1178.48**	**765.66**	**736.85**	**56.59**	**69.96**
丰　县	153.44	98.43	83.93	8.02	5.69
沛　县	157.75	99.27	104.60	6.97	7.16
睢宁县	186.78	146.42	120.65	11.32	9.42
新沂市	192.73	104.50	124.03	7.60	4.37
邳州市	229.08	123.69	128.44	10.71	16.49
常州市	**181.19**	**109.51**	**143.71**	**5.54**	**169.43**
溧阳市	80.19	61.96	55.91	1.91	59.52
苏州市	**217.79**	**124.47**	**148.07**	**6.44**	**599.54**
常熟市	58.93	33.06	31.70	2.18	79.89
张家港市	52.32	33.56	30.15	1.06	123.77
昆山市	19.55	12.62	17.93	0.69	109.73
太仓市	37.25	18.94	21.12	0.83	59.58
南通市	**784.63**	**535.36**	**413.93**	**21.16**	**185.65**
如东县	167.16	140.86	94.56	3.97	22.83
启东市	132.12	81.24	63.36	3.14	12.34
如皋市	144.14	101.46	87.54	2.96	45.25
海门市	110.65	50.94	39.48	3.98	27.67
海安市	102.15	79.39	69.96	4.23	26.84
连云港市	**623.95**	**505.77**	**616.02**	**32.43**	**33.01**
东海县	204.15	163.08	163.82	6.55	10.83
灌云县	143.44	120.03	128.95	9.56	6.45
灌南县	108.03	86.70	132.21	4.38	2.87

20－8 续表 （2018年）

市县名称	农作物总播种面积（千公顷）	#粮食作物	农业机械总动力（万千瓦）	农用化肥施用量（万吨）	农村用电量（亿千瓦时）
淮安市	**804.08**	**681.06**	**634.92**	**34.28**	**17.26**
涟水县	170.22	138.78	126.15	5.72	2.35
盱眙县	165.47	149.98	127.10	5.36	3.96
金湖县	81.85	75.41	80.50	2.59	2.49
盐城市	**1365.78**	**983.15**	**703.79**	**48.91**	**83.13**
响水县	114.71	85.20	76.86	4.54	2.83
滨海县	161.71	129.12	89.36	6.77	9.98
阜宁县	166.64	125.65	85.77	3.64	6.89
射阳县	195.57	155.53	106.83	9.07	9.80
建湖县	110.58	96.55	65.76	3.20	10.31
东台市	243.89	146.64	97.86	4.98	17.01
扬州市	**476.54**	**396.09**	**278.31**	**18.48**	**60.99**
宝应县	132.53	114.75	60.96	3.53	12.02
仪征市	49.00	39.22	41.72	1.17	7.80
高邮市	136.34	116.50	73.52	4.44	11.89
镇江市	**200.93**	**153.30**	**149.50**	**4.94**	**75.92**
丹阳市	76.18	65.01	38.25	1.42	48.01
扬中市	15.99	10.73	14.03	0.34	10.92
句容市	62.84	42.65	57.61	1.98	7.00
泰州市	**530.22**	**385.99**	**284.02**	**15.30**	**134.58**
兴化市	206.16	166.36	124.58	6.19	41.82
靖江市	50.27	40.09	27.93	1.82	14.29
泰兴市	131.35	85.76	62.95	2.72	44.46
宿迁市	**741.48**	**598.76**	**605.18**	**36.58**	**48.91**
沭阳县	253.25	184.69	214.30	14.35	24.89
泗阳县	118.46	95.43	106.19	3.60	5.94
泗洪县	198.49	175.55	162.40	9.68	4.47

20－9 农产品产量

（2018年） 单位:万吨

市县名称	粮食总产量	油料产量	棉花产量（吨）	肉类总产量	#猪牛羊肉	水产品产量
南京市	**106.92**	**3.34**	**1418**	**4.86**	**2.69**	**16.60**
无锡市	**56.80**	**0.48**		**2.00**	**1.46**	**12.23**
江阴市	13.06	0.12		0.47	0.35	2.59
宜兴市	37.71	0.33		1.25	0.88	8.18
徐州市	**484.48**	**12.32**	**10317**	**69.90**	**38.77**	**16.87**
丰县	55.18	0.42	5616	6.52	4.83	0.29
沛县	63.12	0.29	2176	13.54	4.98	1.82
睢宁县	93.74	3.03	502	8.83	5.88	2.23
新沂市	70.44	6.90		10.87	6.99	5.88
邳州市	80.69	1.02	408	15.78	6.72	2.53
常州市	**78.15**	**1.57**	**166**	**8.28**	**4.14**	**14.01**
溧阳市	45.57	1.13	166	2.13	1.11	4.61
苏州市	**87.92**	**0.59**	**139**	**3.85**	**2.62**	**19.56**
常熟市	22.96	0.19	50	0.65	0.59	2.51
张家港市	22.60	0.21	17	0.56	0.44	1.33
昆山市	9.25	0.05	22	0.04	0.02	2.94
太仓市	13.19	0.13	50	1.55	0.70	1.19
南通市	**336.90**	**20.89**	**7860**	**45.61**	**27.34**	**81.13**
如东县	97.92	2.42	1312	10.81	6.34	30.24
启东市	32.10	5.50	1402	5.40	2.64	33.12
如皋市	67.26	2.36	41	12.47	7.36	2.59
海门市	24.62	5.07	4752	3.97	1.51	5.08
海安市	61.85	0.99		7.77	5.72	4.59
连云港市	**364.03**	**8.35**	**80**	**22.85**	**17.87**	**72.85**
东海县	116.32	3.53		5.91	4.68	6.84
灌云县	86.87	0.06		4.87	4.27	5.62
灌南县	63.59	0.10		3.35	3.21	3.89

20－9　续表　　　　　　　　　　　　（2018年）　　　　　　　　　　　　单位:万吨

市县名称	粮食总产量	油料产量	棉花产量（吨）	肉类总产量	#猪牛羊肉	水产品产量
淮安市	**482.26**	**5.57**	**68**	**24.05**	**14.16**	**26.10**
涟水县	93.25	2.62		4.29	3.05	1.70
盱眙县	103.82	0.68	68	5.97	3.39	8.12
金湖县	56.48	0.43		1.09	0.47	4.49
盐城市	**704.31**	**13.10**	**800**	**73.80**	**54.05**	**119.75**
响水县	60.17	1.12		5.12	4.52	6.73
滨海县	96.46	1.67	140	8.72	8.15	9.92
阜宁县	94.26	1.08		15.43	11.71	7.45
射阳县	112.61	0.76	460	7.92	5.50	22.49
建湖县	71.50	1.13	50	5.38	3.56	10.34
东台市	100.05	3.23	150	14.10	8.93	18.51
扬州市	**287.36**	**3.88**	**62**	**16.07**	**8.95**	**39.61**
宝应县	86.88	0.82		3.79	2.51	14.80
仪征市	27.49	0.41	18	1.92	0.99	0.75
高邮市	84.88	1.20		5.00	2.63	16.90
镇江市	**107.30**	**3.25**	**643**	**6.80**	**4.50**	**9.57**
丹阳市	46.13	0.60		2.76	1.53	4.12
扬中市	7.86	0.10		0.64	0.52	0.80
句容市	29.30	1.95	619	1.28	0.96	2.65
泰州市	**287.11**	**8.73**	**472**	**23.88**	**19.87**	**38.92**
兴化市	126.79	2.43	314	5.20	3.77	29.80
靖江市	29.05	0.35	0	3.05	2.75	1.00
泰兴市	63.17	3.30	0	8.35	7.60	2.44
宿迁市	**401.02**	**3.96**	**477**	**27.99**	**18.00**	**26.16**
沭阳县	127.12	1.49		8.60	6.55	1.82
泗阳县	62.69	0.69	12	4.45	3.60	8.38
泗洪县	113.53	1.44	444	5.59	4.18	9.80

20－10 规模以上工业企业主要经济指标

（2018 年）

单位：亿元

市县名称	资产合计	负债合计	主营业务收　入	主营业务成　本	利润总额	平均用工人数（万人）
南京市	**12632.89**	**6680.30**	**11945.91**	**9645.12**	**894.96**	**61.45**
无锡市	**17028.44**	**8827.90**	**16576.71**	**14194.75**	**1204.94**	**114.95**
江阴市	6532.84	3728.33	5735.76	4963.84	458.88	38.84
宜兴市	2461.21	1417.89	2920.50	2470.64	240.53	15.15
徐州市	**6216.03**	**3288.97**	**5030.28**	**4095.55**	**292.71**	**45.19**
丰　县	192.23	119.06	325.46	294.37	12.49	3.25
沛　县	237.13	135.61	284.60	258.82	11.26	4.20
睢宁县	192.98	92.48	292.45	251.30	22.20	3.92
新沂市	374.03	166.84	388.85	337.43	27.80	4.37
邳州市	546.37	185.05	438.29	394.11	30.01	5.64
常州市	**9670.52**	**5424.17**	**11394.03**	**9810.25**	**726.26**	**80.29**
溧阳市	1173.55	804.19	1259.27	1074.44	87.86	7.02
苏州市	**32073.74**	**16784.21**	**33840.03**	**29115.78**	**2034.08**	**275.48**
常熟市	4245.12	2340.18	3826.12	3288.94	220.36	29.63
张家港市	5126.75	2826.10	4987.55	4295.87	378.63	25.33
昆山市	6666.05	3480.80	8493.91	7545.74	389.44	78.43
太仓市	2211.48	1166.43	2312.67	1935.40	157.30	18.56
南通市	**9812.43**	**4713.64**	**14029.55**	**12023.81**	**1165.55**	**88.40**
如东县	1262.10	561.50	1991.87	1724.32	159.34	10.23
启东市	1544.08	738.58	1774.64	1462.08	184.87	12.60
如皋市	1120.17	609.42	1751.06	1548.29	110.42	14.56
海门市	1103.23	539.11	2109.24	1750.32	262.11	10.87
海安市	1552.42	720.00	2432.85	2118.03	173.62	13.14
连云港市	**3481.03**	**1957.80**	**2493.70**	**1814.33**	**230.47**	**20.67**
东海县	236.26	96.36	178.90	156.79	10.01	3.01
灌云县	111.24	67.80	64.86	56.01	－2.06	1.09
灌南县	242.41	144.64	281.18	247.02	8.94	2.51

20－10　续表　（2018 年）　单位:亿元

市县名称	资产合计	负债合计	主营业务收　入	主营业务成　本	利润总额	平均用工人数（万人）
淮安市	**2597.38**	**1270.08**	**3866.77**	**3268.32**	**213.40**	**28.67**
涟水县	265.17	111.46	427.99	351.85	47.42	4.86
盱眙县	225.60	140.63	527.01	473.34	24.28	3.59
金湖县	264.36	166.36	268.95	229.31	14.92	2.88
盐城市	**5150.22**	**3035.72**	**5815.97**	**5070.18**	**298.31**	**43.45**
响水县	637.50	439.00	751.97	685.36	68.12	0.28
滨海县	493.56	301.17	341.98	273.80	25.59	0.32
阜宁县	350.94	202.78	437.61	392.57	21.18	0.37
射阳县	372.48	205.15	515.21	433.25	23.78	0.36
建湖县	341.10	151.50	505.54	422.70	32.74	0.41
东台市	656.56	397.40	881.00	790.30	48.25	0.71
扬州市	**4898.00**	**2531.34**	**6803.15**	**5896.95**	**424.88**	**52.54**
宝应县	640.83	355.96	1176.23	1032.67	62.04	8.71
仪征市	773.50	392.50	1040.62	900.95	83.34	5.81
高邮市	613.19	277.90	1077.96	938.65	63.01	9.06
镇江市	**5019.13**	**2765.09**	**4162.10**	**3570.02**	**233.36**	**34.49**
丹阳市	1326.54	783.47	1056.11	858.05	102.46	14.44
扬中市	947.64	528.28	657.80	548.79	37.79	5.64
句容市	706.86	385.63	551.40	472.45	35.98	5.11
泰州市	**5948.08**	**3122.21**	**6979.70**	**5636.39**	**455.51**	**47.77**
兴化市	522.27	256.27	723.12	632.99	33.66	5.34
靖江市	1457.74	704.01	1238.59	1074.89	99.29	9.21
泰兴市	1164.05	623.72	1327.69	1076.83	107.91	10.30
宿迁市	**2470.17**	**1136.61**	**2188.65**	**1743.46**	**271.83**	**30.11**
沭阳县	505.96	207.47	670.46	556.09	79.25	8.25
泗阳县	213.77	112.66	252.36	215.81	21.78	3.96
泗洪县	252.41	150.20	213.97	177.76	24.81	3.69

20－11　交　通　运　输

（2018年）

市县名称	公路里程（公里）	#等级公路	公　路客运量（万人）	公　路货运量（万吨）	民用汽车拥有量（万辆）	#私人汽车
南 京 市	**10632**	**10571**	**8278**	**14995**	**258.24**	**207.25**
无 锡 市	**7576**	**7576**	**5179**	**15761**	**192.17**	**161.42**
江 阴 市	2433	2433	406	3228	48.34	42.47
宜 兴 市	2402	2402	602	1627	29.95	26.22
徐 州 市	**16611**	**15798**	**9960**	**21164**	**136.64**	**125.53**
丰　县	1858	1850	452.7	1903.74	12.03	11.55
沛　县	2410	2410	374.3	2714.8	12.64	11.85
睢 宁 县	2511	2407	876.5	2231.77	13.83	12.97
新 沂 市	2711	2388	698.59	1443.53	8.76	8.10
邳 州 市	3210	2907	640.71	2847.38	14.90	14.25
常 州 市	**9331**	**9331**	**4087**	**13068**	**133.76**	**113.41**
溧 阳 市	2624	2624	771.4	2985	16.16	14.46
苏 州 市	**12173**	**12173**	**29123**	**14787**	**387.02**	**329.72**
常 熟 市	2501	2501	3253	1536	47.27	41.69
张家港市	1619	1619	2886	1917	40.16	34.57
昆 山 市	1692	1692	3733	1615	64.32	52.95
太 仓 市	1341	1341	2578	1562	23.97	20.15
南 通 市	**19005**	**19005**	**6807**	**13746**	**167.27**	**149.31**
如 东 县	2867	2867	564	1587	18.93	17.67
启 东 市	3652	3652	1002	647	19.80	18.58
如 皋 市	3458	3458	453	2545	26.59	24.46
海 门 市	2563	2563	402	923	20.44	19.00
海 安 市	2466	2466	447	2139	15.81	14.25
连云港市	**11909**	**11909**	**4290**	**9965**	**63.58**	**58.80**
东 海 县	2858	2858	880	2080	14.34	13.67
灌 云 县	2607	2607	378	1252	9.29	8.84
灌 南 县	1823	1823	560	547	6.20	5.85

市县名称	公路里程（公里）	#等级公路	公路客运量（万人）	公路货运量（万吨）	民用汽车拥有量（万辆）	#私人汽车
淮安市	**13436**	**12845**	**5995**	**6671**	**57.80**	**52.01**
涟水县	2586	2356	1352	594	9.66	8.94
盱眙县	2733	2732	1429	1769	6.02	5.34
金湖县	1506	1410	1162	1487	3.41	3.01
盐城市	**20550**	**20333**	**6428**	**5885**	**96.58**	**87.30**
响水县	1804	1804	302	275	5.53	5.08
滨海县	2272	2264	812	1128	10.04	9.18
阜宁县	1972	1970	401	255	8.73	8.15
射阳县	2605	2411	641	825	10.71	10.03
建湖县	1826	1816	666	272	7.49	6.79
东台市	3316	3316	641	1074	12.58	11.61
扬州市	**9730**	**9363**	**3094**	**7634**	**77.10**	**68.43**
宝应县	1971	1863	394	608	7.92	7.32
仪征市	1578	1578	282	1131	9.52	8.60
高邮市	2188	2154	692	989	9.57	8.60
镇江市	**7255**	**7255**	**2965**	**8058**	**61.18**	**53.78**
丹阳市	2267	2267	631	1835	19.66	17.71
扬中市	837	837	299	490	6.67	5.91
句容市	2557	2557	528	1209	6.66	6.02
泰州市	**9954**	**9953**	**6057**	**3041**	**76.82**	**69.00**
兴化市	2890	2889	1246	478	14.15	13.32
靖江市	1359	1359	968	363	14.41	12.85
泰兴市	2236	2236	1640	660	15.67	14.27
宿迁市	**10565**	**10183**	**4762**	**4476**	**61.66**	**61.66**
沭阳县	2878	2625			18.28	10.31
泗阳县	1751	1726			9.75	5.89
泗洪县	2388	2388			8.38	5.00

20－12 邮电、电力

(2018 年)

市县名称	邮电业务总量(亿元)	固定电话用户(万户)	移动电话用户(万户)	互联网宽带接入用户(万户)	全年用电量(亿千瓦时)	#工业用电
南京市	**847.75**	**201.17**	**1284.06**	**451.98**	**606.40**	**331.27**
无锡市	**613.43**	**137.82**	**964.07**	**333.18**	**732.81**	**551.49**
江阴市	74.35	26.48	216.29	69.67	277.96	240.84
宜兴市	36.26	20.95	151.60	49.67	104.94	78.00
徐州市	**446.90**	**94.55**	**903.74**	**290.45**	**352.05**	**219.91**
丰县	39.64	6.55	81.57	24.78	24.10	13.38
沛县	44.38	7.54	99.81	29.15	40.86	27.97
睢宁县	44.18	9.10	97.30	29.59	23.27	9.79
新沂市	56.87	7.59	88.43	27.65	34.49	23.78
邳州市	21.21	9.18	123.42	36.24	30.56	14.42
常州市	**391.74**	**102.50**	**653.93**	**236.76**	**489.72**	**373.05**
溧阳市	10.75	15.91	87.47	18.52	94.31	79.13
苏州市	**1376.56**	**255.51**	**1783.19**	**588.15**	**1562.49**	**1227.77**
常熟市	67.00	31.84	206.31	75.70	191.76	157.24
张家港市	14.00	23.55	175.72	70.93	313.83	284.66
昆山市	48.00	40.66	309.14	116.49	253.47	194.47
太仓市	11.00	15.48	106.53	39.39	107.24	86.84
南通市	**454.08**	**135.54**	**813.49**	**292.05**	**433.31**	**295.86**
如东县	15.69	17.28	91.80	31.37	59.08	43.27
启东市	15.53	25.44	101.05	36.83	37.73	22.61
如皋市	19.49	22.37	128.48	43.53	60.32	40.32
海门市	32.97	20.89	105.98	38.34	45.06	29.44
海安市	17.66	21.17	88.22	36.01	52.85	39.40
连云港市	**231.65**	**57.80**	**447.53**	**150.90**	**178.51**	**106.52**
东海县	8.52	8.11	94.66	31.29	26.83	14.33
灌云县	5.55	7.09	68.00	20.63	13.56	5.00
灌南县	2.14	5.58	54.58	16.68	28.19	20.07

20－12　续表　　（2018 年）

市县名称	邮电业务总　量（亿元）	固定电话用　户（万户）	移动电话用　户（万户）	互联网宽带接入用户（万户）	全年用电量（亿千瓦时）	#工业用电
淮安市	**227.12**	**41.67**	**458.63**	**151.61**	**186.59**	**115.97**
涟水县	1.05	4.45	74.44	20.78	18.69	9.26
盱眙县	0.67	3.18	58.00	18.47	19.49	10.23
金湖县	0.56	2.88	23.68	11.14	13.14	8.37
盐城市	**313.23**	**69.11**	**685.78**	**228.56**	**320.93**	**212.54**
响水县	4.39	2.75	43.61	14.51	46.14	38.84
滨海县	8.39	6.60	70.19	21.18	29.16	18.60
阜宁县	7.61	5.21	70.08	21.78	26.16	15.82
射阳县	8.16	6.11	78.68	22.28	25.62	14.47
建湖县	7.50	5.30	65.18	20.81	24.11	14.59
东台市	11.09	9.98	90.62	29.98	42.28	28.77
扬州市	**232.37**	**93.48**	**531.67**	**171.56**	**248.99**	**165.64**
宝应县	30.25	12.41	64.65	20.82	23.21	13.63
仪征市	30.34	12.43	62.43	20.24	45.74	37.57
高邮市	34.83	14.50	73.90	24.70	40.74	29.11
镇江市	**185.18**	**60.32**	**355.61**	**133.31**	**255.24**	**183.42**
丹阳市	53.83	14.64	100.81	35.15	84.92	65.88
扬中市	18.77	7.18	38.84	14.52	19.30	12.85
句容市	27.67	9.34	56.15	20.55	30.76	16.99
泰州市	**229.66**	**79.90**	**470.90**	**166.11**	**286.14**	**205.74**
兴化市	59.22	15.19	104.02	37.55	67.48	51.65
靖江市	43.80	15.73	76.86	29.45	43.58	30.28
泰兴市	55.64	20.03	103.16	40.22	68.83	52.07
宿迁市	**259.47**	**33.53**	**464.57**	**147.71**	**192.05**	**123.84**
沭阳县	94.86	10.87	148.04	44.04	54.51	35.19
泗阳县	36.11	6.59	79.78	24.19	28.88	17.02
泗洪县	35.94	4.15	85.00	24.53	24.12	12.20

20－13　固定资产投资完成额

（2018年）　　单位:亿元

市县名称	房地产开发投资	#住宅	商品房屋销售建筑面积（万平方米）	#住宅	待售面积（万平方米）	#住宅
南京市	**2354.17**	**1574.64**	**1220.73**	**982.65**	**352.49**	**196.92**
无锡市	**1314.86**	**1004.57**	**1378.35**	**1255.54**	**160.48**	**104.53**
江阴市	223.90	194.62	330.19	288.27	161.25	80.87
宜兴市	100.22	84.15	136.36	120.86	758.02	342.54
徐州市	**716.43**	**585.31**	**1253.45**	**1160.67**	**135.07**	**90.93**
丰县	32.09	29.62	88.58	84.32	24.11	17.90
沛县	61.83	41.62	120.82	109.08	2.10	1.03
睢宁县	47.44	37.45	142.23	127.42	6.47	3.78
新沂市	46.27	41.20	135.57	130.56	4.70	3.99
邳州市	73.35	62.64	174.88	156.92	17.51	15.89
常州市	**595.89**	**460.05**	**815.01**	**673.23**	**412.91**	**104.60**
溧阳市	60.86	53.31	117.21	112.32	46.87	22.77
苏州市	**2557.91**	**2111.60**	**1994.13**	**1788.30**	**789.03**	**320.95**
常熟市	220.66	182.86	169.31	147.05	48.42	10.01
张家港市	211.70	183.41	280.75	252.60	84.72	21.60
昆山市	397.01	321.80	397.40	359.14	155.86	80.18
太仓市	160.72	136.16	127.86	109.79	51.79	29.06
南通市	**759.52**	**540.05**	**1731.53**	**1570.45**	**809.00**	**447.00**
如东县	31.95	26.18	105.00	100.00	13.00	10.00
启东市	86.79	71.52	285.00	277.00	18.00	8.00
如皋市	50.01	31.47	157.00	129.00	127.00	49.00
海门市	67.19	47.32	152.00	140.00	70.00	44.00
海安市	53.81	31.57	184.00	156.00	66.00	32.00
连云港市	**341.52**	**283.64**	**562.62**	**532.47**	**135.77**	**87.96**
东海县	25.23	23.02	73.90	64.85	4.29	2.03
灌云县	19.21	14.67	40.66	39.31	9.14	8.13
灌南县	24.04	20.93	104.91	101.70	20.52	16.10

市县名称	房地产开发投资	#住宅	商品房屋销售建筑面积（万平方米）	#住宅	待售面积（万平方米）	#住宅
淮安市	**312.02**	**226.69**	**937.25**	**830.94**	**932.97**	**490.31**
涟水县	17.69	14.94	134.50	111.20	75.87	36.18
盱眙县	30.01	24.03	109.50	100.40	89.71	40.91
金湖县	9.90	7.62	42.50	34.52	52.64	36.92
盐城市	**454.94**	**360.56**	**915.09**	**811.45**	**351.98**	**226.99**
响水县	9.95	9.20	7.62	7.19	1.85	0.50
滨海县	25.73	21.90	20.86	18.09	3.84	3.63
阜宁县	37.14	30.90	11.03	10.89	42.94	36.72
射阳县	43.26	40.34	2.10	2.05	57.36	42.71
建湖县	16.80	11.93	11.44	10.29	52.39	26.32
东台市	54.18	34.49	5.99	3.45	33.71	20.79
扬州市	**620.98**	**455.87**	**746.17**	**665.41**	**196.00**	**73.00**
宝应县	33.39	27.30	78.67	77.83	8.00	2.00
仪征市	74.25	54.47	76.29	68.02	6.00	3.00
高邮市	68.90	52.60	118.81	102.67	28.00	18.00
镇江市	**355.99**	**281.22**	**512.74**	**471.75**	**294.81**	**170.20**
丹阳市	75.50	51.72	110.54	91.24	120.18	66.87
扬中市	20.32	18.64	46.99	44.07	45.71	26.80
句容市	92.99	75.59	160.20	154.32	32.37	24.30
泰州市	**345.07**	**275.37**	**694.26**	**629.12**	**283.36**	**158.88**
兴化市	32.12	19.10	67.60	58.91	15.05	10.32
靖江市	57.11	46.22	89.35	80.11	30.91	5.24
泰兴市	114.21	97.26	194.40	183.24	56.03	37.84
宿迁市	**253.04**	**206.61**	**722.88**	**668.70**	**226.84**	**102.28**
沭阳县	55.06	46.09	182.24	161.91	97.26	35.09
泗阳县	52.82	48.86	149.92	143.86	25.66	14.64
泗洪县	37.75	30.33	112.95	102.73	16.12	12.76

20－14 国内贸易对外经济

（2018 年）

市县名称	社会消费品零售总额（亿元）	#批发和零售业	进出口总额（亿美元）	出口	进口	实际使用外资（亿美元）
南京市	**5832.46**	**5262.20**	**654.91**	**378.79**	**276.12**	**38.53**
无锡市	**3672.70**	**3382.76**	**934.44**	**567.81**	**366.63**	**36.91**
江阴市	949.29	895.18	242.46	142.64	99.82	9.51
宜兴市	667.27	636.63	42.34	34.33	8.01	4.63
徐州市	**3102.00**	**2849.06**	**117.44**	**97.08**	**20.36**	**18.98**
丰县	180.78	166.86	8.14	3.73	4.40	0.80
沛县	294.46	270.23	6.83	6.52	0.31	1.94
睢宁县	215.32	199.84	7.71	6.78	0.93	1.37
新沂市	209.48	189.37	12.38	11.09	1.28	2.72
邳州市	303.56	281.86	15.30	14.41	0.88	2.34
常州市	**2613.19**	**2357.28**	**343.86**	**250.72**	**93.14**	**24.22**
溧阳市	356.82	318.48	11.47	9.98	1.49	3.01
苏州市	**5746.90**	**5034.59**	**3541.14**	**2068.31**	**1472.83**	**45.25**
常熟市	824.92	750.07	252.59	172.98	79.61	4.87
张家港市	605.87	508.60	364.67	175.18	189.49	3.95
昆山市	1021.77	832.07	891.40	580.52	310.87	7.27
太仓市	338.44	290.51	145.70	67.31	78.39	4.40
南通市	**3088.77**	**2817.63**	**385.91**	**254.53**	**131.38**	**25.81**
如东县	377.66	357.34	61.00	20.63	40.37	3.01
启东市	376.94	342.36	29.57	23.09	6.48	3.08
如皋市	404.27	358.01	37.15	30.26	6.88	4.57
海门市	399.36	365.78	30.50	26.78	3.72	3.26
海安市	324.93	280.18	18.56	15.31	3.25	3.38
连云港市	**1121.31**	**958.07**	**95.47**	**41.59**	**53.88**	**6.03**
东海县	211.88	177.46	4.73	3.89	0.84	0.99
灌云县	143.49	121.02	2.04	1.84	0.20	0.21
灌南县	112.08	93.78	1.96	1.48	0.48	0.83

（2018 年）

市县名称	社会消费品零售总额（亿元）	#批发和零售业	进出口总额（亿美元）	出口	进口	实际使用外资（亿美元）
淮安市	**1239.66**	**1116.28**	**50.10**	**33.67**	**16.43**	**11.82**
涟水县	143.48	131.77	3.33	2.97	0.36	1.30
盱眙县	134.41	118.47	1.63	1.40	0.23	1.24
金湖县	104.44	92.94	5.44	5.17	0.26	1.35
盐城市	**1778.74**	**1579.65**	**95.49**	**60.31**	**35.19**	**9.13**
响水县	77.69	71.80	6.62	6.01	0.61	0.58
滨海县	130.93	117.80	5.46	4.70	0.76	0.55
阜宁县	134.70	125.44	3.81	3.13	0.69	0.35
射阳县	190.02	168.36	4.73	2.73	2.00	0.61
建湖县	157.14	122.24	3.88	3.69	0.19	0.38
东台市	290.10	258.77	9.52	8.68	0.85	0.90
扬州市	**1557.03**	**1371.94**	**119.93**	**85.42**	**34.51**	**12.20**
宝应县	181.72	163.48	11.25	8.83	2.42	0.70
仪征市	129.57	113.54	5.56	4.17	13.99	1.40
高邮市	191.15	161.57	4.94	4.48	0.46	0.93
镇江市	**1360.92**	**1174.93**	**118.39**	**79.80**	**38.59**	**8.68**
丹阳市	358.74	318.29	32.06	27.83	4.23	1.62
扬中市	166.52	133.14	7.15	6.23	0.92	1.03
句容市	167.54	148.15	6.88	6.00	0.88	1.10
泰州市	**1282.87**	**1100.09**	**147.30**	**95.31**	**51.99**	**15.07**
兴化市	203.63	42.42	7.31	7.04	0.27	1.12
靖江市	204.07	48.31	28.31	20.11	8.21	0.90
泰兴市	237.05	65.87	52.06	31.35	20.71	3.69
宿迁市	**833.82**	**713.67**	**36.01**	**27.17**	**8.84**	**3.77**
沭阳县	233.54	159.42	7.92	7.04	0.88	0.92
泗阳县	119.00	106.79	4.88	4.69	0.19	0.56
泗洪县	124.67	116.07	2.18	1.71	0.47	0.56

20－15　财政、金融

（2018 年）　　　　单位：亿元

市县名称	一般公共预算收入	#税收收入	一般公共预算支出	年末金融机构存款余额	#住户存款	年末金融机构贷款余额
南京市	**1470.02**	**1242.49**	**1532.72**	**33740.63**	**6914.84**	**28402.34**
无锡市	**1012.28**	**860.51**	**1055.94**	**15568.68**	**5511.59**	**11971.55**
江阴市	254.04	223.01	230.48	3594.67	1250.90	3007.56
宜兴市	120.01	102.05	140.70	2068.53	1085.59	1586.91
徐州市	**526.21**	**416.77**	**880.86**	**7107.39**	**3604.84**	**4912.47**
丰县	28.10	23.57	70.00	440.97	292.42	240.44
沛县	56.21	43.99	103.34	554.51	368.13	315.57
睢宁县	41.74	32.78	87.19	558.57	338.15	328.21
新沂市	52.38	41.75	99.50	470.98	267.35	332.88
邳州市	58.78	45.89	120.77	644.04	417.24	488.14
常州市	**560.33**	**489.38**	**594.82**	**9798.55**	**3841.90**	**7533.42**
溧阳市	66.29	57.99	87.17	1121.24	542.72	899.92
苏州市	**2119.99**	**1929.54**	**1952.71**	**28560.45**	**9168.45**	**26546.23**
常熟市	211.06	184.32	183.12	3279.58	1341.80	2552.14
张家港市	233.43	210.00	211.99	2928.72	1113.37	2368.85
昆山市	387.89	356.01	318.49	4674.94	1356.05	3441.40
太仓市	155.06	139.52	132.59	1570.01	593.31	1499.35
南通市	**606.19**	**503.98**	**877.18**	**12001.61**	**6287.26**	**8811.69**
如东县	57.55	48.05	119.18	1192.69	698.07	698.82
启东市	72.31	59.64	95.23	1386.69	874.19	943.68
如皋市	70.01	59.20	107.69	1292.72	826.76	883.68
海门市	71.01	56.82	102.71	1515.63	883.29	1066.98
海安市	61.71	51.64	112.49	1386.21	785.50	1059.14
连云港市	**234.31**	**187.45**	**419.57**	**3218.79**	**1420.02**	**2921.36**
东海县	23.00	17.76	66.75	410.40	271.13	333.00
灌云县	22.33	16.42	56.57	320.06	177.02	244.12
灌南县	22.50	18.63	53.41	270.20	133.24	215.51

市县名称	一般公共预算收入	#税收收入	一般公共预算支出	年末金融机构存款余额	#住户存款	年末金融机构贷款余额
淮安市	**247.27**	**203.49**	**486.77**	**3638.01**	**1605.25**	**3303.44**
涟水县	21.50	18.46	62.98	392.51	215.31	257.17
盱眙县	18.01	14.50	54.97	391.86	212.71	319.79
金湖县	22.03	19.19	40.78	280.71	157.04	236.07
盐城市	**381.00**	**305.06**	**840.08**	**6177.28**	**3171.33**	**4887.74**
响水县	25.35	20.54	61.54	230.08	128.71	195.76
滨海县	28.94	22.58	81.00	378.65	228.15	335.10
阜宁县	27.70	21.62	86.52	472.35	323.96	278.86
射阳县	26.36	21.76	85.11	488.02	339.58	346.47
建湖县	28.32	22.67	87.34	484.49	333.42	339.33
东台市	56.70	45.70	115.34	830.87	594.11	509.21
扬州市	**340.03**	**272.11**	**563.57**	**5997.55**	**2860.65**	**4630.51**
宝应县	27.59	22.06	71.76	561.85	328.52	378.10
仪征市	50.92	44.04	66.03	655.11	331.46	452.44
高邮市	36.80	31.80	74.19	637.67	399.83	429.51
镇江市	**301.50**	**241.24**	**408.41**	**5042.97**	**2161.07**	**4450.60**
丹阳市	61.40	52.80	91.65	1112.43	659.05	1069.03
扬中市	32.77	28.00	42.03	624.92	303.70	489.97
句容市	50.00	44.70	69.80	817.07	353.38	906.04
泰州市	**357.15**	**285.80**	**532.36**	**6119.38**	**2876.63**	**4784.04**
兴化市	39.41	32.24	105.50	867.99	589.98	559.92
靖江市	56.22	44.98	81.15	1023.73	536.82	876.49
泰兴市	74.51	62.69	96.34	1091.14	518.81	840.93
宿迁市	**206.20**	**173.20**	**433.54**	**2746.69**	**1344.78**	**2563.61**
沭阳县	47.00	37.64	109.80	632.53	393.75	552.63
泗阳县	25.46	20.46	67.13	396.36	243.74	426.35
泗洪县	26.03	20.96	74.97	354.11	243.90	363.01

20－16 科技、教育

（2018 年）

市县名称	专利申请受理量（件）	专利申请授权量（件）	普通中学在校学生（万人）	小 学在校学生（万人）	普通中学专任教师（人）	小 学专任教师（人）
南 京 市	**99020**	**44081**	**24.52**	**42.21**	**24468**	**27542**
无 锡 市	**62681**	**35255**	**23.29**	**39.84**	**20905**	**21652**
江 阴 市	10065	4881	5.94	9.79	5572	4625
宜 兴 市	7187	3830	4.19	6.37	4249	3850
徐 州 市	**25951**	**11247**	**45.57**	**95.58**	**36253**	**47692**
丰 县	1703	944	4.69	9.50	4576	4645
沛 县	1279	431	4.92	11.52	3959	5533
睢 宁 县	2241	1270	5.17	11.31	4206	6210
新 沂 市	2433	763	5.73	12.07	3790	4621
邳 州 市	1474	720	9.91	19.08	7059	10742
常 州 市	**41858**	**23334**	**17.90**	**30.45**	**14982**	**15985**
溧 阳 市	2050	1285	2.75	3.95	2760	2441
苏 州 市	**135862**	**75837**	**36.05**	**78.13**	**31301**	**41868**
常 熟 市	8037	4373	4.82	8.21	3947	4867
张家港市	10958	5658	4.74	8.81	3889	4974
昆 山 市	24685	16703	5.74	14.80	4136	7008
太 仓 市	8399	4182	2.35	4.89	1977	2566
南 通 市	**52799**	**24578**	**24.11**	**34.62**	**24484**	**20793**
如 东 县	3349	1032	2.39	3.03	2772	2266
启 东 市	3926	1906	2.84	3.83	3124	2612
如 皋 市	6776	3707	4.88	6.38	4653	3656
海 门 市	4804	2965	3.51	4.86	3559	2875
海 安 市	8243	4552	2.68	3.25	3334	2342
连云港市	**9538**	**5790**	**25.85**	**45.22**	**21911**	**26490**
东 海 县	1514	1017	6.61	12.37	5671	7370
灌 云 县	1090	631	4.28	7.06	3020	3361
灌 南 县	1053	700	3.57	6.48	3102	4030

20－16　续表　　　　　　　　　　　　（2018 年）

市县名称	专利申请受理量（件）	专利申请授权量（件）	普通中学在校学生（万人）	小　学在校学生（万人）	普通中学专任教师（人）	小　学专任教师（人）
淮 安 市	**17644**	**9050**	**24.34**	**35.16**	**21193**	**22563**
涟 水 县	1364	697	5.25	7.55	4657	3766
盱 眙 县	1321	754	3.58	5.37	2990	3243
金 湖 县	1398	802	0.93	1.25	913	979
盐 城 市	**34078**	**15932**	**30.51**	**45.42**	**27870**	**27431**
响 水 县	2287	1363	2.86	4.76	2488	3030
滨 海 县	1366	777	4.90	8.00	3645	4515
阜 宁 县	3382	1820	3.83	6.91	3227	3904
射 阳 县	1766	735	3.61	4.60	3034	3006
建 湖 县	2312	983	2.93	3.76	2831	2464
东 台 市	3309	1299	2.95	3.61	3524	2527
扬 州 市	**42792**	**22804**	**17.51**	**21.45**	**16215**	**13369**
宝 应 县	6013	3171	3.17	3.37	2993	2125
仪 征 市	5258	3350	1.90	2.36	1825	1593
高 邮 市	9055	4953	2.45	2.72	2639	1904
镇 江 市	**29635**	**15348**	**10.29**	**15.35**	**10115**	**9885**
丹 阳 市	7109	3722	3.53	5.22	3362	3407
扬 中 市	5021	2476	1.04	1.49	1078	1045
句 容 市	5395	2022	1.76	2.67	2006	1736
泰 州 市	**35131**	**15633**	**17.48**	**22.89**	**18769**	**13867**
兴 化 市	4091	1807	4.04	6.93	4175	4055
靖 江 市	4290	3761	2.44	2.82	2881	1913
泰 兴 市	8309	1666	4.24	4.83	4935	2955
宿 迁 市	**15531**	**8488**	**26.41**	**54.11**	**17920**	**26926**
沭 阳 县	5183	3420	8.93	18.71	5634	8869
泗 阳 县	2625	893	5.65	9.61	3317	4784
泗 洪 县	995	479	5.03	10.64	3770	5464

20－17 文化、卫生

（2018 年）

市县名称	公共图书馆（个）	公共图书馆图书藏量（千册）	卫生机构数（个）	卫生机构床位数（张）	卫生技术人员（人）	#执业（助理）医师
南京市	**14**	**7528.4**	**2801**	**54992**	**84097**	**31560**
无锡市	**8**	**8526.6**	**2480**	**46970**	**54733**	**21004**
江阴市	1	2796	625	8952	10851	4402
宜兴市	1	758	408	6402	8528	3278
徐州市	**8**	**3864.9**	**4599**	**58588**	**67412**	**25776**
丰县	1	229.71	551	3927	5017	2233
沛县	1	386.54	624	5632	5941	2607
睢宁县	1	440.45	594	4471	4860	1922
新沂市	1	491.57	459	3817	5443	2347
邳州市	1	584.03	779	7493	10064	3411
常州市	**7**	**5334.6**	**1401**	**26649**	**34856**	**14087**
溧阳市	1	469	273	3780	4772	2053
苏州市	**11**	**23734.6**	**3380**	**68921**	**85188**	**32852**
常熟市	1	2669	493	8497	9984	4202
张家港市	1	2405	425	9721	9753	3914
昆山市	1	2839	558	7522	12601	5027
太仓市	1	1301	268	4070	4789	1947
南通市	**10**	**6795.7**	**3276**	**44126**	**48041**	**19852**
如东县	1	415	471	4145	4814	2155
启东市	1	542	405	4544	4758	1996
如皋市	2	964	557	6849	6776	3087
海门市	1	1645	395	3910	4631	2006
海安市	1	392	394	5530	4962	2164
连云港市	**8**	**3174.1**	**2700**	**26197**	**28847**	**12102**
东海县	1	702	535	4734	4601	2105
灌云县	1	260	416	3623	4012	1759
灌南县	1	194	366	3851	3709	1615

市县名称	公共图书馆（个）	公共图书馆图书藏量（千册）	卫生机构数（个）	卫生机构床位数（张）	卫生技术人员（人）	#执业（助理）医师
淮安市	**9**	**3839**	**2229**	**29417**	**34383**	**13435**
涟水县	1	323	472	4538	4664	1935
盱眙县	1	376	357	4029	4299	1776
金湖县	1	339	131	1512	1700	703
盐城市	**11**	**4615.2**	**3211**	**39879**	**42822**	**18753**
响水县	1	87	230	2756	2821	1104
滨海县	1	223	421	4995	4379	1929
阜宁县	2	398	387	4334	4405	2265
射阳县	1	281	341	4242	4689	2240
建湖县	1	295	317	3336	3579	1708
东台市	1	300	465	5231	5170	2405
扬州市	**7**	**4247**	**1813**	**23355**	**29202**	**11209**
宝应县	1	205	337	2833	4091	1591
仪征市	1	452	159	2690	3289	1244
高邮市	1	303	252	3315	4002	1505
镇江市	**9**	**3912.4**	**972**	**15623**	**21080**	**8200**
丹阳市	2	868	248	3548	4880	1998
扬中市	1	463	102	1426	2013	790
句容市	1	364	208	1884	3141	1264
泰州市	**7**	**3406.6**	**1997**	**28275**	**29390**	**12251**
兴化市	1	273	671	5437	6394	2883
靖江市	1	823	306	4830	4897	2130
泰兴市	1	346	369	4954	5135	2115
宿迁市	**6**	**1705**	**2394**	**28530**	**31687**	**12169**
沭阳县	1	200	768	8117	9020	3750
泗阳县	1	360	447	5313	5499	2004
泗洪县	1	99	507	5106	6080	2321

20－18 人民生活(一)

(2018 年)

市县名称	居民人均可支配收入(元)	居民人均生活消费支出(元)	居民人均住房建筑面积(平方米)
南京市	**52916**	**30706**	**43.4**
无锡市	**50373**	**31593**	**50.5**
江阴市	54281	28873	64.0
宜兴市	44517	27551	56.7
徐州市	**27385**	**16818**	**50.9**
丰　县	21748	14472	51.4
沛　县	25513	15712	45.6
睢宁县	21878	12682	65.0
新沂市	23482	15072	50.6
邳州市	25965	14422	42.7
常州市	**45933**	**26863**	**57.1**
溧阳市	39425	22164	50.1
苏州市	**55476**	**33327**	**51.3**
常熟市	53296	31979	64.0
张家港市	53456	30816	58.4
昆山市	55081	32248	44.9
太仓市	52538	32034	61.3
南通市	**37071**	**23379**	**54.5**
如东县	32760	19987	59.9
启东市	34766	25341	55.7
如皋市	32580	19625	61.6
海门市	37620	23956	55.6
海安市	33659	21938	57.1
连云港市	**25864**	**16649**	**50.2**
东海县	24513	15646	51.0
灌云县	20802	12795	47.2
灌南县	21227	13715	59.8

（2018 年）

市县名称	居民人均 可支配收入 （元）	居民人均 生活消费支出 （元）	居民人均 住房建筑面积 （平方米）
淮 安 市	**27696**	**15634**	**49.0**
涟 水 县	22569	13569	52.7
盱 眙 县	26469	13724	53.1
金 湖 县	27400	18580	52.2
盐 城 市	**29488**	**17580**	**45.8**
响 水 县	23741	11997	49.5
滨 海 县	24581	14915	44.9
阜 宁 县	24401	16102	40.8
射 阳 县	25953	17503	46.1
建 湖 县	28258	15405	44.1
东 台 市	31817	17387	59.4
扬 州 市	**34076**	**20683**	**49.7**
宝 应 县	25864	16153	45.0
仪 征 市	32362	19442	57.0
高 邮 市	28597	19233	52.0
镇 江 市	**40883**	**24359**	**51.7**
丹 阳 市	38859	23685	52.0
扬 中 市	43291	23774	62.5
句 容 市	35907	21654	51.9
泰 州 市	**34642**	**21560**	**57.3**
兴 化 市	29991	17552	43.3
靖 江 市	37597	26256	69.5
泰 兴 市	33520	20616	66.3
宿 迁 市	**22918**	**14350**	**46.5**
沭 阳 县	22664	14675	47.6
泗 阳 县	22363	14712	47.0
泗 洪 县	21815	13094	45.6

20－19　人民生活(二)

(2018 年)

市县名称	城镇常住居民人均可支配收入(元)	城镇常住居民人均生活消费支出(元)	#食品烟酒	城镇常住居民恩格尔系数(%)	城镇常住居民人均住房建筑面积(平方米)
南京市	**59308**	**33537**	**8489**	**25.3**	**40.1**
无锡市	**56989**	**35016**	**9559**	**27.3**	**47.8**
江阴市	63957	32187	8842	27.5	65.0
宜兴市	53891	32119	9090	28.3	49.1
徐州市	**33586**	**19463**	**5754**	**29.6**	**49.5**
丰　县	27277	18629	5465	29.3	49.4
沛　县	32336	19216	5326	27.7	42.9
睢宁县	27718	14936	4726	31.6	71.0
新沂市	29633	18360	5933	32.3	53.5
邳州市	33796	17521	5276	30.1	43.0
常州市	**54000**	**30351**	**8121**	**26.8**	**48.6**
溧阳市	49489	24221	7823	32.3	41.9
苏州市	**63481**	**37403**	**9406**	**25.2**	**45.9**
常熟市	63712	35848	9867	27.5	58.7
张家港市	64055	35491	10029	28.3	50.8
昆山市	63926	36396	9947	27.3	38.6
太仓市	63076	37187	10841	29.2	53.7
南通市	**46321**	**28259**	**7923**	**28.0**	**48.6**
如东县	43811	24061	7325	30.4	56.5
启东市	44248	32750	9745	29.8	47.5
如皋市	43255	23825	6636	27.9	28.8
海门市	47877	29362	8309	28.3	50.0
海安市	44112	25681	7275	28.3	54.2
连云港市	**32749**	**20445**	**6453**	**31.6**	**48.8**
东海县	32228	20263	6947	34.5	48.1
灌云县	27086	15493	5334	34.4	47.2
灌南县	28819	17843	6099	34.2	53.7

市县名称	城镇常住居民人均可支配收入（元）	城镇常住居民人均生活消费支出（元）	#食品烟酒	城镇常住居民恩格尔系数（%）	城镇常住居民人均住房建筑面积（平方米）
淮 安 市	**35828**	**19015**	**5450**	**28.7**	**48.0**
涟 水 县	29781	17557	5489	31.3	48.9
盱 眙 县	36179	18306	5634	30.8	50.7
金 湖 县	36391	21835	6623	30.3	47.0
盐 城 市	**35896**	**19731**	**5534**	**28.1**	**43.7**
响 水 县	30086	12813	3833	29.9	44.1
滨 海 县	31234	17131	5516	32.2	40.3
阜 宁 县	30074	22453	7761	34.6	36.2
射 阳 县	31254	24315	7728	31.8	43.9
建 湖 县	34873	17831	5597	31.4	44.4
东 台 市	38351	19504	6150	31.5	51.5
扬 州 市	**41999**	**23718**	**7282**	**30.7**	**46.0**
宝 应 县	31773	18332	6086	33.2	43.0
仪 征 市	42900	23163	7373	31.8	49.0
高 邮 市	37071	23169	7021	30.3	46.0
镇 江 市	**48903**	**27278**	**7537**	**27.6**	**48.6**
丹 阳 市	48791	25007	8107	32.4	49.0
扬 中 市	53675	26824	7886	29.4	58.9
句 容 市	47431	25468	7424	29.2	49.8
泰 州 市	**43452**	**25488**	**7114**	**27.9**	**54.7**
兴 化 市	39499	21189	6275	29.6	43.8
靖 江 市	46777	30329	8674	28.6	63.5
泰 兴 市	43104	25746	7455	29.0	68.7
宿 迁 市	**28281**	**17255**	**5791**	**33.6**	**45.5**
沭 阳 县	27993	17499	6463	36.9	45.7
泗 阳 县	27681	16775	5626	33.5	47.9
泗 洪 县	27046	16856	5849	34.7	45.0

20－20　人民生活(三)

(2018年)

市县名称	农村常住居民人均可支配收入(元)	农村常住居民人均生活消费支出(元)	#食品烟酒	农村常住居民恩格尔系数(%)	农村常住居民人均住房建筑面积(平方米)
南京市	**25263**	**18457**	**5365**	**29.1**	**57.6**
无锡市	**30787**	**21460**	**6222**	**29.0**	**58.1**
江阴市	33136	21632	6187	28.6	63.0
宜兴市	27860	19432	5771	29.7	70.3
徐州市	**18206**	**12902**	**3978**	**30.4**	**52.8**
丰　县	16725	10696	3462	32.4	54.2
沛　县	18799	12263	3542	28.9	48.4
睢宁县	16546	10625	3415	32.1	58.0
新沂市	17325	11781	3968	33.7	47.5
邳州市	18207	11353	3396	29.9	42.0
常州市	**28014**	**19116**	**5686**	**29.8**	**69.1**
溧阳市	25908	19403	6523	33.6	62.4
苏州市	**32420**	**21587**	**5443**	**25.2**	**67.5**
常熟市	32820	24374	6618	27.2	74.2
张家港市	32664	21645	6055	28.0	73.3
昆山市	32916	21851	6261	28.7	63.5
太仓市	32458	22216	6731	30.3	74.9
南通市	**22369**	**15624**	**4468**	**28.6**	**62.0**
如东县	20387	15426	4427	28.7	63.2
启东市	23687	16683	5066	30.4	65.3
如皋市	20166	14741	4378	29.7	64.8
海门市	24654	17121	4899	28.6	66.7
海安市	21473	17575	5386	30.6	61.8
连云港市	**16607**	**11545**	**3639**	**31.5**	**51.9**
东海县	17291	11324	3889	34.3	58.0
灌云县	15493	10515	3427	32.6	47.2
灌南县	14826	10235	3745	36.6	66.3

（2018年）

市县名称	农村常住居民人均可支配收入（元）	农村常住居民人均生活消费支出（元）	#食品烟酒	农村常住居民恩格尔系数（%）	农村常住居民人均住房建筑面积（平方米）
淮安市	**17058**	**11210**	**3393**	**30.3**	**50.1**
涟水县	15939	9902	3108	31.4	56.2
盱眙县	17206	9354	2910	31.1	54.2
金湖县	18718	15577	4850	31.1	63.0
盐城市	**20357**	**14515**	**4164**	**28.7**	**49.0**
响水县	17020	11132	3145	28.3	55.2
滨海县	17746	12637	4517	35.7	49.3
阜宁县	18282	9608	3167	33.0	45.1
射阳县	19653	9405	3292	35.0	48.8
建湖县	20184	12443	4155	33.4	43.4
东台市	23317	14632	4695	32.1	68.7
扬州市	**21457**	**15848**	**4776**	**30.1**	**55.6**
宝应县	20119	14036	4571	32.6	47.0
仪征市	20688	15321	4727	30.9	64.0
高邮市	20140	15306	4744	31.0	58.0
镇江市	**24687**	**18463**	**5075**	**27.5**	**57.3**
丹阳市	25633	21925	6534	29.8	56.0
扬中市	28199	19342	5706	29.5	68.6
句容市	22313	17155	5093	29.7	53.5
泰州市	**21219**	**15576**	**4701**	**30.2**	**61.9**
兴化市	20066	13756	4610	33.5	42.8
靖江市	23220	19877	6043	30.4	80.7
泰兴市	21268	14059	3515	25.0	63.2
宿迁市	**16639**	**10948**	**3771**	**34.4**	**47.6**
沭阳县	16877	11608	4102	35.3	49.7
泗阳县	16648	12494	4246	34.0	46.0
泗洪县	16274	9109	3234	35.5	46.2

长江三角洲城市主要经济指标(一)

(2018 年)

地 区	地区生产总值(亿元)	第一产业增加值(亿元)	第二产业增加值(亿元)	第三产业增加值(亿元)
上海市	32679.87	104.37	9732.54	22842.96
南京市	12820.4	273.42	4721.61	7825.37
无锡市	11438.62	125.07	5464.01	5849.54
常州市	7050.27	156.25	3263.29	3630.73
苏州市	18597.47	213.99	8933.28	9450.2
南通市	8427	397.77	3947.88	4081.35
盐城市	5487.08	573.4	2436.45	2477.23
扬州市	**5466.17**	**273.34**	**2623.24**	**2569.59**
镇江市	4050	138.4	1976.6	1935
泰州市	5107.63	280.05	2434.01	2393.57
杭州市	13509	306	4572	8632
宁波市	10745.5	306	5507.5	4932
嘉兴市	4871.98	115.03	2624.49	2132.46
湖州市	2719.1	127.7	1273.6	1317.8
绍兴市	5416.9	196.12	2611.8	2608.98
金华市	4100.23	135.86	1745.46	2218.91
舟山市	1316.7	142.6	428.4	745.7
台州市	4874.67	264.28	2182.6	2427.79

长江三角洲城市主要经济指标(二)

(2018年)

地区	一般公共预算收入(亿元)	金融机构本外币存款余额(亿元)	金融机构本外币贷款余额(亿元)
上海市	7108.15	121112.33	73272.35
南京市	1470.02	34524.86	29065.66
无锡市	1012.28	16056.79	12102.76
常州市	560.33	10090.05	7564.83
苏州市	2119.99	30523.37	27440.94
南通市	606.19	12211.17	8878.00
盐城市	381.00	6421.42	4998.76
扬州市	**340.03**	**6080.73**	**4643.49**
镇江市	301.50	5122.03	4484.17
泰州市	366.64	6202.42	4819.82
杭州市	1825.10	39810.50	36598.30
宁波市	1379.70	19150.00	19935.90
嘉兴市	518.55	8298.46	6863.38
湖州市	287.10	4589.40	3886.20
绍兴市	501.34	8436.53	7516.71
金华市	392.62	8698.28	7356.37
舟山市	146.02	2034.10	2028.90
台州市	431.18	8518.92	7354.34

长江三角洲城市主要经济指标（三）

（2018年）

地　区	社会消费品零售总额（亿元）	实际到位外资（亿美元）	出　口（亿美元）
上海市	12668.69	173.00	2071.70
南京市	5832.46	38.53	378.79
无锡市	3672.70	37.15	567.81
常州市	2613.19	24.22	93.14
苏州市	5746.90	45.25	2068.31
南通市	3088.77	25.81	254.53
盐城市	1778.74	9.13	60.31
扬州市	**1557.03**	**12.20**	**85.42**
镇江市	1360.92	8.68	79.80
泰州市	1282.87	15.07	95.31
杭州市	5715.00	68.30	518.26
宁波市	4154.90	43.20	841.70
嘉兴市	1938.59	31.40	305.92
湖州市	1297.24	12.70	116.83
绍兴市	2007.61	13.51	310.52
金华市	2253.00	3.19	554.97
舟山市	536.90	4.20	64.18
台州市	2366.88	2.89	232.93

长江三角洲城市主要经济指标(四)

(2018 年)

地 区	城镇常住居民人均可支配收入(元)	农村常住居民人均可支配收入(元)	居民消费价格指数(上年同期为100)(累计)
上海市	68034	30375	101.6
南京市	59308	25263	102.4
无锡市	56989	30787	102.3
常州市	54000	28014	98.1
苏州市	63481	32420	102.6
南通市	46321	22369	102.3
盐城市	35896	20357	101.9
扬州市	**41999**	**21457**	**102.2**
镇江市	48903	24687	102.0
泰州市	43452	21219	102.0
杭州市	61172	33193	102.3
宁波市	60134	33633	102.2
嘉兴市	57437	34279	102.3
湖州市	54393	31767	102.2
绍兴市	59049	33097	102.4
金华市	54883	26218	102.3
舟山市	56622	33812	102.8
台州市	55705	27631	102.4

附　录

主要统计指标解释

地区生产总值　是指一个国家（地区）所有常住单位在一定时期内（通常为1年）生产活动的最终成果（简称GDP）。地区生产总值有三种表现形态，即价值形态、收入形态和产品形态。从价值形态看，它是所有常住单位在一定时期内所生产的全部货物和服务价值超过同期投入的全部非固定资产货物和服务价值的差额，即所有常住单位的增加值之和；从收入形态看，它是所有常住单位在一定时期内所创造并分配给常住单位和非常住单位的初次分配收入之和；从产品形态看，它是最终使用的货物和服务减去进口货物和服务。在实际核算中，地区生产总值的三种表现形态表现为三种计算方法，即生产法、收入法和支出法。三种方法分别从不同的方面反映地区生产总值及其构成。

可比价格　指在不同时期的价值指标对比时，扣除了价格变动的因素，以确切反映物量的变化。按可比价格计算有两种方法：一种是直接用产品产量乘某一年的不变价格计算；另一种是用价格指数换算。

不变价格　指用同类产品的年平均价格作为固定价格，来计算各年产品价值。按不变价格计算的产品价值消除了价格变动因素，不同时期对比可以反映生产的发展速度。新中国成立后，随着工农业产品价格水平的变化，国家统计局先后五次制定了全国统一的工业产品不变价格和农业产品不变价格，从1949年到1957年使用1952年工（农）业产品不变价格，从1957年到1971年使用1957年不变价格，从1971年到1981年使用1970年不变价格，从1981年到1990年使用1980年不变价格，从1990年开始使用1990年不变价格。

平均每年增长速度　是反映某种现象在一个较长时期中逐期递增的平均速度。在我国计算平均增长速度有两种方法，一种是习惯上经常使用的“水平法”，又称几何平均法，是以间隔期最后一年的水平同基期水平对比来计算平均每年增长（或下降）速度。另一种是“累计法”，又称代数平均法或方程法，是以间隔期内各年水平的总和同基期水平对比来计算平均每年增长（或下降）速度。

在一般正常情况下，两种方法计算的平均每年增长速度比较接近，但在经济发展不平衡，出现大起大落时，两种方法计算的结果差别较大。

登记注册类型　是指在工商行政管理机关登记注册的各类企业。企业登记注册类型分为以下几种：内资企业包括国有企业、集体企业、股份合作企业、联营企业、有限责任公司、股份有限公司、私营企业、其他企业；港、澳、台商投资企业包括合资经营企业（港或澳、台资）、合作经营企业（港或澳、台资）、港、澳、台商独资经营企业、港、澳、台商投资股份有限公司；外商投资企业包括中外合资经营企业、中外合作经营企业、外资企业、外商投资股份有限公司。

国有企业　是指企业全部资产归国家所有，并按《中华人民共和国企业法人登记管理条例》规定登记注册的非公司制的经济组织。不包括有限责任公司中的国有独资公司。

集体企业　是指企业资产归集体所有，并按《中华人民共和国企业法人登记管理条例》规定登记注册的经济组织。

股份合作企业 是指以合作制为基础,由企业职工共同出资入股,吸收一定比例的社会资产投资组建,实行自主经营,自负盈亏,共同劳动,民主管理,按劳分配与按股分红相结合的一种集体经济组织。

联营企业 是指两个及两个以上相同或不同所有制性质的企业法人或事业单位法人,按自愿、平等、互利的原则,共同投资组成的经济组织。

有限责任公司 是指根据《中华人民共和国登记管理条例》规定登记注册,由两个以上,五十个以下的股东共同出资,每个股东以其所认缴的出资额对公司承担有限责任,公司以其全部资产对其债务承担责任的经济组织。

有限责任公司包括国有独资公司以及其他有限责任公司。

股份有限公司 是指根据《中华人民共和国公司登记管理条例》规定登记注册,其全部注册资本由等额股份构成并通过发行股票筹集资本,股东以其认购的股份对公司承担有限责任,公司以其全部资产对其债务承担责任的经济组织。

私营企业 是指由自然人投资设立或由自然人控股,以雇佣劳动为基础的营利性经济组织。包括按照《公司法》、《合伙企业法》、《私营企业暂行条例》规定登记注册的私营有限责任公司、私营股份有限公司、私营合伙企业和私营独资企业。

合资经营企业(港或澳、台资) 是指港澳台地区投资者与内地的企业依照《中华人民共和国中外合资经营企业法》及有关法律的规定,按合同规定的比例投资设立、分享利润和分担风险的企业。

合作经营企业(港或澳、台资) 是指港澳台地区投资者与内地企业依照《中华人民共和国中外合作经营企业法》及有关法律的规定,依照合作合同的约定进行投资或提供条件设立、分配利润和分担风险的企业。

港、澳、台商独资经营企业 是指依照《中华人民共和国外资企业法》及有关法律的规定,在内地由港澳台地区投资者全额投资设立的企业。

港、澳、台商投资股份有限公司 是指根据国家有关规定,经外经贸部依法批准设立,其中港、澳、台商的股本占公司注册资本的比例达25%以上的股份有限公司。凡其中港、澳、台商的股本占公司注册资本的比例小于25%的,属于内资企业中的股份有限公司。

中外合资经营企业 是指外国企业或外国人与中国内地企业依照《中华人民共和国中外合资经营企业法》及有关法律的规定,按合同规定的比例投资设立、分享利润和分担风险的企业。

中外合作经营企业 是指外国企业或外国人与中国内地企业依照《中华人民共和国中外合资经营企业法》及有关法律的规定,依照合作合同的约定进行投资或提供条件设立、分配利润和分担风险的企业。

外资企业 是指依照《中华人民共和国外资企业法》及有关法律的规定。在中国内地由外国投资者全额投资设立的企业。

外商投资股份有限公司 是指根据国家有关规定,经外经贸部依法批准设立,其中外资的股本占公司注册资本的比例达25%以上的股份有限公司。凡其中外资股本占公司注册资本的比例小于25%的,属于内资企业中的股份有限公司。

三次产业　根据社会生产活动历史发展的顺序对产业结构的划分,产品直接取自自然界的部门称为第一产业,对初级产品进行再加工的部门称为第二产业。为生产和消费提供各种服务的部门称为第三产业。它是世界上通用的产业结构分类,但各国的划分不尽一致。我国的三次产业划分是:

第一产业:农业(包括种植业、林业、牧业和渔业)。

第二产业:工业(包括采掘业、制造业、电力煤气及水的生产和供应业)和建筑业。

第三产业:除第一、第二产业以外的其他各业。

支出法国内生产总值　指一个国家(或地区)所有常住单位在一定时期内用于最终消费、资本形成总额,以及货物和服务的净出口总额,它反映本期生产的国内生产总值的使用构成。

最终消费　指常住单位在一定时期内对于货物和服务的全部最终消费支出,也就是常住单位为满足物质、文化和精神生活的需要,从本国经济领土和国外购买的货物和服务的支出。它不包括非常住单位在本国经济领土内的消费支出。最终消费分为居民消费和政府消费。

(1)居民消费:指常住住户在一定时期内对于货物和服务的全部最终消费支出。居民关于货物的最终消费支出在货物的所有权发生变化时记录,关于服务的最终消费支出在服务提供的时候记录。居民消费支出按市场价格计算,即按居民支付的购买者价格计算,货物的购买者价格是购买者取得交货所支付的价格,它包括购买者支付的运输和商业费用。居民消费支出除了直接以货币形式购买的货物和服务的消费支出外,还包括以其他方式获得的货物和服务的消费支出,即所谓的虚拟消费支出。居民虚拟消费支出包括如下几种类型:单位以实物报酬及实物转移的形式提供给劳动者的货物和服务;住户生产并由本住户消费了的货物和服务,其中的服务仅指住户的自有住房服务;金融机构提供的金融媒介服务;保险公司提供的保险服务。

(2)政府消费:指政府部门向社会提供的公共服务支出和对居民提供的消费性货物和服务的转移支出。

资本形成总额　指常住单位在一定时期内获得减去处置的固定资产和存货的净额,包括固定资本形成总额和存货增加两项。

①固定资本形成总额:指常住单位在一定时期内购置、转入和自产自用的固定资产价值,扣除固定资产的销售和转出后的价值。可分为有形固定资产形成总额和无形固定资产形成总额。有形固定资产形成总额包括一定时期内完成的建筑工程、安装工程和设备工器具购置(减处置)价值,以及土地改良、新增役、种、奶、毛、娱乐用牲畜和新增经济林木价值。无形固定资产形成总额包括矿藏的勘探、计算机软件、娱乐和文学艺术品原件等获得减处置。

②存货增加:指常住单位在一定时期内存货实物量变动的市场价值即期末价值减期初价值的差额。存货增加可以是正值,也可以是负值,正值表示存货上升,负值表示存货下降。它包括生产单位购进的原材料、燃料和储备物资等存货,以及生产单位生产的产成品、在制品和半成品等存货。

货物和服务净出口　指货物和服务出口减货物和服务进口的差额。出口包括常住单位向非常住单位出售或无偿转让的各种货物和服务的价值;进口包括常住单位从非常住单位购买或无偿得到的各种货物和服务的价值。由于服务活动的提供与使用同时发生,因此服务的进出口业务并不发生出入境现象,一般把常住单位从国外得到的服务作为进口，非常住单位从本国得到的服务作为出口。货物的出口和进口都按离岸价格计算。

劳动者报酬 是指劳动者因从事生产活动所获得的全部报酬。它包括劳动者获得的各种形式工资、奖金和津贴，既包括货币形式的，也包括实物形式的，它还包括劳动者所享受的公费医疗和医药卫生费、上下班交通补贴和单位支付的社会保险费等。单位支付的社会保险费，就是单位直接支付给负责社会保险的政府单位（一般指劳动部门）的社会保险金或为本单位职工离退休、发生死亡、伤残、医疗保险等而支付的保险费。对于个体经济来说，其所有者所获得的劳动报酬和经营利润不易区分，这两部分统一作为劳动者报酬处理。

生产税净额 指生产税减生产补贴后的差额。生产税指政府对生产单位生产、销售和从事经营活动以及因从事生产活动使用某些生产要素，如固定资产、土地、劳动力所征收的各种税、附加费和规费。具体包括销售税金及附加、增值税、管理费中开支的各种税、应交纳的养路费、排污费和水电费附加、烟酒专卖上缴政府的专项收入等。生产补贴与生产税相反，是政府对生产单位的单方面收入转移，因此视为负生产税处理，包括政策亏损补贴、粮食系统价格补贴、外贸企业出口退税收入等。

固定资产折旧 指一定时期内为弥补固定资产损耗按照核定的固定资产折旧率提取的固定资产折旧，或按国民经济核算统一规定的折旧率虚拟计算的固定资产折旧。它反映了固定资产在当期生产中的转移价值。各种类型企业和企业化管理的事业单位的固定资产折旧指实际计提并计入成本费用中的折旧费；不计提折旧的单位，如政府机关、非企业化管理的事业单位和居民住房的固定资产折旧则是按照统一规定的折旧率和固定资产原值计算的虚拟折旧。原则上，固定资产折旧应按固定资产的重置价值来计算，但是我国目前尚不具备对全社会固定资产进行重估价的基础，所以暂时只能采用上述方法来计算。

营业盈余 指常住单位创造的增加值扣除劳动者报酬、生产税净额和固定资产折旧后的余额。它相当于企业的营业利润加上生产补贴，但要扣除从利润中开支的工资和福利以及从税后利润中提取的公益金等。

人口 人口数为每年12月31日常住户口人数，不包括户口不在本市的临时户口人数。

出生率（又称粗出生率） 指在一定时期内（通常为一年）平均每千人所出生的人数的比率，一般用千分率表示。计算公式：

$$出生率=\frac{年出生人数}{年平均人数}\times 1000‰$$

出生人数是指活产婴儿，即胎儿脱离母体时（不管怀孕月数），有过呼吸或其他生命现象。

年平均人数是年初、年底人口数的平均数，也可用年中人口数代替。

死亡率（又称粗死亡率） 指在一定时期内（通常为一年）一定地区的死亡人数与同期平均人数（或期中人数）之比，一般用千分率表示。计算公式：

$$死亡率=\frac{年死亡人数}{年平均人数}\times 1000‰$$

人口自然增长率　指在一定时期内(通常为一年)人口自然增加数(出生人数减死亡人数)与该时期内平均人数(或期中人数)之比,一般用千分率表示。计算公式:

$$人口自然增长率=\frac{(本年出生人数-本年死亡人数)}{年平均人数}\times 1000‰$$

$$人口自然增长率=人口出生率-人口死亡率$$

从业人员　指从事一定社会劳动并取得劳动报酬或经营收入的全部劳动力。包括:

(1)全部职工;

(2)城镇私营企业从业人员;

(3)城镇个体劳动者;

(4)农村社会劳动者;

(5)其他社会劳动者。

这一指标反映了一定时期内全部劳动力资源的实际利用情况,是研究我国基本国情国力的重要指标。

各单位的从业人员是指在各级国家机关、政党机关、社会团体及企业、事业单位中工作,取得工资或其他形式的劳动报酬的全部人员。包括在岗职工、再就业的离退休人员、民办教师以及在各单位中工作的外方人员和港、澳、台方人员。

各单位的从业人员反映了各单位实际参加生产或工作的全部劳动力。

在岗职工　指在本单位工作并由单位支付工资的人员,以及有工作岗位,但由于学习、病伤产假等原因暂未工作,仍由单位支付工资的人员。

离开本单位仍保留劳动关系的职工　指由于各种原因,已经离开本人的生产或工作岗位,并已不在本单位从事其他工作,但仍与用人单位保留劳动关系的职工。

离开本单位仍保留劳动关系职工的生活费　指离开本单位仍保留劳动关系职工在离开本单位仍保留劳动关系期间从本单位领取的生活费用。

城镇失业人员　指有非农业户口,在一定的劳动年龄内(16岁以上及男50岁以下、女45岁以下),有劳动能力,无业而要求就业,并在当地就业服务机构进行待业登记的人员。

职工工资总额　指各城镇集体以上单位在一定时期内直接支付给本单位全部职工的劳动报酬总额。工资总额包括计时工资、计件工资、奖金、各种津贴和补贴、加班加点工资、特殊情况下支付的工资(其他工资)等。既包括货币形式支付的,也包括实物形式支付的。计划生育独生子女补贴等15种特殊收入不包括。

工资总额的计算原则应以直接支付给职工的全部劳动报酬为依据。各单位支付给职工的劳动报酬以及其他根据有关规定支付的工资,不论是计入成本的还是不计入成本的,不论是按国家规定列入计征奖金税项目的,还是未列入计征奖金税项目的,不论是以货币形式支付的还是以实物形式支付的,均包括在工资总额内。

在岗职工平均工资　指城镇集体以上企业、事业、机关单位的在岗职工在一定时期内平均每人所得的工资额。它表明一定时期在岗职工工资收入的高低程度，是反映职工工资水平的主要指标。计算公式为：

$$在岗职工平均工资=\frac{报告期实际支付的在岗职工工资总额}{报告期在岗职工平均人数}$$

城镇居民家庭就业人口　指城镇居民从事社会劳动并取得劳动报酬或经营收入的人口。就业人口包括通过国家统筹规划和指导由劳动部门介绍就业，自愿组织起来就业和自谋职业等方式，在国有、集体所有制、中外合资、中外合作、外资在华独资的企事业单位和私营企业单位工作或从事个体劳动的有固定性职业或临时性职业的人口。被聘用和留用的离退休人员也计入就业人口。本指标可以反映城镇居民的就业情况，是计算就业面、负担系数的重要资料。

可支配收入　指调查户在调查期内获得的、可用于最终消费支出和储蓄的总和，即调查户可以用来自由支配的收入。可支配收入既包括现金，也包括实物收入。按照收入的来源，可支配收入包含四项，分别为：工资性收入、经营净收入、财产净收入和转移净收入。计算公式为：

可支配收入＝工资性收入＋经营净收入＋财产净收入＋转移净收入

其中：经营净收入＝经营收入－经营费用－生产性固定资产折旧－生产税

财产净收入＝财产性收入－财产性支出

转移净收入＝转移性收入－转移性支出

工资性收入　指就业人员通过各种途径得到的全部劳动报酬和各种福利，包括受雇于单位或个人、从事各种自由职业、兼职和零星劳动得到的全部劳动报酬和福利。

经营净收入　指住户或住户成员从事生产经营活动所获得的净收入，是全部经营收入中扣除经营费用、生产性固定资产折旧和生产税之后得到的净收入。计算公式具体为：

经营净收入＝经营收入－经营费用－生产性固定资产折旧－生产税

财产净收入　指住户或住户成员将其所拥有的金融资产、住房等非金融资产和自然资源交由其他机构单位、住户或个人支配而获得的回报并扣除相关的费用之后得到的净收入。财产净收入包括利息净收入、红利收入、储蓄性保险净收益、转让承包土地经营权租金净收入、出租房屋净收入、出租其他资产净收入和自有住房折算净租金等。

财产净收入不包括转让资产所有权的溢价所得，这应该计入“非收入所得”。

转移净收入　计算公式为：转移净收入＝转移性收入－转移性支出

转移性收入　指国家、单位、社会团体对住户的各种经常性转移支付和住户之间的经常性收入转移。包括养老金或退休金、社会救济和补助、政策性生产补贴、政策性生活补贴、经常性捐赠和赔偿、报销医疗费、住户之间的赡养收入，以及本住户非常住成员寄回带回的收入等。

转移性收入不包括住户之间的实物馈赠。

转移性支出指调查户对国家、单位、住户或个人的经常性或义务性转移支付。包括缴纳的税款、各项社会保障支出、赡养支出、经常性捐赠和赔偿支出以及其他经常转移支出等。

固定资产投资　固定资产投资是指建造和购置固定资产的经济活动，它是社会增加固定资产，扩大生产规模发展国民经济的重要手段，也是提高人民物质文化生活水平的条件。

固定资产投资额是以货币表现的建造和购置固定资产活动的工作量，它是反映固定资产投资规模、速度、比例关系和使用方向的综合性指标。全社会固定资产投资包括国有经济单位投资、城乡集体经济单位投资、各种经济类型的单位投资和城乡居民个人投资等。（从1999年起，私营个体投资也纳入了固定资产投资统计范围）。按照我国现行计划管理体制划分，固定资产投资总额分为基本建设、更新改造、房地产开发投资、国有其他固定资产投资、城乡集体经济单位投资（包括城镇集体所有制单位投资和农村集体所有制单位投资）、其他各种经济类型的单位投资（包括联营经济、股份制经济、中外合资经营、中外合作经营、外资、与大陆合资经营、与大陆合作经营、港澳台独资及其他经济类型的单位投资）、城乡居民个人投资（包括城市、县城、镇、工矿区所辖范围内的个人建房和农村个人建房及购买生产性固定资产的投资）和私营个体投资等十个部分。

从1997年起，基本建设、更新改造、其他固定资产投资的起报点由5万元提高到50万元。

基本建设投资　基本建设是企业、事业、行政单位以扩大生产能力或工程效益为主要目的的新建、扩建工程及有关工作。包括：

(1)列入中央和各级地方本年基本建设计划的建设项目，以及虽未列入本年基本建设计划，但使用以前年度基建计划内结转投资（包括利用基建设备材料）在本年继续施工的建设项目；

(2)本年基本建设计划内投资与更新改造计划内投资结合安排的新建项目和新增生产能力（或工程效益）达到大中型项目标准的扩建项目，以及为改变生产力布局而进行的全厂性迁建项目；

(3)国有单位既未列入基建计划，也未列入更新改造计划的总投资在50万元以上的新建、扩建、恢复项目和为改变生产力布局而进行的全厂性迁建项目，以及行政、事业单位增建业务用房和行政单位增建生活福利设施的项目。

更新改造投资　更新改造是指企业、事业单位对原有设施进行固定资产更新和技术改造，以及相应配套的工程和有关工作（不包括大修理和维护工程）。包括：

(1)列入中央和各级地方本年更新改造计划的项目和虽未列入本年更新改造计划，但使用上年更新改造计划内结转的投资在本年继续施工的项目；

(2)本年更新改造计划内投资与基本建设计划内投资结合安排的对企、事业单位原有设施进行技术改造或更新的项目，或增建主要生产车间、分厂等新增生产能力（或工程效益）未达到大中型项目标准的项目；

(3)国有企、事业单位既未列入基建计划也未列入更新改造计划，总投资在50万元以上的属于改建或更新改造性质的项目，以及由于城市环境保护和安全生产的需要而进行的迁建工程。

房地产开发投资　包括各种经济类型的房地产开发公司、商品房建设公司及其他房地产开发单位统一开发的包括统代建、拆迁还建的住宅、厂房、仓库、饭店、宾馆、度假村、写字楼、办公楼等房屋建筑物和配套的服务设施、土地开发工程，如道路、给水、排水、供电、供热、通讯、平整场地等基础设施工程的投资。包括非房地产企业实际从事房地产开发或经营的活动,不包括单纯的土地交易活动。

其他固定资产投资 全社会固定资产投资中未列入基本建设、更新改造和房地产开发投资的建造和购置固定资产的活动。包括:

(1)国有单位按规定不纳入基本建设计划和更新改造计划管理,总投资在50万元以上的以下工程:①用油田维护费和石油开发基金进行的油田维护和开发工程;②煤炭、铁矿、森工等采掘采伐业用维简费进行的开拓延伸工程;③交通部门用公路养路费对原有公路、桥梁进行改建的工程;④商业部门用简易建筑费建造的仓库工程。

(2)集体经济单位固定资产投资:包括城镇集体经济单位建造和购置固定资产计划总投资在50万元以上的项目。农村集体经济单位建造和购置固定资产计划总投资在5万元以上的项目。

(3)联营经济、股份制经济、外商投资经济、港澳台投资经济及其他经济类型的企、事业单位建造和购置固定资产其计划总投资在50万元以上的项目投资。

(4)城镇、工矿区私人建房投资和农村个人投资。城镇、工矿区私人建房包括:市、县城、镇、工矿区所辖范围内的全部私人建房,不论其房主是否系本地的常住户口均应包括。农村个人投资包括农村个人建房及购置生产性固定资产的投资。

固定资产投资资金来源 是指固定资产投资单位在本年内收到的可用于固定资产建造和购置的各种资金。包括上年末结余资金、本年资金来源小计和各项应付款。其中本年资金来源小计又分为国家预算内资金、国内贷款、债券、利用外资、自筹资金和其他资金来源六种。

(1)国家预算内资金分为财政拨款和财政安排的贷款两部分。包括中央财政的基本建设基金(分经营性基金和非经营性基金两部分)、专项支出(如煤代油专项等)、收回再贷(指财政安排的贷款收回再贷)、贴息资金、财政安排的挖潜改造和新产品试制支出、城建支出、商业部门简易建筑支出、不发达地区发展基金等资金中用于固定资产投资的资金;地方财政中由国家统筹安排的资金等。

(2)国内贷款指报告期固定资产投资单位向银行及非银行金融机构借入的用于固定资产投资的各种国内借款。国内贷款包括:银行利用自有资金及吸收的存款发放的贷款、上级主管部门拨入的国内贷款、国家专项贷款(包括煤代油贷款、劳改煤矿专项贷款等)、地方财政专项资金安排的贷款、国内储备贷款、周转贷款等。

(3)债券是企业(公司)或金融机构通过发行各种债券筹集到的用于固定资产投资的资金,包括由银行代理国家专业投资公司发行的重点企业债券和重点建设债券。

(4)利用外资指报告期收到的用于固定资产投资的国外资金(含设备、材料、技术在内),包括外商直接投资、对外借款、外商其他投资。

(5)自筹资金指建设单位报告期收到的,用于固定资产投资的预算外资金,包括中央各部门、各级地方和本单位自有资金。

(6)其他资金来源指报告期收到的除以上各种拨款、借款、自筹资金之外,其他用于固定资产投资的资金。

固定资产投资按国民经济行业分 建设项目归哪个行业，按其建成投产后的主要产品或主要用途及社会经济活动性质来确定。基本建设按建设项目划分国民经济行业，更新改造、其他固定资产投资及城乡集体单位投资根据整个企业、事业单位所属的行业来划分。一般情况下，一个建设项目或一个企业、事业单位只能属于一种国民经济行业。

固定资产投资按建设性质分 建设项目的性质一般分为新建、扩建、改建、迁建、恢复。基本建设按建设项目划分建设性质，更新改造、其他固定资产投资及城乡集体单位投资按整个企业、事业单位的建设情况确定建设性质。

(1)新建一般是指从无到有、"平地起家"新开始建设的单位。有的单位原有的基础很小，经过建设后其新增加的固定资产价值超过原有固定资产价值(原值)三倍以上的也算新建。

(2)扩建一般是指为扩大原有产品的生产能力，在厂内或其他地点增建主要生产车间(或主要工程)、独立的生产线或总厂之下的分厂的企业；事业单位和行政单位在原单位增建业务用房(如学校增建教学用房、医院增建门诊部或病床用房、行政机关增建办公楼等)也作为扩建。

(3)改建一般是指现有企业、事业单位为了技术进步，提高产品质量，增加花色品种，促进产品升级换代，降低消耗和成本，加强资源综合利用和三废治理、劳保安全等，采用新技术、新工艺、新设备、新材料等对现有设施、工艺条件进行技术改造或更新(包括相应配套的辅助性生产、生活福利设施)。有的企业为充分发挥现有生产能力，进行填平补齐而增建不增加本单位主要产品生产能力的车间等，也属于改建。

固定资产投资按产业分 固定资产投资分为第一产业、第二产业、第三产业，它是研究不同用途的固定资产投资之间比例关系的重要指标。基本建设投资、更新改造投资、房地产开发投资、其他固定资产投资及城乡集体投资的用途按国民经济行业来确定。

固定资产投资按构成分 固定资产投资活动按其工作内容和实现方式分为建筑安装工程，设备、工具、器具购置，其他费用三个部分。

(1)建筑安装工程(建安工作量)指各种房屋、建筑物的建造工程和各种设备、装置的安装工程。包括各种房屋建造工程，各种用途设备基础和各种工业窑炉的砌筑工程；为施工而进行的各种准备工作和临时工程以及完工后的清理工作等；铁路、道路的铺设，矿井的开凿及石油管道的架设等；水利工程；防空地下建筑等特殊工程；以及各种机械设备的安装工程；为测定安装工程质量，对设备进行的试行工作。在安装工程中，不包括安装设备本身的价值。

(2)设备、工具、器具购置指购置或自制达到固定资产标准的设备、工具、器具的价值，固定资产的标准按财务部门的规定执行。新建单位、扩建单位的新建车间按照设计和计划要求购置或自制的全部设备、工具、器具，不论是否达到固定资产标准均计入"设备、工具、器具购置"中。

(3)其他费用指除建筑安装工程和设备、工具、器具购置以外的投资完成额。

基本建设划分大中小型项目 基本建设划分大中小型项目原则上应按照上级批准的设计任务书或初步设计所确定的总规模或总投资划分，没有正式批准设计任务书或初步设计的，按国家或省、自治区、直辖市年度基本建设投资计划中所列的总规模或总投资划分。上述两条均不具备的，按本年计划施工工程的建设总规模或总投资划分。生产单一产品的工业项目，按产品的设计能力划分；生产多种产品的工业项目，按其主要产品的设计能力划分。品种繁多，难以按生产能力划分的，按全部计划投资额划分。划分标准以国家颁发的《大中小型建设项目划分标准》为依据。国家曾在1958年、1962年、1977年和1979年先后五次修订《大中小型建设项目划分标准》，因此各历史时期的大中型项目数不完全可比。

施工项目 指报告期内曾进行建筑或安装工程施工活动的建设项目。包括报告期内新开工项目、报告期以前开工跨入报告期继续施工的项目以及报告期施工过并在报告期内全部建设投产或停缓建的项目。

全部建成投产项目 工业项目是指设计文件规定形成生产能力的主体工程及其相应配套的辅助设施全部建成，经负荷试运转，证明具备生产设计规定合格产品的条件，并经过验收鉴定合格或达到竣工验收标准，与生产性工程配套的生产福利设施可以满足近期正常生产的需要，正式移交生产的建设项目。非工业项目是指设计文件规定的主体工程和相应的配套工程全部建成，能够发挥设计规定的全部效益，经验收鉴定合格或达到竣工验收标准，正式移交使用的建设项目。

新增生产能力 指通过固定资产投资活动而增加的设计能力或工程效益，它是用实物形态表示的固定资产投资的成果。新增生产能力的计算，是以能独立发挥生产能力或效益的单项工程（或项目）为对象。当单项工程（或项目）建成，经有关部门鉴定合格，正式移交投入生产，即可计算新增生产能力。

新增生产能力或工程效益有以下几种表现形式：

（1）以建设项目或单项工程建成后的年产能力表示。如煤炭开采、石油开采等。

（2）以建设项目或单项工程建成后处理原料的能力表示。如选矿工程的年处理矿石能力，洗煤厂年洗原煤能力等。

（3）以新增的主要设备数量或容量表示。如棉纺锭枚数、发电机组容量等。

（4）以建筑物容积、容量、面积或长度表示。如水库容量、铁路公路里程等。

新增生产能力的数量一般按设计能力计算。设计能力是指设计文件中规定的在正常情况下能够达到的生产能力，而不论投产后的实际产量如何。以设备数量、建筑物容积、面积、长度等表示的新增生产能力（或效益），则按建成的实际数量计算。

施工和竣工房屋建筑面积 房屋建筑面积是从房屋外墙线算起的各层平面面积的总和，包括房屋结构（如柱、墙）占用的面积和地下室面积。多层建筑按各自然层面积总和计算，包括房屋内的楼隔层，突出墙面的眺望间、门斗、有柱雨罩的面积。不包括突出墙面结构的构件、艺术装饰等所占的面积，如台阶等。凹阳台、挑阳台按其水平投影面积一半计算建筑面积。

住宅建筑面积 指施工和竣工房屋建设面积中供居住用的施工和竣工房屋建筑面积。

竣工面积 指在报告期内房屋建筑按照设计要求已全部完工，达到住人和使用条件，经验收鉴定合格，正式移交使用单位的建筑面积。

房屋建筑面积竣工率 指一定时期内房屋竣工面积占同期房屋施工面积的比率。它是从房屋建筑施工速度的角度反映投资效果和建筑业经济效益的指标。

新增固定资产 指通过投资活动所形成的新的固定资产价值。包括已经建成投入生产或交付使用的工程价值和达到固定资产标准的设备、工具、器具的价值及有关应摊入的费用。它是以价值形式表示的固定资产投资成果的综合性指标,可以综合反映不同时期、不同部门、不同地区的固定资产投资成果。

建设项目投产率 指一定时期内全部建成投入生产项目个数占同期正式施工项目个数的比率。它是从项目建设速度的角度反映投资效果的指标。

固定资产交付使用率 指一定时期新增固定资产与同期完成投资额的比率。它是反映各个时期固定资产动用速度,衡量建设过程中投资效果的一个综合性指标。

零售价格指数 是反映城乡商品零售价格变动趋势的一种经济指数。零售物价的调整变动直接影响到城乡居民的生活支出和国家的财政收入,影响居民购买力和市场供需平衡,影响消费与积累的比例。因此,计算零售价格指数,可以从一个侧面对上述经济活动进行观察和分析。

居民消费价格指数 是反映一定时期内城乡居民所购买的生活消费品价格和服务项目价格变动趋势和程度的相对数。是综合了城市居民消费价格指数和农民消费价格指数计算取得的。利用居民消费价格指数,可以观察和分析消费品的零售价格和服务价格变动对城乡居民实际生活费支出的影响程度。

城市居民消费价格指数 是反映城市居民家庭所购买的生活消费品和服务项目价格变动趋势及其程度的相对数。编制城市居民消费价格指数,可以观察和分析消费品的零售价格和服务项目价格变动对职工货币工资的影响,作为研究城市居民生活和确定工资政策的依据。

年底自来水生产能力 指年底城建部门管理的自来水厂和自备水源的社会单位取水、净化、送水、出厂输水干管等环节的实际生产能力。

年底供水管道长度 指从送水泵到用户水表之间所有管道的长度。

全年供水总量 指公用自来水厂和自备水源的社会单位全年的供水总量,包括有效供水量及损失水量。

生活用水量 指居民日常生活与公共福利设施的用水量。包括居民、饮食店、旅馆、医院、理发店、浴池、洗衣店、游泳池、商店、学校、机关、部队等单位的用水量。

城市人口用水普及率 指城市用水的非农业人口数(不包括临时人口和流动人口)与城市非农业人口总数之比。计算公式:

$$用水普及率=\frac{城市用水的非农业人口数}{城市非农业人口数}\times 100\%$$

人工煤气生产能力 指城市煤气厂制气、净化、输送等环节的综合实际生产能力。

输气管道长度 指由压缩机、鼓风机、储气罐的出口到用户立管之间的全部管道长度。

全年供气总量 指全年售给各类用户的全部煤气量。包括工业用量、家庭用量和其他用量。

城市用气普及率 指使用煤气(包括人工煤气、液化石油气、天然气)的城市非农业人口数(不包括临时人口和流动人口)与城市非农业人口总数之比。计算公式:

$$城市煤气普及率 = \frac{城市用气的非农业人口数}{城市非农业人口总数} \times 100\%$$

年底实有铺装道路长度 指除土路外，路面经过铺装宽度在3.5米以上的道路，包括高级、次高级道路和普通道路。

城市桥梁 指城市范围内，修建在河道上的桥梁和道路与道路立交、道路跨越铁路的立交桥，以及人行天桥。包括永久性桥和半永久性桥，不包括临时性桥、铁路桥、涵洞。

城市下水道总长度 指所有排水总管、干管、支管及暗渠、检查井、连接井进出水口等长度之和。

城市污水日处理能力 指污水处理厂每昼夜处理污水量的设计能力。

年末实有公共汽(电)车 指年底可参加营运的全部车辆数，包括年底营运车辆数和库存查封未参加营运的车辆，不包括非营运车辆，如架线车、油罐车、工程车、货车及其他专用车辆和借人的客运车辆。

营运线路长度 指设置的固定营运线路长度，包括郊区营运线路长度。不包括临时行驶的线路长度。

城市园林绿地面积 指城市公共绿地、专用绿地、生产绿地、防护绿地、郊区风景名胜区的全部面积。

公共绿地 指供游览休息的各种公园、动物园、植物园、陵园以及花园、游园和供游览休息用的林荫道绿地、广场绿地。不包括一般栽植的行道树及林荫道的面积。

农林牧渔业总产值 是以货币表现的农、林、牧、渔业全部产品的总量和对农林牧渔业生产活动进行的各种支持性服务活动的价值。它反映一定时期内农业生产总规模和总成果。

农、林、牧、渔业的统计范围包括辖区内各种经济组织类型、各种系统的全部农林牧渔生产单位和非农行业单位附属的农林牧渔业生产活动单位。军委系统的农林牧渔业生产(除军马外)也包括在内，但不包括农业科学试验机构进行的农业生产。(1)农业包括种植业和其他农业。

种植业包括谷物、豆类、薯类、棉花、油料、糖料、麻类、烟叶、蔬菜、药材、瓜类和其他农作物的种植，以及茶园、桑园、果园的生产经营。

其他农业包括采集野生植物的果实、纤维、树胶、树脂、油料以及柴草、野生药材、菌类等及农民家庭兼营的商品性工业。

(2)林业包括林木的栽培(不包括茶园、桑园和果园的栽培、管理和收获等活动)、林产品的采集和村及村以下合作经济和农户的竹木采伐。

(3)牧业包括除渔业养殖以外的一切动物饲养和放牧以及野生动物的捕猎和饲养。

(4)渔业包括水生动物和海藻类植物的养殖和捕捞。

农林牧渔业总产值的计算方法通常是按农林牧渔业产品及其副产品的产量分别乘以各自单位产品价格求得，少数生产周期较长，当年没有产品或产品产量不易统计的，则采用间接方法匡算其产值，然后将四业产品产值及农林牧渔服务业产值相加即为农林牧渔业总产值。

农林牧渔业中间消耗是指农林牧渔业生产经营过程中所消耗的货物和服务的价值，包括物质产品消耗和非物质性服务消耗。物质产品消耗是指农林牧渔业生产过程中所消耗的各种物质产品的价值，包括外购的和计入总产出的自给性物质产品消耗，如种籽、饲料、肥料、农药、燃料、用电量、小农具购置、原材料消耗等；支付物质生产部门的各种服务费包括修理费、生产用外雇运输费、生产用邮电费等，以及其他物质消耗；非物质性服务消耗是指支付给非物质生产部门的各种服务费，如畜禽配种费、畜禽防疫医疗费、科研费、旅馆、车船费、金融服务费、保险服务费、广告费等。

粮食产量 指全社会的产量。包括国有经济经营的、集体统一经营的和农民家庭经营的粮食产量，还包括工矿企业办的农场和其他生产单位的产量。粮食除包括稻谷、小麦、玉米、高粱、谷子及其他杂粮外，还包括薯类和豆类。其产量计算方法，豆类按去豆荚后的干豆计算；薯类（包括甘薯和马铃薯，不包括芋头和木薯）1963 年以前按每 4 公斤鲜薯折 1 公斤粮食计算，从 1964 年开始及以后改为按 5 公斤鲜薯折 1 公斤粮食计算。城市郊区作为蔬菜的薯类（如：马铃薯等）按鲜品计算，并且不作为粮食统计。其他粮食一律按脱粒后的原粮计算。

油料产量 指全部油料作物的生产量。包括花生、油菜籽、芝麻、向日葵籽、胡麻籽（亚麻籽）和其他油料。不包括大豆，也不包括木本油料和野生油料。花生以带壳干花生计算。

水产品产量 指人工养殖的水产品和天然生长的水产品的捕捞量。

猪、牛、羊肉产量 指当年出栏并已屠宰后除去头蹄下水后带骨肉（即胴体重）的重量。

耕地面积 指种植农作物的土地，包括熟地，新开发、复垦、整理地，休闲地（含轮歇地、轮作地）；以种植农作物（含蔬菜）为主，间有零星果树、桑树或其他树木的土地；平均每年能保证收获一季的已垦滩地和海涂。临时种植药材、草皮、花卉、苗木等的耕地，以及其他临时改变用途的耕地。

农作物播种面积 指实际播种或移植有农作物的面积。凡是实际种植有农作物的面积，不论种植在耕地上还是种植在非耕地上，均包括在农作物播种面积中。在播种季节基本结束后，因遭灾而重新改种和补种的农作物面积，也包括在内。

农作物产量：指本年度全社会范围内生产的农产品的产量，不论何种经营主体，不论是在耕地上还是在非耕地上种植的农作物产量，都应统计在内。

有效灌溉面积 指具有一定的水源，地块比较平整，灌溉工程或设备已经配套，在一般年景下当年能够进行正常灌溉的耕地面积。

农用化肥施用量 指本年内实际用于农业生产的化肥数量。包括氮肥、磷肥、钾肥和复合肥。化肥施用量要求按折纯量计算数量。折纯法化肥施用量是把氮肥、磷肥和钾肥分别按含氮、含五氧化二磷、含氧化钾的百分之一百成份折算后的数量。复合肥按其所含主要成分折算。

农业机械总动力 指主要用于农、林、牧、渔业的各种动力机械的动力总和。包括耕作机械、排灌机械、收获机械、农用运输机械、植物保护机械、牧业机械、林业机械、渔业机械和其他农业机械［内燃机按引擎马力折成瓦（特）计算，电动机按功率折成瓦（特）计算］。不包括专门用于乡、镇、村、组办工业、基本建设、非农业运输、科学试验和教学等非农业生产方面用的动力机械与作业机械。

农林牧渔业劳动力 指直接参加农林牧渔业生产劳动的劳动力。

期初（末）畜禽存栏头（只）数 指本期期初（末）农村各种合作经济组织和国营农场、家庭农场、农民个人、机关、团体、学校、工矿企业、部队等单位以及城镇居民饲养的大牲畜、猪、羊、家禽等畜禽的存栏头（只）

数。

谷物 指籽实主要供作粮食的作物。这类作物包括稻谷、小麦、玉米、谷子、高粱和其他谷物，不包括豆类和薯类作物。

工业 指从事自然资源的开采，对采掘品和农产品进行加工和再加工的物质生产部门。具体包括：

(1)对自然资源的开采，对采矿、晒盐、森林采伐等(但不包括禽兽捕猎和水产捕捞)；

(2)对农副产品的加工、再加工，如粮油加工、食品加工、轧花、缫丝、纺织、制革等；

(3)对采掘品的加工、再加工，如炼铁、炼钢、化工生产、石油加工、机器制造、木材加工等，以及电力、自来水、煤气的生产和供应等；

(4)对工业品的修理、翻新，如机器设备的修理、交通运输工具(包括小卧车)的修理等。

1984 年以前农村的村及村以下办工业归属农业，1984 年以后划归工业。

规模以上工业统计调查单位 规模以上工业企业是指年主营业务收入在 2000 万元以上的工业企业。

企业控股情况 根据企业实收资本中某种经济成分的出资人的实际投资情况，或出资人对企业资产的实际控制、支配程度进行分类。具体分为国有控股、集体控股、私人控股、港澳台商控股、外商控股和其他六类。

1. 国有控股：包括：(1)在企业的全部实收资本中，国有经济成分的出资人拥有的实收资本(股本)所占企业全部实收资本(股本)的比例大于 50% 的国有绝对控股。(2)在企业的全部实收资本中，国有经济成分的出资人拥有的实收资本(股本)所占比例虽未大于 50%，但相对大于其他任何一方经济成分的出资人所占比例的国有相对控股；或者虽不大于其他经济成分，但根据协议规定拥有企业实际控制权的国有协议控股。(3)投资双方各占 50%，且未明确由谁绝对控股的企业，若其中一方为国有经济成分的，一律按国有控股处理。

2. 集体控股：包括：(1)在企业的全部实收资本中，集体经济成分的出资人拥有的实收资本(股本)所占企业全部实收资本(股本)的比例大于 50% 的集体绝对控股。(2)在企业的全部实收资本中，集体经济成分的出资人拥有的实收资本(股本)所占比例虽未大于 50%，但相对大于其他任何一方经济成分的出资人所占比例的集体相对控股；或者虽不大于其他经济成分，但根据协议规定拥有企业实际控制权的集体协议控股。

3. 私人控股：包括：(1)在企业的全部实收资本中，私人经济成分的出资人拥有的实收资本(股本)所占企业全部实收资本(股本)的比例大于 50% 的私人绝对控股。(2)在企业的全部实收资本中，私人经济成分的出资人拥有的实收资本(股本)所占比例虽未大于 50%，但相对大于其他任何一方经济成分的出资人所占比例的私人相对控股；或者虽不大于其他经济成分，但根据协议规定拥有企业实际控制权的私人协议控股。

4. 港澳台商控股：包括：(1)在企业的全部实收资本中，港澳台商经济成分的出资人拥有的实收资本(股本)所占企业全部实收资本(股本)的比例大于 50% 的港澳台商绝对控股。(2)在企业的全部实收资本中，港澳台商经济成分的出资人拥有的实收资本(股本)所占比例虽未大于 50%，但相对大于其他任何一方经济成分的出资人所占比例的港澳台商相对控股；或者虽不大于其他经济成分，但根据协议规定拥有企业实际控制权的港澳台商协议控股。

5. 外商控股:包括:(1)在企业的全部实收资本中,外商经济成分的出资人拥有的实收资本(股本)所占企业全部实收资本(股本)的比例大于50%的外商绝对控股。(2)在企业的全部实收资本中,外商经济成分的出资人拥有的实收资本(股本)所占比例虽未大于50%,但相对大于其他任何一方经济成分的出资人所占比例的外商相对控股;或者虽不大于其他经济成分,但根据协议规定拥有企业实际控制权的外商协议控股。

隶属关系 指本单位隶属于哪一级行政管理单位。分为:中央、省、市、县级及以下和其他。

中央与地方双重领导的单位,以领导为主的一方来划分中央属或地方属。

县级以上各级中国共产党委员会及其所属各工作部门、县级以上各级人民代表大会机关、县级以上各级人民政府及其所属各工作部门、县级以上各级政治协商会议机关等机关的隶属关系填写本级,如:省政府的隶属关系填"省"。县、乡镇、街道一级的机关以及居委会、村委会的隶属关系填写县级及以下。

隶属于"中央"的单位兴办的集体企业,隶属关系填"其他";省属以下的企业(单位)办的企业(单位),其隶属关系与企业(单位)本身的隶属关系一致。

无主管部门的单位、本省(自治区、直辖市)在外省(自治区、直辖市)的办事机构所开办的第三产业等单位填"其他"。

工业总产值 指工业企业在报告期内生产的以货币形式表现的工业最终产品和提供工业劳务活动的总价值量。

资产总计 指企业过去的交易或者事项形成的、由企业拥有或者控制的、预期会给企业带来经济利益的资源。

应收账款 指企业因销售商品、提供劳务等经营活动所形成的债权,包括应向客户收取的货款、增值税款和为客户代垫的运杂费等。

存货 指企业在日常活动中持有以备出售的产成品或商品、处在生产过程中的在产品、在生产过程或提供劳务过程中耗用的材料或物料等,通常包括原材料、在产品、半成品、产成品、商品以及周转材料等。

产成品 指企业已经完成全部生产过程并验收入库,可以按照合同规定的条件送交订货单位,或者可以作为商品对外销售的产品。

固定资产合计 指企业为生产商品、提供劳务、出租或经营管理而持有的,使用寿命超过一个会计年度的有形资产。

负债合计 指企业过去的交易或者事项形成的,预期会导致经济利益流出企业的现时义务。

主营业务收入 指企业确认的销售商品、提供劳务等主营业务的收入。

主营业务成本 指企业经营主要业务所发生的成本总额。

销售费用 指企业在销售商品和材料、提供劳务的过程中发生的各种费用,包括保险费、包装费、展览费和广告费、商品维修费、预计产品质量保证损失、运输费、装卸费等以及为销售本企业商品而专设的销售机构(含销售网点、售后服务网点等)的职工薪酬、业务费、折旧费等经营费用。

管理费用 指企业为组织和管理企业生产经营所发生的费用,包括企业在筹建期间内发生的开办费、董事会和行政管理部门在企业经营管理中发生的,或者应当由企业统一负担的公司经费等。

财务费用 指企业为筹集生产经营所需资金等而发生的筹资费用，包括企业生产经营期间发生的利息支出（减利息收入）、汇兑损失（减汇兑收益）以及相关的手续费等。

利润总额 指企业在一定会计期间的经营成果，是生产经营过程中各种收入扣除各种耗费后的盈余，反映企业在报告期内实现的盈亏总额。

建筑业统计范围 统计范围为各省、自治区、直辖市辖区内具有建筑业资质的所有独立核算建筑业企业（包括没有工作量的建筑业企业）及所属产业活动单位；国务院各有关部门（或企业）直属的具有建筑业资质的所有独立核算建筑业企业。建筑业企业资质执行住房和城乡建设部新的资质管理办法。

签订合同额 指建筑业企业在报告期直接同建设单位签订的各种国内工程合同的总价款和以前年度同建设单位签订的各种国内工程合同的未完工程跨入本年度继续施工工程合同的总价款余额。

上年结转合同额 指以前年度同建设单位签订合同的未完工程跨入本年度继续施工工程合同的总价款余额。

本年新签合同额 指建筑业企业在报告期内同建设单位直接新签订的各种国内工程合同的总价款，不包括与其他建筑业企业新签的分包合同额。

建筑业总产值 指以货币表现的建筑业企业在一定时期内生产的建筑业产品和服务的总和。建筑业总产值包括建筑工程产值、安装工程产值和其他产值三部分内容。

建筑工程产值 指列入建筑工程预算内的各种工程价值，包括：

（1）各种房屋如厂房、仓库、办公室、住宅、商店、学校、医院、俱乐部、食堂、车库、招待所等房屋建筑，按照当前预算制度规定，列入房屋工程预算内的暖气、卫生、通风、照明、煤气等设备价值及其装饰油漆工程，以及列入建筑工程预算内的各种管道（如蒸汽、压缩空气、石油、给排水等管道），电力、电讯电缆导线的敷设等工程。

（2）设备基础、支柱、操作平台、梯子、烟囱、凉水塔、水池、灰塔等建筑工程，炼焦炉、裂解炉、蒸汽炉等各种窑炉的砌筑工程及金属结构工程。

（3）为施工而进行的建筑场地的布置，工程地质勘探，原有建筑物和障碍物的拆除及平整土地，施工临时用水、电、汽、道路工程，以及完工后建筑场地的清理，环境绿化工作等。

（4）矿井的开凿、井巷掘进延伸、露天矿的剥离、石油、天然气钻井工程和铁路、公路、港口、桥梁等工程。

（5）水利工程，如水库、堤坝、灌渠以及河道整治等工程。

（6）防空、地下建筑等特殊工程。

（7）装饰装修工程。

安装工程产值 指设备安装工程价值，包括：

（1）生产、动力、起重、运输、传动和医疗、实验等各种需要安装设备的装配和安装与设备相连的工作台、梯子、栏杆等装设工程，附属于被安装设备的管线敷设工程、被安装设备的绝缘、防腐、保温、油漆等工作。

（2）为测定安装工作质量，对单个设备、系统设备进行单机试运和系统联动无负荷试运工作。

在设备安装产值中，不得包括被安装设备本身价值。

其他产值 建筑业总产值中除建筑工程、安装工程以外的产值。包括房屋构筑物修理产值、非标准设备制造产值、总包企业向分包企业收取的管理费以及不能明确划分的施工活动所完成的产值。

房屋构筑物修理产值:指房屋和构筑物的修理所完成的产值,但不包括被修理房屋、构筑物本身价值和生产设备的修理价值。

非标准设备制造产值:指加工制造没有定型的非标准生产设备的加工费和原材料价值(如化工厂、炼油厂用的各种罐、槽,矿井生产统一使用的各种漏斗、三角槽、阀门等)以及附属加工厂为本企业承建工程制作的非标准设备的价值。

房屋施工面积 指报告期内施工的全部房屋建筑面积。包括本期新开工的房屋建筑面积、上期跨入本期继续施工的房屋建筑面积、上期停缓建在本期恢复施工的房屋建筑面积、本期竣工的房屋建筑面积以及本期施工后又停缓建的房屋建筑面积。多层建筑应填各层建筑面积之和。

房屋新开工面积 指报告期内新开工建设的房屋建筑面积,以单位工程为核算对象,即整栋房屋的全部建筑面积,不能分割计算。不包括在上期开工跨入报告期继续施工的房屋建筑面积和上期停缓建而在本期恢复施工的房屋建筑面积。房屋的开工应以房屋正式开始破土刨槽(地基处理或打永久桩)的日期为准。

房屋建筑竣工面积 指报告期内房屋建筑按照设计要求已全部完工,达到住人和使用条件,经验收鉴定合格或达到竣工验收标准,可正式移交使用的各栋房屋建筑面积的总和。

货(客)运量 指在一定时期内,各种运输工具实际运送的货物(旅客)数量。是反映运输业为国民经济和人民生活服务的数量指标,也是制定和检查运输生产计划,研究运输发展规模和速度的重要指标。货运按吨计算,客运按人计算。货嵋物不论运输距离长短,货物类别,均按实际重量统计;旅客不论行程远近或票价多少,均按一人一次作为客运量统计。半价票、小孩票也按一人统计。

货物(旅客)周转量 指在一定时期内,由各种运输工具运送的货物(旅客)数量与其相应运输距离的乘积之总和,是反映运输业生产总成果的重要指标,也是编制和检查运输生产计划,计算运输效率、劳动生产率以及核算运输单位成本的主要基础资料。通常以吨公里和人公里为计算单位。计算货物周转量通常按发出站与到达站之间的最短距离,也就是计费距离计算。

港口货物吞吐量 指由水运进出港区范围,并经过装卸的货物数量,包括邮件及办理托运手续的行李、包裹以及补给运输船舶的燃、物料和淡水。其计量单位为吨。货物吞吐量的货种分类及其主要流向流量,反映了港口在国内外物资交流和对外贸易运输中的地位和作用。吞吐量可以分为进口、出口,又可以分为国内贸易和对外贸易。

邮电业务总量 指以货币表现的邮电部门用于传递信息和提供其他邮电服务的总数量。它综合反映了一定时期邮电工作的总成果,是研究邮电业务量构成发展趋势的重要指标。根据邮电管理体制不同,分为中央国营业务总量和地方国营业务总量。它用各种邮电分类业务量,如函件件数、电报份数、长话张数、市内电话和农村电话的年均户数、订销报刊累计份数等,分别乘以相应的平均单价(不变价),加总后再加上出租电路和设备的收入、代用户维护电话交换机和线路等设备的收入、其他业务收入求得。

无线寻呼电话用户 指携带小型寻呼机,接收市话用户通过无线寻呼中心,在规定范围内向其发出声音、数字或文字显示信息的用户。目前在邮电部门办理登记手续的无线寻呼电话用户，每一部寻呼机按一户计算。

移动电话用户 指在邮电部门登记，通过移动电话交换机进入移动电话网、占有移动电话号码的电话用户。用户数量以实际办理登记手续进入邮电部门移动电话网的户数进行计算，一部或一台移动电话统计为一户。

社会消费品零售总额 指各种经济类型的批发零售贸易业、餐饮业、制造业和其他行业对城乡居民和社会集团的消费品零售额和农民对非农业居民零售额的总和这个指标反映通过各种商品流通渠道向居民和社会集团供应生活消费品来满足他们生活需要的情况，是研究人民生活、社会消费品购买力、货币流通等问题的重岷要指标。包括售给城乡居民用于生活消费的商品（不包括住房）和售给机关、团体、部队、学校、企业、事业单位和城市街道居民委员会、农村村民委员会用公款箽买的用作非生产、非经营使用的消费品。

批发零售贸易业商品购、销、存总额 指以各种经济类型的批发、零售贸易业为总体的商品购进、销售、库存总额。

商品购进总额 指从本企业（单位）以外的单位和个人购进（包括从国外直接进口）作为转卖或加工后转卖的商品。这个指标反映批发零售贸易业从国内、国外市场上购进商品的总量。商品购进总额包括：

（1）从工农业生产者购进的商品；

（2）从出版社、报社的出版发行部门购进的图书、杂志和报纸；

（3）从各种经济类型的批发零售贸易企业（单位）购进的商品；

（4）从其他单位购进的商品，如从机关、团体、企业、单位购进的剩余物资，从餐饮业、服务业购进的商品，从海关市场管理部门购进的缉私和没收的商品，向居民收购的废旧商品等；

（5）从国（境）外直接进口的商品。不包括企业（单位）为自身经营用，和未通过买卖行为而收入的商品以及销售退回、商品升溢等。

商品销售总额 指对本企业（单位）以外的单位和个人出售（包括对国（境）外直接出口）的商品。这个指标反映批发零售贸易业在国内市场上销售商品以及出口商品的总量。商品销售总额包括：

（1）售给城乡居民和社会集团消费用的商品；

（2）售给工业、农业、建筑业、运输邮电业、批发零售贸易业、餐饮业、服务业等作为生产、经营使用的商品；

（3）售给批发零售贸易业作为转卖或加工后转卖的商品；

（4）对国（境）外直接出口的商品。不包括：出售本企业（单位）自用的废旧包装用品；未通过买卖行为付出的商品；经本单位介绍，由买卖双方直接结算本单位只收取手续费的业务；购货退出的商品以及商品损耗和损失等。

批发零售贸易业年末库存 指年末各种经济类型的批发零售贸易企业（单位）已取得所有权的商品。它反映批发零售贸易业的商品库存情况及对市场商品供应的保证程度。包括：

（1）存放在批发零售贸易业经营单位（如门市部、批发站、经营处）仓库、货场、货柜和货架中的商品；

(2)挑选、整理、包装中的商品；

(3)已记入购进而尚未运到本单位的商品；

(4)寄放他处的商品，如因购货方拒绝承付而暂时存放在购货方的商品和已办完加工成品收回手续而未提回的商品；

(5)委托其他单位代销(未作销售或调出)尚未售出的商品；

(6)代其他单位购进尚未交付的商品。不包括所有权不属于本单位的商品、拨付除批发零售贸易业以外裖其他行业加工厂加工生产尚未收回成品的商品、代国家物资储备部门保管的商品崐等。期末库存总额计算方法是:农副产品采购单位按购进价计算，批发单位按进崐货价计算，零售单位按什么价格核算就按什么价格计算。

批发零售贸易业、餐饮业人员 指从事批发零售贸易业、餐饮业劳动并取得劳动报酬或经营收入的人员。

进出口总额 海关进出口总额指实际进出我国国境的货物总金额。包括对外贸易实际进出口货物，来料加工装配进出口货物，国家间、联合国及国际组织无偿援助物资和赠送品，华侨、港澳台同胞和外籍华人捐赠品，租赁期满归承租人所有的租赁货物，进料加工进出口货物，边境地方贸易及边境地区小额贸易进出口货物(边民互市贸易除外)，中外合资经营企业、中外合作经营企业、外商独资经营企业进出口货物和公用物品，到、离岸价格在规定限额以上的进出口货样广告品(无商业价值、无使用价值和免费提供出口的除外)，从保税仓库提取在中国境内销售的进口货物以及其他进出口货物。进出口总额用以观察一个国家在对外贸易方面的总规模。我国规定出口货物按离岸价格统计，进口货物按到岸价格统计。

商品经营单位所在地进出口额 指所在地海关注册登记的有进出口经营权企业实际进出口额。

商品目的地进口额和商品货源地出口额目的地进口额 是指进口货物的消费、使用或最终抵运地的实际进口额，货源地出口额是指出口货物的产地或原始发货地的实际出口额。

利用外资 指我国各级政府、部门、企业和其他经济组织通过对外借款、吸收外商直接投资以及用其他方式筹措的境外现汇、设备、技术等。

对外借款 是我国利用外资的主要部分。包括我国通过外国政府贷款，国际金融组织贷款，外国银行商业贷款，出口信贷以及对外发行债券，股票等方式从境外筹措的资金。

外商直接投资 是指外国企业和经济组织或个人(包括华侨、港澳台胞以及我国在境外注册的企业)按我国有关政策、法规，用现汇、实物、技术等在我国境内开办外商独资企业、与我国境内的企业或经济组织共同举办中外合资经营企业、合作经营企业或作合作开发资源的投资(包括外商投资效率的再投资)以及经政府有关部门批准的项目投资总额内，企业从境外借入的资金。

对外承包工程 包括各对外承包公司以招标议标承包方式承揽的下列业务：

(1)承包国外工程建设项目；

(2)承包我国对外经援项目；

(3)承包我国驻外机构的工程建设项目；

(4)承包我国境内利用外资进行建设的工程项目;

(5)与外国承包公司合营或联合承包工程项目时我国公司分包部分;

(6)以服务成果向业主收费的技术服务项目(包括承担地形地貌测绘;地质资源勘探与普查;建设区域规划;提供设计文件、图纸、生产工艺技术资料和工程技术经济咨询;工程项目的可行性考察、研究和评估;进行技术指导和培训人员等);

(7)对外承包兼营的房屋开发业务。对外承包工程的营业额是以货币表现的本期内完成的对外承包篳程的工作量,包括以前年度签订的合同和本年度新签订的合同在报告期完成的工作量。

对外劳务合作 指以收取工资的形式向业主或承包商提供技术和劳动服务的活动。我国对外承包公司在境外开办的合营企业,中国公司同时又提供劳务的其劳务部分也纳入劳务合作统计。劳务合作营业额按报告期内向雇主提交的结算数(包括工资、加班费和奖金等)统计。

入境游客人数 是指报告期内来我国观光、度假、探亲访友、就医疗养、购物、参加会议或从事经济、文化、体育、宗教活动的外国人、港澳台同胞等海外游客。

旅游外汇收入 海外旅游者在中国(大陆)境内旅行、游览过程中用于交通、参观游览、住宿、餐饮、购物、娱乐等全部花费。

星级饭店数 是指由国家旅游部门认可或评定的一星以上的饭店。

财政总收入 即财政预算内总收入,包括按财政体制划分的中央收入和地方财政一般预算内收入。中央收入包括:一般增值税75%、一般消费税、企业所得税与个人所得税中央分享部分。

保费 又叫保险费。是保险人根据保险合同的有关规定,为被保险人取得因约定危险事故发生所造成的经济损失补偿(或给付)权利,付给保险人的代价。包括财产险和人身险储金收入。

赔款 保险事故发生后,经查证确属保险责任范围以内的保险标的损失,保险人根据保险合同的规定履行赔偿义务,给予被保险人的款项叫做赔款。赔款可分为已决赔款和未决赔款两种。

文化事业机构 指从事专业文化工作和为专业文化工作服务的独立建制的单独核算的单位。不包括这些单位另外举办独立核算的其他机构和各部门的业余文化组织。

艺术表演团体 指从事戏曲、音乐、舞蹈、杂技等专业艺术表演,有独立帐户,实行单独核算的团体。不包括半工半艺、半农半艺和民间职业剧团。

电影放映单位 指具有放映机器设备、固定或不固定的放映场所与专职与兼职的放映技术人员,经有关部门登记批准,经常为一定的观众对象放映电影的机构。包括批准对外开放进行营业,并与电影发行放映管理机构分帐的专用放映单位和军委系统租片单位。

艺术表演观众人数(人次) 指售票、包场演出或民族地区免费演出的艺术表演观众人次数。不包括彩排审查和内部观摩演出的观看人次数。

医院 指名称为医院,设有固定床位能收容病人住院并能为病人提供医疗、护理服务的医疗机构。包括县及县以上医院、农村乡卫生院、其他医院三部分。按所属性质分为卫生部门、工业及其他部门,集体经济单位三类。其中县及县以上医院按业务性质分为综合医院和专科医院。

卫生技术人员 指卫生事业机构支付工资的全部固定职工和合同制职工中现任职务为卫生技术工作的专业人员。包括中医师、西医师、中西医结合高级医师护师、中药师、西药师、检验师、其他技师、中医士、西医士、护士、助产士、中药剂士、西药剂士、检验士、其他技士、其他中医、护理员、中药剂员、西药剂员、检验员,其他初级卫生技术人员。

医生 指经卫生部门审查合格,从事医疗工作的专业人员。分为中医医生和西医医生。包括卫生技术人员中的中医师、西医师、中西结合高级医师、中医士西医士和其他中医。

工业废水排放量 指经过企业厂区所有排放口排到企业外部的工业废水量。包括生产废水、外排的直接冷却水、超标排放的矿井地下水和与工业废水混排的厂区生活污水,不包括外排的间接冷却水(清污不分流的间接冷却水应计算在内)。

工业废水排放达标量 指各项指标都达到国家或地方排放标准的外排工业废水量,包括未经处理外排达标的和经过处理后外排达标的两部分。国家排放标准见*GB*8978-88。

工业废水处理量 指报告期内各种水治理设施实际处理的工业废水量,包括处理后外排的和处理后回用的工业废水量。虽经处理但未达到国家或地方排放眾准的废水量也应计算在内。计算时,如遇有车间和厂排放口均有治理设施,并对同一废水分级处理时,不应重复计算工业废水处理量。

工业废气排放量 指企业厂区内燃料燃烧和生产工艺过程中产生的各种排入空气的含有污染物的气体的总量,以标准状态[273*K*,101325*Pa*]计。

二氧化硫排放量 指企业在燃料燃烧和生产工艺过程中排入大气的二氧化硫量。

工业烟尘排放量 指企业厂区内的燃料燃烧产生的烟气中夹带的颗粒物的量。

工业粉尘排放量 指企业在生产工艺过程中排放的颗粒物重量。如钢铁企业的耐火材料粉尘、焦化企业的筛焦系统粉尘、烧结机的粉尘、石灰窑的粉尘、建材企业的水泥粉尘等。不包括电厂排入大气的烟尘。

工业固体废物产生量 指企业在生产过程中产生的固体状、半固体状和高浓度液体状废弃物的总量,包括危险废物、冶炼废渣、粉煤灰、炉渣、煤矸石、矿、放射性废物和其他废物等;不包括矿山开采的剥离废石和掘进废石(煤矸石和呈酸性或碱性的废石除外)。酸性或碱性废石是:指采掘的废石其流经水、雨淋水的*pH*值小于4或*pH*值大于105者。

工业固体废物处置量 指将固体废物焚烧或者最终置于符合环境保护规定要求的场所并不再回取的工业固体废物量(包括当年处置往年的工业固体废物累计贮存量)。处置方法如:填埋(其中危险废物应安全填埋)、焚烧、专业贮存场(库)封场处理、深层灌注、回填矿井等。

工业固体废物排放量 指将所产生的固体废物排到固体废物污染防治设施、场所以外的量。不包括矿山开采的剥离废石和掘进废石(煤矸石和呈酸性或碱性的废石除外)。

“三废”综合利用产品产值 指利用“三废”(废液、废气、废渣)作为主要原料生产的产品产值(现行价),已经销售或准备销售的,应计算产品产值;但留作生产上自用的,不应计算产品产值。

“三废”综合利用产品利润 指利用“三废”(废液、废气、废渣)生产的产品,销售后所得到的利润。

环境污染与破坏事故 指由于违反环境保护法规的经济、社会活动与行为,以及意外因素的影响或不可抗拒的自然灾害等原因,致使环境受到污染,国家重点保护的野生动植物、自然保护区受到破坏,人体健康受到危害,社会经济和人民财产受到损失,造成不良社会影响的突发性事件。

景气指数 亦称景气度,是对企业景气调查中的定性指标通过定量方法加工汇总,综合反映某一特定调查群体或某一社会现象所处的状态或发展趋势的一种指标。景气指数介于0－200之间,100为景气指数的临界值,当景气指数大于100时,表明经济状况趋于上升或改善,当景气指数小于100时,表明经济状况趋于下降或恶化,处于不景气状态。更为细致的划分为:0－100为不景气区间,100－120为较景气区间,120－150为较高景气区间,150－200为高景气区间。

企业景气指数 亦称企业综合生产经营景气指数,是根据企业家对本企业综合生产经营情况的判断和预期(通常为对"良好"、"一般"、"不佳"的选择)而编制的指数,用以综合反映企业的生产经营状况。

原煤 指煤矿生产的、经过验收符合质量标准的原煤。即:从毛煤中选出规定粒度的矸石(包括黄铁矿等杂物)、绝对干燥灰分在40%以下的原煤。绝对干燥灰分虽在40%以上,但经有关部门批准开采,并有消费需求的劣质煤,亦应计入原煤产量。原煤分为无烟煤、烟煤、褐煤,在烟煤中又分为炼焦烟煤和一般烟煤两种。原煤不包括石煤、泥煤(泥炭)和伴随原煤生产过程而采出的煤矸石。

无烟煤 指煤化程度高的原煤。其特点是挥发分低、密度大、燃点高、碳含量高、无粘结性,燃烧时多不冒烟。通常作为民用燃料,也可直接用于小型高炉炼铁等。无烟煤的干燥无灰基挥发分质量分数一般在10%以下。

烟煤 指煤化程度低于无烟煤而高于褐煤的原煤。其特点是挥发分产率范围宽,干燥无灰基挥发分质量分数一般在10－40%之间,其中若干燥无灰基挥发分质量分数在37%至40%之间时,透光率大于50%者为烟煤。。烟煤主要分为炼焦烟煤和一般烟煤。

炼焦烟煤 指主要可用于炼焦的烟煤,包括焦煤、1/3焦煤、肥煤、气肥煤、气煤、瘦煤、贫瘦煤、其他炼焦的烟煤。

一般烟煤 指除炼焦的烟煤以外的烟煤,包括贫煤、弱粘煤、不粘煤、长焰煤、1/2中粘煤、其他一般烟煤。

褐煤 指煤化程度低的煤,其外观多呈褐色,光泽暗淡,水分含量高,在空气中易于风化。褐煤的干燥无灰基挥发分质量分数一般在37%以上,透光率小于等于50%。褐煤多作发电燃料,也可作气化原料和锅炉燃料,有的可用来制造磺化煤、活性碳、褐煤蜡的原料。

洗煤 指将原煤经过洗选和筛选等加工后,清除或减少灰分、矸石、硫分等杂质,并按不同煤种、灰分、热值和粒度分等级的煤。

洗精煤(用于炼焦) 指原煤经洗选加工后,灰分较低、热值较高的用于炼焦的洗选煤产品,一般为炼焦选煤厂洗选产出。用于炼焦的洗精煤灰分较低,一般不超过12.5%。

其他洗煤 指除用于炼焦的洗精煤以外的其他洗选煤产品。

煤制品 指以原煤为原料制成的各种煤制品,包括水煤浆、型煤、煤粉等。

原油 指各种碳氢化合物的复杂混合物,通常呈暗褐色或者黑色液态,少数呈黄色、淡红色、淡褐色。

天然气 指以气态碳氢化合物为主的各种气体的混合物，由有机物质经生物化学作用分解而成，或与石油共存于岩石的裂缝和空洞中，或以溶解状态存在于地下水中；主要成分为甲烷（约占85%—95%），还有乙烷、丙烷、丁烷等，是一种优质燃料和化工原料。天然气分为常规天然气和非常规天然气。

液化天然气 指液体状态的天然气，由气态天然气在一定温度和压力条件下液化而成，无毒、无色、无味，在－161℃下的密度约为425千克/立方米。天然气在常温、常压状态为气态，占有的体积大，不利于储存，液化后体积只有气态的1/600左右。天然气的主要成分——甲烷的临界温度为－82℃，故在常温下不可能通过压缩而将其液化。而当将甲烷冷却到－161℃以下时，在常压下即转化为液体，即液化天然气（*LNG*）。

原油加工量 指直接进入蒸馏装置及二次加工装置加工的原油量。该指标是衡量炼化企业生产规模、能力的一项基础指标，也是炼化企业计算各项技术经济指标的重要依据。因此，原油加工量作为一个特殊的指标在产品产量中统计。

计算原油加工量必须具有一定的计量手段，一般用流量计计量，在计量表误差较大的情况下，也可以用罐检尺方法计量，但不允许用产出量倒算。

汽油 指直馏汽油和二次加工（如催化裂化、加氢裂化，催化重整和经精制的热裂化、焦化等）汽油，按不同比例调和，加入适量抗氧防胶剂及金属钝化剂，必要时加入适量的抗爆剂（如加入抗爆剂还要加入着色剂）而制成。本品为易燃、易挥发液体，具有良好的抗爆性能和燃烧性能，其蒸发性好，燃烧完全，积炭少，对发动机部件及储油容器无腐蚀性，由于加有抗氧剂，产品具有较好的安定性，不易过早氧化。

煤油 包括灯用煤油、航空煤油。

柴油 指直馏柴油和经过精制的二次加工（如催化裂化、加氢裂化、热裂化、加氢精制的焦化的柴油等），以不同比例调和而成的成品油。柴油分为轻柴油、重柴油。

润滑油 指以原油经常减压蒸馏装置和二次加工所得的馏分油为原料，经糠醛精制和溶剂脱蜡或压榨脱蜡，再经白土或加氢精制工艺所得的润滑油基础油，加入清净、分散、抗氧、抗腐、抗泡等添加剂调合而成。

燃料油 包括船用燃料油、重油或其他燃料油。燃料油分为商品燃料油和自用燃料油。商品燃料油指企业作为商品销售的燃料油；自用燃料油指本企业用作燃料和化肥、化工原料的自用油。

石脑油 属一部分石油轻馏分的泛称；用途不同，各种馏程亦不同。馏程自初馏点至220℃左右，主要用作重整和化工原料；70—145℃馏分，称轻石脑油，生产芳烃的重整原料；70—180℃馏分，称重石脑油，用作生产高辛烷值汽油。用作溶剂时，称作溶剂石脑油；来自煤焦油的芳香族溶剂油也称作重石脑油或溶剂石脑油。

溶剂油 指以蒸馏装置的直馏汽油组分或催化重整的抽余油为原料，经精制、分馏而制成，按馏分不同分为以下不同牌号：6号抽提溶剂油，用于植物油萃取工艺中作抽提溶剂，也可作合成橡胶工艺中的溶剂、化学试剂、化学溶剂等；70号溶剂油，别名香花溶剂油，用于香花香料及油脂工业作抽提剂；90号溶剂油，别名90号石油醚，用于化学试剂、医药溶剂；120号橡胶溶剂油，用于橡胶工业作溶剂；190号溶剂油，用于机械零件洗涤和工农业生产作溶剂；200号溶剂油，用作油漆工业溶剂和稀释剂；260号溶剂油，为煤油型特种溶剂；300号彩色油墨溶剂油，用于制造高档油墨；航空洗涤油，用于航空机件等精密机件的洗涤，也用作航空涡轮发电机点火燃料。

石蜡 指从石油、页岩油或其他沥青矿物油的某些馏出物中提取出来的烃类混合物，主要成分是固体烷烃，无臭无味，为白色或淡黄色半透明固体。

液化石油气 亦称液化气或压缩汽油，是炼油精制过程中产生并回收的气体在常温下经加压而成的液态产品。主要成分是丙烷、丁烷、丙烯、丁烯，主要用作石油化工原料，脱硫后可直接用作燃料。

石油焦 指以原油经常减压装置蒸馏所得的渣油或其以重油为原料，经焦化装置生产。产品按用途分为三个牌号，每个牌号按质量分为 *A*、*B* 两类，牌号有 1#*A*、1#*B*、2#*A*、2#*B*、3#*A*、3#*B* 石油焦等。主要用于制造石墨电极、碳素、碳化硅、碳化钙等产品的原料，也可直接用于冶炼、铸煅工艺作燃料。

石油沥青 指由原油经常减压装置蒸馏直接获得的渣油制品，也可以用减压渣油为原料经氧化，溶剂脱出的沥青再经适度氧化或调合而成。是来自原油中的最重的组分，是高度缩合的多环烃类混合物，具有良好的粘结性、绝缘性、不渗水性，并能抵抗许多化学药物的侵蚀，广泛用于道路工程、建筑工程、水利工程、防护涂料以及保持水土、改良土壤等领域。沥青性能主要是以软化点、针入度、延伸度来表示的。软化点表示沥青的耐热性能，软化点越高则耐热性能越好。针入度反映沥青的流变性能，为使道路沥青与砂石粘结紧密，需要高针入度的沥青；而作为防腐用的专用沥青，则需要低针入度的沥青，防止流失。延伸度表示沥青的抗张性和可塑性，道路沥青要求的延伸度最高，是为了保证在低温下路面不致受车辆碾压而出现裂缝。沥青按用途可分为普通沥青、道路沥青、建筑沥青、专用沥青，其中以道路沥青的用量最大。

炼厂干气 指炼油厂炼油过程中产生并回收的非冷凝气体（也称蒸馏气），主要成分为乙烯、丙烯和甲烷、乙烷、丙烷、丁烷等，主要用作燃料和化工原料。

其他石油制品 指石油加工过程中除汽油、煤油、柴油、燃料油、液化石油气、炼厂干气、石脑油、润滑油、石蜡、溶剂油、石油焦、石油沥青以外的其他炼油产品。石油制品很多，目录中只列出了上述主要品种，统计时为了简化，把除这些主要品种以外的其他石油产品归并在“其他石油制品”一个目录下一起填报。

焦炭 指将各种经过洗选的煤炭按一定比例配合后，在隔绝空气的高温炭化室内经过热解、缩聚、固化、收缩等复杂的物理化学过程形成的固体燃料，呈黑灰色块状、有光泽，燃烧时烟气少，具有不粘结、不结块、低硫、低灰、坚硬、耐磨、耐压、富于气孔性等特点，主要用于冶金、化工、铸造等工艺的燃料和原料。它包括各种生产方式生产的焦炭，即包括机械化焦炉、简易焦炉、土焦炉、煤气发生炉等装置生产的所有焦炭和半焦炭。

工业企业能源消费量 指工业企业在工业生产活动和非工业生产活动中消费的能源，包括工业生产活动中作为燃料、动力、原料、辅助材料使用的能源，生产工艺中使用的能源，用于能源加工转换的能源；非工业生产活动中使用的能源。具体包括：

（1）用于本企业产品生产、工业性作业和其他生产性活动的能源；

（2）用于技术更新改造措施、新技术研究和新产品试制以及科学试验等方面的能源；

（3）用于经营维修、建筑及设备大修理、机电设备和交通运输工具等方面的能源；

（4）用于劳动保护的能源；

（5）生产交通运输工具的企业（如造船厂、汽车制造厂），向成品轮船、汽车中添加动力用油，应算作企业的能源消费,但不作为工业生产消费,应作为非工业生产消费和交通运输工具消费。(6)其他非生产消费的能源。

不包括:

(1)由仓库发到车间,但在报告期最后一天没有消费的能源。这部分能源应在办理假退料手续后计入库存量。

(2)拨到外单位,委托外单位加工用的能源。

(3)调出本单位或借给外单位的能源。

工业生产能源消费量 指工业企业为进行工业生产活动所消费的能源。主要包括:

(1)用于本企业产品生产、工业性作业的能源,包括用作原料、材料、燃料、动力的能源;作为能源加工转换企业,还包括用作加工转换的能源(这部分能源不能理解为用作原材料,用作原材料的概念见后面的解释)。

(2)产品生产过程中作为辅助材料使用的能源。

(3)生产工艺过程使用的能源。

(4)新技术研究、新产品试制、科学试验使用的能源。

(5)为了工业生产活动而在进行的各种修理过程中使用的能源。

(6)生产区内的劳动保护用能等。

用于原材料的能源消费量 指能源产品不作能源使用,即不作燃料、动力使用,而作为生产另外一种产品(非能源产品)的原料或作为辅助材料使用,作原料使用时通常构成这种产品的实体。它与用作加工转换的区别是:用作加工转换,投入的是能源,产出的主要产品还是能源(或产出的产品属于加工转换过程中产生的不作能源使用的其他副产品和联产品)。而用作原材料时,投入的是能源,产出的主要产品是能源范畴以外的产品,包括产出的某种产品在广义上可以用作能源(比如可以燃烧以提供热量),但通常意义上不作能源使用的产品。

非工业生产能源消费量 指在工业企业能源消费中,除“工业生产能源消费”以外的能源消费,即非工业生产用能和工业企业附属的不从事工业生产活动的非独立核算单位用能。比如本企业施工单位进行技术更新改造、维修等过程用能,非生产区的劳动保护用能,科研单位、农场、车队、学校、医院、食堂、托儿所等单位用能。但是必须注意,上述单位如果是独立核算的,其用能既不能包括在“工业企业能源消费”中,亦不能包括在“非工业生产能源消费”中。

生产交通运输工具的企业(如造船厂、汽车制造厂),向成品轮船、汽车中添加动力用油,应算作企业的非工业生产消费。

综合能源消费量 指企业(单位)在报告期内实际消费的各种能源(扣除能源加工转换和能源回收利用等重复因素)的总和。计算综合能源消费量时,需要将各种能源品种的消费量换算成按照标准计量单位(如:吨标准煤)计量的消费量。不同工业法人单位的计算方法见《能源购进、消费与库存》(205-1表)的说明。

取水量　指企业从各种水源直接提取或者从市场购买的用于厂区、办公区内工业生产活动的水量，以实际获得的新水量为准。

用于工业生产活动的水量，包括主要生产用水、辅助生产用水（如机修、运输、空压站等）和附属生产用水（如绿化、办公室、浴室、食堂、厕所、保健站等），不包括非工业生产单位的用水量（如基建用水、厂内居民家庭用水和企业附属幼儿园、学校、对外营业的浴室、游泳池等的用水量）和居民生活用水量。

取水量包括企业取自地表、地下、城镇供水工程的水，外购的再生水（中水）、其他水或水的产品，以及企业为生产外供水或水产品而取用的水。不包括重复用水量、直流冷却水量、未利用直接排放的矿井水和雨水量、污水处理企业处理的污（废）水量、水力发电动力用水量。

外供水量　指企业外供给其他单位的水或水产品的量，以离厂水量为准。包括外供给其他企业或市场的原水、自来水、再生水（中水）、海水淡化水、矿泉水、纯净水等。不包括直流冷却水量、未利用直接排放的矿井水和雨水量、北方地区供暖企业供给城镇热力网内循环的热水量、进入城镇污水管网和直接排到自然环境中的水量。

地表淡水　指陆地表面形成的径流及地表贮存的淡水。包括江、河、淡水湖、水库等。

地下淡水　指地下径流或埋藏于地下的，经过提取可被利用的淡水。包括井水、地热水等。

自来水　指自来水厂将地表淡水、地下淡水经过"混凝、沉淀、过滤、消毒"等净水工序，达到国家饮用水标准，通过城镇自来水管网供给工业生产、居民生活使用的水。

海水　指海洋的水。海水的取水量包括企业用来淡化、制盐、化工生产等海水资源利用所提取的海水量，以及用于海水循环冷却补充水、脱硫、洗涤、除尘、冲渣、印染等的海水直接利用量，不包括海水直流冷却水量。

陆地苦咸水　指存在于陆地地表或地下，含盐量大于1克/升的水。包括微咸水、咸水湖和地下的咸水。不包括海水。

矿井水　指在采矿过程中，由于矿床开采破坏了地下水原始赋存状态而产生导水裂隙，使周围水沿着原有的和新的裂隙渗入井下采掘空间进而形成的矿井涌水。收集、处理并已利用的矿井水填报取水量，未利用直接排放的矿井水不填报取水量、外供水量、外排水量。

雨水　指通过集雨工程积蓄处理后被工业利用的雨水。雨水的取水量不包括天降雨、雪后流到江河、湖泊、水库中的水，以及未经利用通过厂区内排水管道直接排放的雨水。

再生水（中水）　指以污（废）水为水源，经再生工艺净化处理后水质达到再利用标准的水。再生水（中水）不填报外供量。有再生水（中水）取水的单位填报再生水（中水）的取水量。

海水淡化水　指经过特定生产工艺去除海水中的盐分后得到的淡化水。

其他水　指上述水资源品种没有涵盖的，或者界定不清的水及水的产品。包括软化水、除盐水、蒸汽（需折算成同等质量的水）、蒸汽冷凝水、管道供应的热水（不含北方地区城镇热力网内循环的热水）、瓶（桶）装纯净水、矿泉水、经过初步处理未达到自来水标准的水。不包括地热水、碳酸饮料、茶饮料、果汁饮料、酒类、污（废）水。

外排水量 指完成生产过程和生产活动之后，经过企业厂区、办公区所有排水口排到企业外部的水量。包括进入城镇污水管网的污(废)水量、直接排到自然环境中的水量。不包括外供水量、直流冷却水量、未利用就直接排放的矿井水量。

重复用水量 指在确定的用水单元或系统内，所有未经处理和处理后又重复使用的水量总和。

满足下列任意一种情况，即可视为重复用水：

1、循环水：指在确定的用水单元或系统内，生产过程中已用过、再循环用于同一过程的水。例如火力发电企业的循环冷却水。循环水量循环使用一次计算一次，根据循环水泵的流量乘以工作时间计算。

2、串联水：指在确定的用水单元或系统，由生产过程中产生的或使用后、再用于另一单元或系统的水。例如先用于冷却再用于洗涤的水；生产过程中产生的，用于烟气脱硫、冲渣(灰)的水。串联水量重复使用一次计算一次。

3、回用水：指企业产生的，没有排放而是直接或经处理后再利用于某一用水单元或系统的水。例如收集回用的蒸汽冷凝水，生产活动产生的、净化后回用的污(废)水，自来水厂冲洗沉淀池、滤池再处理后回用的水。回用水量回用一次计算一次。

重复用水量不包括北方地区城镇热力网内循环的热水、火力发电设备内进行汽水循环的除盐水。

直流冷却水量 指企业取自河流、水库、湖泊、海洋，经一次使用后，直接排放回河流、水库、湖泊、海洋的冷却水量，多见于火(核)电企业。直流冷却水不填报取水量、外供水量、外排水量。企业从直流冷却水系统中取水用做其他用途，则该部分应计入取水量。

利用河、湖、水库等的淡水进行直流冷却填报直流冷却水量(河湖水)，利用海水进行直流冷却填报直流冷却水量(海水)。

污水处理企业污水处理量 指污水处理企业取自企业外部并实际处理的污(废)水量。本指标仅限污水处理企业填报。

污水处理企业指专业化进行城镇污水、工业废(污)水处理的企业或单位，不仅限4620行业(污水处理及再生利用)的企业和单位。包括城镇污水处理厂、工业废(污)水处理厂以及有污水处理业务资质和污水处理系统，对外提供社会化服务、专门为工业园区、连片工业企业和周边工业企业处理工业废(污)水(包括一并处理的周边地区生活污水)的法人单位。

中华人民共和国统计法

（1983 年 12 月 8 日第六届全国人民代表大会常务委员会第三次会议通过 根据 1996 年 5 月 15 日第八届全国人民代表大会常务委员会第十九次会议《关于修改〈中华人民共和国统计法〉的决定》修正 2009 年 6 月 27 日第十一届全国人民代表大会常务委员会第九次会议修订）

第一章 总 则

第一条 为了科学、有效地组织统计工作，保障统计资料的真实性、准确性、完整性和及时性，发挥统计在了解国情国力、服务经济社会发展中的重要作用，促进社会主义现代化建设事业发展，制定本法。

第二条 本法适用于各级人民政府、县级以上人民政府统计机构和有关部门组织实施的统计活动。

统计的基本任务是对经济社会发展情况进行统计调查、统计分析，提供统计资料和统计咨询意见，实行统计监督。

第三条 国家建立集中统一的统计系统，实行统一领导、分级负责的统计管理体制。

第四条 国务院和地方各级人民政府、各有关部门应当加强对统计工作的组织领导，为统计工作提供必要的保障。

第五条 国家加强统计科学研究，健全科学的统计指标体系，不断改进统计调查方法，提高统计的科学性。

国家有计划地加强统计信息化建设，推进统计信息搜集、处理、传输、共享、存储技术和统计数据库体系的现代化。

第六条 统计机构和统计人员依照本法规定独立行使统计调查、统计报告、统计监督的职权，不受侵犯。

地方各级人民政府、政府统计机构和有关部门以及各单位的负责人，不得自行修改统计机构和统计人员依法搜集、整理的统计资料，不得以任何方式要求统计机构、统计人员及其他机构、人员伪造、篡改统计资料，不得对依法履行职责或者拒绝、抵制统计违法行为的统计人员打击报复。

第七条 国家机关、企业事业单位和其他组织以及个体工商户和个人等统计调查对象，必须依照本法和国家有关规定，真实、准确、完整、及时地提供统计调查所需的资料，不得提供不真实或者不完整的统计资料，不得迟报、拒报统计资料。

第八条 统计工作应当接受社会公众的监督。任何单位和个人有权检举统计中弄虚作假等违法行为。对检举有功的单位和个人应当给予表彰和奖励。

第九条 统计机构和统计人员对在统计工作中知悉的国家秘密、商业秘密和个人信息，应当予以保密。

第十条 任何单位和个人不得利用虚假统计资料骗取荣誉称号、物质利益或者职务晋升。

第二章　统计调查管理

第十一条　统计调查项目包括国家统计调查项目、部门统计调查项目和地方统计调查项目。

国家统计调查项目是指全国性基本情况的统计调查项目。部门统计调查项目是指国务院有关部门的专业性统计调查项目。地方统计调查项目是指县级以上地方人民政府及其部门的地方性统计调查项目。

国家统计调查项目、部门统计调查项目、地方统计调查项目应当明确分工，互相衔接，不得重复。

第十二条　国家统计调查项目由国家统计局制定，或者由国家统计局和国务院有关部门共同制定，报国务院备案；重大的国家统计调查项目报国务院审批。

部门统计调查项目由国务院有关部门制定。统计调查对象属于本部门管辖系统的，报国家统计局备案；统计调查对象超出本部门管辖系统的，报国家统计局审批。

地方统计调查项目由县级以上地方人民政府统计机构和有关部门分别制定或者共同制定。其中，由省级人民政府统计机构单独制定或者和有关部门共同制定的，报国家统计局审批；由省级以下人民政府统计机构单独制定或者和有关部门共同制定的，报省级人民政府统计机构审批；由县级以上地方人民政府有关部门制定的，报本级人民政府统计机构审批。

第十三条　统计调查项目的审批机关应当对调查项目的必要性、可行性、科学性进行审查，对符合法定条件的，作出予以批准的书面决定，并公布；对不符合法定条件的，作出不予批准的书面决定，并说明理由。

第十四条　制定统计调查项目，应当同时制定该项目的统计调查制度，并依照本法第十二条的规定一并报经审批或者备案。

统计调查制度应当对调查目的、调查内容、调查方法、调查对象、调查组织方式、调查表式、统计资料的报送和公布等作出规定。

统计调查应当按照统计调查制度组织实施。变更统计调查制度的内容，应当报经原审批机关批准或者原备案机关备案。

第十五条　统计调查表应当标明表号、制定机关、批准或者备案文号、有效期限等标志。

对未标明前款规定的标志或者超过有效期限的统计调查表，统计调查对象有权拒绝填报；县级以上人民政府统计机构应当依法责令停止有关统计调查活动。

第十六条　搜集、整理统计资料，应当以周期性普查为基础，以经常性抽样调查为主体，综合运用全面调查、重点调查等方法，并充分利用行政记录等资料。

重大国情国力普查由国务院统一领导，国务院和地方人民政府组织统计机构和有关部门共同实施。

第十七条　国家制定统一的统计标准，保障统计调查采用的指标涵义、计算方法、分类目录、调查表式和统计编码等的标准化。

国家统计标准由国家统计局制定，或者由国家统计局和国务院标准化主管部门共同制定。

国务院有关部门可以制定补充性的部门统计标准，报国家统计局审批。部门统计标准不得与国家统计标准相抵触。

第十八条　县级以上人民政府统计机构根据统计任务的需要，可以在统计调查对象中推广使用计算机网络报送统计资料。

第十九条　县级以上人民政府应当将统计工作所需经费列入财政预算。

重大国情国力普查所需经费，由国务院和地方人民政府共同负担，列入相应年度的财政预算，按时拨付，确保到位。

第三章　统计资料的管理和公布

第二十条　县级以上人民政府统计机构和有关部门以及乡、镇人民政府，应当按照国家有关规定建立统计资料的保存、管理制度，建立健全统计信息共享机制。

第二十一条　国家机关、企业事业单位和其他组织等统计调查对象，应当按照国家有关规定设置原始记录、统计台账，建立健全统计资料的审核、签署、交接、归档等管理制度。

统计资料的审核、签署人员应当对其审核、签署的统计资料的真实性、准确性和完整性负责。

第二十二条　县级以上人民政府有关部门应当及时向本级人民政府统计机构提供统计所需的行政记录资料和国民经济核算所需的财务资料、财政资料及其他资料，并按照统计调查制度的规定及时向本级人民政府统计机构报送其组织实施统计调查取得的有关资料。

县级以上人民政府统计机构应当及时向本级人民政府有关部门提供有关统计资料。

第二十三条　县级以上人民政府统计机构按照国家有关规定，定期公布统计资料。

国家统计数据以国家统计局公布的数据为准。

第二十四条　县级以上人民政府有关部门统计调查取得的统计资料，由本部门按照国家有关规定公布。

第二十五条　统计调查中获得的能够识别或者推断单个统计调查对象身份的资料，任何单位和个人不得对外提供、泄露，不得用于统计以外的目的。

第二十六条　县级以上人民政府统计机构和有关部门统计调查取得的统计资料，除依法应当保密的外，应当及时公开，供社会公众查询。

第四章　统计机构和统计人员

第二十七条　国务院设立国家统计局，依法组织领导和协调全国的统计工作。

国家统计局根据工作需要设立的派出调查机构，承担国家统计局布置的统计调查等任务。

县级以上地方人民政府设立独立的统计机构，乡、镇人民政府设置统计工作岗位，配备专职或者兼职统计人员，依法管理、开展统计工作，实施统计调查。

第二十八条　县级以上人民政府有关部门根据统计任务的需要设立统计机构，或者在有关机构中设置统计人员，并指定统计负责人，依法组织、管理本部门职责范围内的统计工作，实施统计调查，在统计业务上受本级人民政府统计机构的指导。

第二十九条　统计机构、统计人员应当依法履行职责，如实搜集、报送统计资料，不得伪造、篡改统计资料，不得以任何方式要求任何单位和个人提供不真实的统计资料，不得有其他违反本法规定的行为。

统计人员应当坚持实事求是，恪守职业道德，对其负责搜集、审核、录入的统计资料与统计调查对象报送的统计资料的一致性负责。

第三十条　统计人员进行统计调查时，有权就与统计有关的问题询问有关人员，要求其如实提供有关情况、资料并改正不真实、不准确的资料。

统计人员进行统计调查时，应当出示县级以上人民政府统计机构或者有关部门颁发的工作证件；未出示的，统计调查对象有权拒绝调查。

第三十一条　国家实行统计专业技术职务资格考试、评聘制度，提高统计人员的专业素质，保障统计队伍的稳定性。

统计人员应当具备与其从事的统计工作相适应的专业知识和业务能力。

县级以上人民政府统计机构和有关部门应当加强对统计人员的专业培训和职业道德教育。

第五章　监督检查

第三十二条　县级以上人民政府及其监察机关对下级人民政府、本级人民政府统计机构和有关部门执行本法的情况，实施监督。

第三十三条　国家统计局组织管理全国统计工作的监督检查，查处重大统计违法行为。

县级以上地方人民政府统计机构依法查处本行政区域内发生的统计违法行为。但是，国家统计局派出的调查机构组织实施的统计调查活动中发生的统计违法行为，由组织实施该项统计调查的调查机构负责查处。

法律、行政法规对有关部门查处统计违法行为另有规定的，从其规定。

第三十四条　县级以上人民政府有关部门应当积极协助本级人民政府统计机构查处统计违法行为，及时向本级人民政府统计机构移送有关统计违法案件材料。

第三十五条　县级以上人民政府统计机构在调查统计违法行为或者核查统计数据时，有权采取下列措施：

（一）发出统计检查查询书，向检查对象查询有关事项；

（二）要求检查对象提供有关原始记录和凭证、统计台账、统计调查表、会计资料及其他相关证明和资料；

（三）就与检查有关的事项询问有关人员；

（四）进入检查对象的业务场所和统计数据处理信息系统进行检查、核对；

（五）经本机构负责人批准，登记保存检查对象的有关原始记录和凭证、统计台账、统计调查表、会计资料及其他相关证明和资料；

（六）对与检查事项有关的情况和资料进行记录、录音、录像、照相和复制。

县级以上人民政府统计机构进行监督检查时，监督检查人员不得少于二人，并应当出示执法证件；未出示的，有关单位和个人有权拒绝检查。

第三十六条　县级以上人民政府统计机构履行监督检查职责时，有关单位和个人应当如实反映情况，提供相关证明和资料，不得拒绝、阻碍检查，不得转移、隐匿、篡改、毁弃原始记录和凭证、统计台账、统计调查表、会计资料及其他相关证明和资料。

第六章　法律责任

第三十七条　地方人民政府、政府统计机构或者有关部门、单位的负责人有下列行为之一的，由任免机关或者监察机关依法给予处分，并由县级以上人民政府统计机构予以通报：

（一）自行修改统计资料、编造虚假统计数据的；

（二）要求统计机构、统计人员或者其他机构、人员伪造、篡改统计资料的；

（三）对依法履行职责或者拒绝、抵制统计违法行为的统计人员打击报复的；

（四）对本地方、本部门、本单位发生的严重统计违法行为失察的。

第三十八条　县级以上人民政府统计机构或者有关部门在组织实施统计调查活动中有下列行为之一的，由本级人民政府、上级人民政府统计机构或者本级人民政府统计机构责令改正，予以通报；对直接负责的主管人员和其他直接责任人员，由任免机关或者监察机关依法给予处分：

（一）未经批准擅自组织实施统计调查的；

（二）未经批准擅自变更统计调查制度的内容的；

（三）伪造、篡改统计资料的；

（四）要求统计调查对象或者其他机构、人员提供不真实的统计资料的；

（五）未按照统计调查制度的规定报送有关资料的。

统计人员有前款第三项至第五项所列行为之一的，责令改正，依法给予处分。

第三十九条　县级以上人民政府统计机构或者有关部门有下列行为之一的，对直接负责的主管人员和其他直接责任人员由任免机关或者监察机关依法给予处分：

（一）违法公布统计资料的；

（二）泄露统计调查对象的商业秘密、个人信息或者提供、泄露在统计调查中获得的能够识别或者推断单个统计调查对象身份的资料的；

（三）违反国家有关规定，造成统计资料毁损、灭失的。

统计人员有前款所列行为之一的，依法给予处分。

第四十条　统计机构、统计人员泄露国家秘密的，依法追究法律责任。

第四十一条　作为统计调查对象的国家机关、企业事业单位或者其他组织有下列行为之一的，由县级以上人民政府统计机构责令改正，给予警告，可以予以通报；其直接负责的主管人员和其他直接责任人员属于国家工作人员的，由任免机关或者监察机关依法给予处分：

（一）拒绝提供统计资料或者经催报后仍未按时提供统计资料的；

（二）提供不真实或者不完整的统计资料的；

（三）拒绝答复或者不如实答复统计检查查询书的；

（四）拒绝、阻碍统计调查、统计检查的；

（五）转移、隐匿、篡改、毁弃或者拒绝提供原始记录和凭证、统计台账、统计调查表及其他相关证明和资料的。

企业事业单位或者其他组织有前款所列行为之一的，可以并处五万元以下的罚款；情节严重的，并处五万元以上二十万元以下的罚款。

个体工商户有本条第一款所列行为之一的，由县级以上人民政府统计机构责令改正，给予警告，可以并处一万元以下的罚款。

第四十二条　作为统计调查对象的国家机关、企业事业单位或者其他组织迟报统计资料，或者未按照国家有关规定设置原始记录、统计台账的，由县级以上人民政府统计机构责令改正，给予警告。

企业事业单位或者其他组织有前款所列行为之一的，可以并处一万元以下的罚款。

个体工商户迟报统计资料的，由县级以上人民政府统计机构责令改正，给予警告，可以并处一千元以下的罚款。

第四十三条　县级以上人民政府统计机构查处统计违法行为时，认为对有关国家工作人员依法应当给予处分的，应当提出给予处分的建议；该国家工作人员的任免机关或者监察机关应当依法及时作出决定，并将结果书面通知县级以上人民政府统计机构。

第四十四条　作为统计调查对象的个人在重大国情国力普查活动中拒绝、阻碍统计调查，或者提供不真实或者不完整的普查资料的，由县级以上人民政府统计机构责令改正，予以批评教育。

第四十五条　违反本法规定，利用虚假统计资料骗取荣誉称号、物质利益或者职务晋升的，除对其编造虚假统计资料或者要求他人编造虚假统计资料的行为依法追究法律责任外，由作出有关决定的单位或者其上级单位、监察机关取消其荣誉称号，追缴获得的物质利益，撤销晋升的职务。

第四十六条　当事人对县级以上人民政府统计机构作出的行政处罚决定不服的，可以依法申请行政复议或者提起行政诉讼。其中，对国家统计局在省、自治区、直辖市派出的调查机构作出的行政处罚决定不服的，向国家统计局申请行政复议；对国家统计局派出的其他调查机构作出的行政处罚决定不服的，向国家统计局在该派出机构所在的省、自治区、直辖市派出的调查机构申请行政复议。

第四十七条　违反本法规定，构成犯罪的，依法追究刑事责任。

第七章　附　　则

第四十八条　本法所称县级以上人民政府统计机构，是指国家统计局及其派出的调查机构、县级以上地方人民政府统计机构。

第四十九条　民间统计调查活动的管理办法，由国务院制定。

中华人民共和国境外的组织、个人需要在中华人民共和国境内进行统计调查活动的，应当按照国务院的规定报请审批。

利用统计调查危害国家安全、损害社会公共利益或者进行欺诈活动的，依法追究法律责任。

第五十条　本法自 2010 年 1 月 1 日起施行。

中华人民共和国国务院令

第681号

《中华人民共和国统计法实施条例》已经2017年4月12日国务院第168次常务会议通过，现予公布，自2017年8月1日起施行。

总理　李克强

2017年5月28日

中华人民共和国统计法实施条例

第一章　总　则

第一条　根据《中华人民共和国统计法》（以下简称统计法），制定本条例。

第二条　统计资料能够通过行政记录取得的，不得组织实施调查。通过抽样调查、重点调查能够满足统计需要的，不得组织实施全面调查。

第三条　县级以上人民政府统计机构和有关部门应当加强统计规律研究，健全新兴产业等统计，完善经济、社会、科技、资源和环境统计，推进互联网、大数据、云计算等现代信息技术在统计工作中的应用，满足经济社会发展需要。

第四条　地方人民政府、县级以上人民政府统计机构和有关部门应当根据国家有关规定，明确本单位防范和惩治统计造假、弄虚作假的责任主体，严格执行统计法和本条例的规定。

地方人民政府、县级以上人民政府统计机构和有关部门及其负责人应当保障统计活动依法进行，不得侵犯统计机构、统计人员独立行使统计调查、统计报告、统计监督职权，不得非法干预统计调查对象提供统计资料，不得统计造假、弄虚作假。

统计调查对象应当依照统计法和国家有关规定，真实、准确、完整、及时地提供统计资料，拒绝、抵制弄虚作假等违法行为。

第五条　县级以上人民政府统计机构和有关部门不得组织实施营利性统计调查。

国家有计划地推进县级以上人民政府统计机构和有关部门通过向社会购买服务组织实施统计调查和资料开发。

第二章　统计调查项目

第六条　部门统计调查项目、地方统计调查项目的主要内容不得与国家统计调查项目的内容重复、矛盾。

第七条　统计调查项目的制定机关(以下简称制定机关)应当就项目的必要性、可行性、科学性进行论证,征求有关地方、部门、统计调查对象和专家的意见,并由制定机关按照会议制度集体讨论决定。

重要统计调查项目应当进行试点。

第八条　制定机关申请审批统计调查项目,应当以公文形式向审批机关提交统计调查项目审批申请表、项目的统计调查制度和工作经费来源说明。

申请材料不齐全或者不符合法定形式的,审批机关应当一次性告知需要补正的全部内容,制定机关应当按照审批机关的要求予以补正。

申请材料齐全、符合法定形式的,审批机关应当受理。

第九条　统计调查项目符合下列条件的,审批机关应当作出予以批准的书面决定:

(一)具有法定依据或者确为公共管理和服务所必需;

(二)与已批准或者备案的统计调查项目的主要内容不重复、不矛盾;

(三)主要统计指标无法通过行政记录或者已有统计调查资料加工整理取得;

(四)统计调查制度符合统计法律法规规定,科学、合理、可行;

(五)采用的统计标准符合国家有关规定;

(六)制定机关具备项目执行能力。

不符合前款规定条件的,审批机关应当向制定机关提出修改意见;修改后仍不符合前款规定条件的,审批机关应当作出不予批准的书面决定并说明理由。

第十条　统计调查项目涉及其他部门职责的,审批机关应当在作出审批决定前,征求相关部门的意见。

第十一条　审批机关应当自受理统计调查项目审批申请之日起20日内作出决定。20日内不能作出决定的,经审批机关负责人批准可以延长10日,并应当将延长审批期限的理由告知制定机关。

制定机关修改统计调查项目的时间,不计算在审批期限内。

第十二条　制定机关申请备案统计调查项目,应当以公文形式向备案机关提交统计调查项目备案申请表和项目的统计调查制度。

统计调查项目的调查对象属于制定机关管辖系统,且主要内容与已批准、备案的统计调查项目不重复、不矛盾的，备案机关应当依法给予备案文号。

第十三条　统计调查项目经批准或者备案的，审批机关或者备案机关应当及时公布统计调查项目及其统计调查制度的主要内容。涉及国家秘密的统计调查项目除外。

第十四条　统计调查项目有下列情形之一的，审批机关或者备案机关应当简化审批或者备案程序，缩短期限：

（一）发生突发事件需要迅速实施统计调查；

（二）统计调查制度内容未作变动，统计调查项目有效期届满需要延长期限。

第十五条　统计法第十七条第二款规定的国家统计标准是强制执行标准。各级人民政府、县级以上人民政府统计机构和有关部门组织实施的统计调查活动，应当执行国家统计标准。

制定国家统计标准，应当征求国务院有关部门的意见。

第三章　统计调查的组织实施

第十六条　统计机构、统计人员组织实施统计调查，应当就统计调查对象的法定填报义务、主要指标涵义和有关填报要求等，向统计调查对象作出说明。

第十七条　国家机关、企业事业单位或者其他组织等统计调查对象提供统计资料，应当由填报人员和单位负责人签字，并加盖公章。个人作为统计调查对象提供统计资料，应当由本人签字。统计调查制度规定不需要签字、加盖公章的除外。

统计调查对象使用网络提供统计资料的，按照国家有关规定执行。

第十八条　县级以上人民政府统计机构、有关部门推广使用网络报送统计资料，应当采取有效的网络安全保障措施。

第十九条　县级以上人民政府统计机构、有关部门和乡、镇统计人员，应当对统计调查对象提供的统计资料进行审核。统计资料不完整或者存在明显错误的，应当由统计调查对象依法予以补充或者改正。

第二十条　国家统计局应当建立健全统计数据质量监控和评估制度，加强对各省、自治区、直辖市重要统计数据的监控和评估。

第四章　统计资料的管理和公布

第二十一条　县级以上人民政府统计机构、有关部门和乡、镇人民政府应当妥善保管统计调查中取得的统计资料。

国家建立统计资料灾难备份系统。

第二十二条　统计调查中取得的统计调查对象的原始资料，应当至少保存2年。

汇总性统计资料应当至少保存10年，重要的汇总性统计资料应当永久保存。法律法规另有规定的，从其规定。

第二十三条　统计调查对象按照国家有关规定设置的原始记录和统计台账，应当至少保存2年。

第二十四条　国家统计局统计调查取得的全国性统计数据和分省、自治区、直辖市统计数据，由国家统计局公布或者由国家统计局授权其派出的调查机构或者省级人民政府统计机构公布。

第二十五条　国务院有关部门统计调查取得的统计数据，由国务院有关部门按照国家有关规定和已批准或者备案的统计调查制度公布。

县级以上地方人民政府有关部门公布其统计调查取得的统计数据，比照前款规定执行。

第二十六条　已公布的统计数据按照国家有关规定需要进行修订的，县级以上人民政府统计机构和有关部门应当及时公布修订后的数据，并就修订依据和情况作出说明。

第二十七条　县级以上人民政府统计机构和有关部门应当及时公布主要统计指标涵义、调查范围、调查方法、计算方法、抽样调查样本量等信息，对统计数据进行解释说明。

第二十八条　公布统计资料应当按照国家有关规定进行。公布前，任何单位和个人不得违反国家有关规定对外提供，不得利用尚未公布的统计资料谋取不正当利益。

第二十九条　统计法第二十五条规定的能够识别或者推断单个统计调查对象身份的资料包括：

（一）直接标明单个统计调查对象身份的资料；

（二）虽未直接标明单个统计调查对象身份，但是通过已标明的地址、编码等相关信息可以识别或者推断单个统计调查对象身份的资料；

（三）可以推断单个统计调查对象身份的汇总资料。

第三十条　统计调查中获得的能够识别或者推断单个统计调查对象身份的资料应当依法严格管理，除作为统计执法依据外，不得直接作为对统计调查对象实施行政许可、行政处罚等具体行政行为的依据，不得用于完成统计任务以外的目的。

第三十一条　国家建立健全统计信息共享机制，实现县级以上人民政府统计机构和有关部门统计调查取得的资料共享。制定机关共同制定的统计调查项目，可以共同使用获取的统计资料。

统计调查制度应当对统计信息共享的内容、方式、时限、渠道和责任等作出规定。

第五章　统计机构和统计人员

第三十二条　县级以上地方人民政府统计机构受本级人民政府和上级人民政府统计机构的双重领导，在统计业务上以上级人民政府统计机构的领导为主。

乡、镇人民政府应当设置统计工作岗位，配备专职或者兼职统计人员，履行统计职责，在统计业务上受上级人民政府统计机构领导。乡、镇统计人员的调动，应当征得县级人民政府统计机构的同意。

县级以上人民政府有关部门在统计业务上受本级人民政府统计机构指导。

第三十三条　县级以上人民政府统计机构和有关部门应当完成国家统计调查任务，执行国家统计调查项目的统计调查制度，组织实施本地方、本部门的统计调查活动。

第三十四条　国家机关、企业事业单位和其他组织应当加强统计基础工作，为履行法定的统计资料报送义务提供组织、人员和工作条件保障。

第三十五条　对在统计工作中做出突出贡献、取得显著成绩的单位和个人，按照国家有关规定给予表彰和奖励。

第六章　监督检查

第三十六条　县级以上人民政府统计机构从事统计执法工作的人员，应当具备必要的法律知识和统计业务知识，参加统计执法培训，并取得由国家统计局统一印制的统计执法证。

第三十七条　任何单位和个人不得拒绝、阻碍对统计工作的监督检查和对统计违法行为的查处工作，不得包庇、纵容统计违法行为。

第三十八条　任何单位和个人有权向县级以上人民政府统计机构举报统计违法行为。

县级以上人民政府统计机构应当公布举报统计违法行为的方式和途径，依法受理、核实、处理举报，并为举报人保密。

第三十九条　县级以上人民政府统计机构负责查处统计违法行为；法律、行政法规对有关部门查处统计违法行为另有规定的，从其规定。

第七章　法律责任

第四十条　下列情形属于统计法第三十七条第四项规定的对严重统计违法行为失察，对地方人民政府、政府统计机构或者有关部门、单位的负责人，由任免机关或者监察机关依法给予处分，并由县级以上人民政府统计机构予以通报：

（一）本地方、本部门、本单位大面积发生或者连续发生统计造假、弄虚作假；

（二）本地方、本部门、本单位统计数据严重失实，应当发现而未发现；

（三）发现本地方、本部门、本单位统计数据严重失实不予纠正。

第四十一条　县级以上人民政府统计机构或者有关部门组织实施营利性统计调查的，由本级人民政府、上级人民政府统计机构或者本级人民政府统计机构责令改正,予以通报;有违法所得的,没收违法所得。

第四十二条 地方各级人民政府、县级以上人民政府统计机构或者有关部门及其负责人,侵犯统计机构、统计人员独立行使统计调查、统计报告、统计监督职权,或者采用下发文件、会议布置以及其他方式授意、指使、强令统计调查对象或者其他单位、人员编造虚假统计资料的,由上级人民政府、本级人民政府、上级人民政府统计机构或者本级人民政府统计机构责令改正,予以通报。

第四十三条 县级以上人民政府统计机构或者有关部门在组织实施统计调查活动中有下列行为之一的,由本级人民政府、上级人民政府统计机构或者本级人民政府统计机构责令改正,予以通报:

(一)违法制定、审批或者备案统计调查项目;

(二)未按照规定公布经批准或者备案的统计调查项目及其统计调查制度的主要内容;

(三)未执行国家统计标准;

(四)未执行统计调查制度;

(五)自行修改单个统计调查对象的统计资料。

乡、镇统计人员有前款第三项至第五项所列行为的,责令改正,依法给予处分。

第四十四条 县级以上人民政府统计机构或者有关部门违反本条例第二十四条、第二十五条规定公布统计数据的,由本级人民政府、上级人民政府统计机构或者本级人民政府统计机构责令改正,予以通报。

第四十五条 违反国家有关规定对外提供尚未公布的统计资料或者利用尚未公布的统计资料谋取不正当利益的,由任免机关或者监察机关依法给予处分,并由县级以上人民政府统计机构予以通报。第四十六条

统计机构及其工作人员有下列行为之一的,由本级人民政府或者上级人民政府统计机构责令改正,予以通报:

(一)拒绝、阻碍对统计工作的监督检查和对统计违法行为的查处工作;

(二)包庇、纵容统计违法行为;

(三)向有统计违法行为的单位或者个人通风报信,帮助其逃避查处;

(四)未依法受理、核实、处理对统计违法行为的举报;

(五)泄露对统计违法行为的举报情况。

第四十七条 地方各级人民政府、县级以上人民政府有关部门拒绝、阻碍统计监督检查或者转移、隐匿、篡改、毁弃原始记录和凭证、统计台账、统计调查表及其他相关证明和资料的,由上级人民政府、上级人民政府统计机构或者本级人民政府统计机构责令改正,予以通报。

第四十八条 地方各级人民政府、县级以上人民政府统计机构和有关部门有本条例第四十一条至第四十七条所列违法行为之一的,对直接负责的主管人员和其他直接责任人员,由任免机关或者监察机关依法给予处分。

第四十九条 乡、镇人民政府有统计法第三十八条第一款、第三十九条第一款所列行为之一的,依照统计法第三十八条、第三十九条的规定追究法律责任。

第五十条　下列情形属于统计法第四十一条第二款规定的情节严重行为：

（一）使用暴力或者威胁方法拒绝、阻碍统计调查、统计监督检查；

（二）拒绝、阻碍统计调查、统计监督检查，严重影响相关工作正常开展；

（三）提供不真实、不完整的统计资料，造成严重后果或者恶劣影响；

（四）有统计法第四十一条第一款所列违法行为之一，1 年内被责令改正 3 次以上。

第五十一条　统计违法行为涉嫌犯罪的，县级以上人民政府统计机构应当将案件移送司法机关处理。

第八章　附　则

第五十二条　中华人民共和国境外的组织、个人需要在中华人民共和国境内进行统计调查活动的，应当委托中华人民共和国境内具有涉外统计调查资格的机构进行。涉外统计调查资格应当依法报经批准。统计调查范围限于省、自治区、直辖市行政区域内的，由省级人民政府统计机构审批；统计调查范围跨省、自治区、直辖市行政区域的，由国家统计局审批。

涉外社会调查项目应当依法报经批准。统计调查范围限于省、自治区、直辖市行政区域内的，由省级人民政府统计机构审批；统计调查范围跨省、自治区、直辖市行政区域的，由国家统计局审批。

第五十三条　国家统计局或者省级人民政府统计机构对涉外统计违法行为进行调查，有权采取统计法第三十五条规定的措施。

第五十四条　对违法从事涉外统计调查活动的单位、个人，由国家统计局或者省级人民政府统计机构责令改正或者责令停止调查，有违法所得的，没收违法所得；违法所得 50 万元以上的，并处违法所得 1 倍以上 3 倍以下的罚款；违法所得不足 50 万元或者没有违法所得的，处 200 万元以下的罚款；情节严重的，暂停或者取消涉外统计调查资格，撤销涉外社会调查项目批准决定；构成犯罪的，依法追究刑事责任。

第五十五条　本条例自 2017 年 8 月 1 日起施行。1987 年 1 月 19 日国务院批准、1987 年 2 月 15 日国家统计局公布，2000 年 6 月 2 日国务院批准修订、2000 年 6 月 15 日国家统计局公布，2005 年 12 月 16 日国务院修订的《中华人民共和国统计法实施细则》同时废止。

江苏省统计条例

（2014年1月16日江苏省第十二届人民代表大会常务委员会第八次会议通过）

第一章　总　则

第一条　为了加强统计管理和监督，规范统计行为，维护统计调查对象的合法权益，保障统计资料的真实性、准确性、完整性和及时性，发挥统计服务经济社会发展的作用，根据《中华人民共和国统计法》等法律、行政法规，结合本省实际，制定本条例。

第二条　本条例适用于本省行政区域内地方各级人民政府、县级以上地方人民政府统计机构和有关部门组织实施的统计活动与统计监督管理。

第三条　县级以上地方人民政府应当加强对统计工作的组织领导，将统计事业纳入本地区国民经济和社会发展规划，建立健全统计机构，加强统计队伍建设，为统计工作提供必要的保障，确保统计工作正常开展。

第四条　县级以上地方人民政府统计机构（以下简称政府统计机构）负责本行政区域内统计工作的组织实施、管理协调和监督检查。

县级以上地方人民政府有关部门依法组织、管理本部门职责范围内的统计工作，实施统计调查。

第五条　县级以上地方人民政府应当加强统计信息化建设，构建统计公共信息系统和业务平台，支持和实现资源共享、业务协同。

省人民政府统计机构应当会同有关部门对全省统计信息化建设进行统一规划，推进统计信息搜集、处理、传输、存储技术和统计数据库体系的现代化。

政府统计机构应当制定统计信息安全应急处置预案，建立和完善统计资料备份系统，保障统计资料安全。

第六条　政府统计机构应当建立统计信用制度，定期将政府统计调查对象依法履行统计义务的信用信息提供给公共信用信息机构，供社会公众查询。

第七条　地方各级人民政府和有关部门应当鼓励支持、依法规范民间统计调查，引导从事民间统计调查活动的社会中介机构等民间统计调查组织（以下称民间统计调查组织）参与政府统计调查活动，发挥其在促进经济社会发展中的作用。

地方各级人民政府和有关部门应当扶持统计调查行业组织，发挥其联系政府、社会的作用，促进行业的自律和有序发展。

第二章　统计调查

第八条　地方统计调查应当按照地方统计调查项目组织实施。地方统计调查项目包括县级以上地方人民政府、政府统计机构及有关部门的统计调查项目。

地方统计调查项目应当执行国家统计标准和部门统计标准，与国家统计调查项目、部门统计调查项目互相衔接，下级地方统计调查项目不得与上级地方统计调查项目重复。

地方统计调查项目的制定应当进行必要性、可行性论证，听取有关部门、专家和公众的意见，并根据经济社会发展需要科学合理设置统计指标。与人口、社会相关的统计调查项目应当合理设置分性别统计指标。

第九条　制定地方统计调查项目，应当同时制定该项目的统计调查制度，并按照下列规定审批：

（一）省人民政府统计机构单独制定或者与有关部门共同制定的，报国家统计局审批；

（二）设区的市、县（市、区）人民政府统计机构单独制定或者与有关部门共同制定的，报省人民政府统计机构审批；

（三）县级以上地方人民政府有关部门单独制定或者与其他部门共同制定的，报本级人民政府统计机构审批。

变更统计调查制度内容的，应当报经原审批机关批准。

第十条　除涉及国家秘密的以外，地方统计调查项目及其统计调查制度，应当及时向社会公布。经国家统计局批准的，由省人民政府统计机构自批准之日起十日内公布；经县级以上地方人民政府统计机构批准的，由审批机关自批准之日起十日内公布。

第十一条　地方统计调查项目及其统计调查制度未经批准或者虽经批准但未依法公布的，不得组织实施。紧急情况下，经省人民政府批准实施的临时性统计调查项目除外。

前款所称的紧急情况，是指重大自然灾害等突发事件对本省经济社会发展产生重大影响的情形。

第十二条　省人民政府统计机构应当建立全省统一的基本单位名录库，作为政府统计调查的基础。

政府统计机构应当利用行政记录等资料对基本单位名录库进行日常维护和更新。机构编制、民政、工商行政、税务、质量监督等有关部门，应当按照有关规定向本级人民政府统计机构提供统计所需的行政记录，不得以任何理由拒绝提供。

第十三条　国家机关、企业事业单位和其他组织，应当在依法设立或者变更后三十日内，到所在地县（市、区）人民政府统计机构建立或者变更统计调查关系。县（市、区）人民政府统计机构应当书面告知其统计权利和义务，并及时更新基本单位名录库。

县（市、区）人民政府统计机构应当根据基本单位名录库等有关信息，书面告知尚未建立统计调查关系的统计调查对象与政府统计机构建立统计调查关系。

第十四条　国家机关、企业事业单位和其他组织，应当配备与统计任务相适应的统计信息技术设备，按照统计调查制度规定的使用计算机网络报送等方式报送统计资料。

第十五条　有下列情形之一的，政府统计机构、有关部门应当告知政府统计调查对象在规定期限内补正：

（一）未按照统计调查制度规定的方式报送统计资料的；

（二）以纸介质方式报送统计调查表，没有填表人、统计调查对象单位负责人签字，或者未加盖单位公章的；

（三）以数据电文方式报送统计资料，没有电子签名等身份识别标志的；

（四）发现报送的统计数据有错误的；

（五）其他按照统计调查制度应当补正的情形。

第十六条　政府统计调查对象未按照统计调查制度规定时间报送统计资料的，政府统计机构和有关部门应当书面催报。政府统计调查对象应当在催报规定的期限内报送统计资料。

第十七条　地方各级人民政府、政府统计机构和有关部门、单位的主要负责人及其他负责人，应当支持和保障政府统计机构、统计人员独立行使法定职权，不得有下列行为：

（一）自行修改统计资料、编造虚假统计数据；

（二）要求政府统计机构、统计人员或者其他机构、人员拒报、虚报、瞒报或者伪造、篡改统计资料；

（三）对依法履行职责或者拒绝、抵制统计违法行为的统计人员打击报复；

（四）对揭发、检举统计违法行为的人员打击报复；

（五）对本地区、本部门、本单位发生的统计违法行为不履行监督管理职责。

第十八条　省人民政府统计机构应当建立健全统计数据质量监控制度，规范统计方法，统一指标口径，避免政府部门统计数据的重复、交叉和不一致，保障统计数据的客观真实。

第十九条　地方各级人民政府、政府统计机构和有关部门可以按照政府采购的法律、法规规定，委托民间统计调查组织进行统计调查，实施数据搜集、核实、整理、分析和相关培训等活动。

民间统计调查组织应当在受委托的权限和范围内实施统计调查。未经委托，民间统计调查组织不得以政府或者政府部门的名义实施统计调查。

第二十条　接受委托实施政府统计调查活动的民间统计调查组织，应当有三名以上具有统计从业资格或者统计专业技术职务资格的专职人员，主管统计业务的负责人应当具有中级以上统计专业技术职务资格或者与统计专业相关的中级以上职称。

第二十一条　民间统计调查组织者开展民间统计调查活动时，应当向调查对象表明身份，告知调查目的，不得以任何方式强迫调查对象接受调查，不得冒用政府统计调查的名义组织实施调查，不得欺骗、蒙蔽调查对象。

民间统计调查组织者对能够识别或者推断单个调查对象身份的信息和数据应当予以保密，未经调查对象同意，不得对外提供、泄露。

第三章　统计资料公布和使用

第二十二条　除依法应当保密的以外，政府统计机构、有关部门开展地方统计调查取得的统计资料，应当及时向社会公布。

公布统计资料时，应当同时公布主要统计指标含义、调查范围、调查方法、计算方法、调查样本量等信息；引用其他机构或者部门资料的，应当注明资料来源。

第二十三条　地方各级人民政府编制国民经济和社会发展规划与计划、财政预算，以及制定重大经济社会发展政策等使用统计资料的，应当以政府统计机构提供的统计资料为准。

政府统计机构应当及时向本级人民政府及其有关部门提供统计资料。

第二十四条　民间统计调查组织者发布民间统计调查资料应当客观真实，不得伪造、篡改，同时应当说明调查目的以及主要统计指标含义、调查范围、调查方法、计算方法、调查样本量等内容；引用其他组织、个人或者机构资料的，应当注明资料来源。

新闻媒体和其他单位、组织对外发布信息引用民间统计调查资料的，应当准确引用，并注明民间统计调查组织者名称，不得伪造、篡改民间统计调查资料。

第四章　统计调查对象权利和义务

第二十五条　政府统计调查对象依法独立填报统计资料。任何单位和个人干涉独立填报的，统计调查对象有权抵制，并可以向地方各级人民政府、政府统计机构或者监察机关等有关部门举报。

第二十六条　有下列情形之一的，政府统计调查对象有权拒绝政府统计调查：

（一）未书面告知统计权利和义务的；

（二）统计调查项目及其统计调查制度未经批准或者虽经批准但未依法公布的；

（三）统计调查表未标明法定标志或者法定标志不完整的；

（四）统计调查表超过有效期限的；

（五）现场调查时，统计人员未出示政府统计机构或者有关部门颁发的工作证件的。

第二十七条　政府统计调查对象发现他人对外提供、泄露能够识别或者推断其身份的资料，或者将上述资料用于统计以外目的的，有权举报。

第二十八条　除依法应当保密的以外，社会公众有权查询统计资料。

在统计资料法定保存期限内，政府统计调查对象可以查询其报送的统计资料以及相关信息。对查询结果有疑问的，政府统计机构、有关部门应当给予解答和说明；确属错误的，应当予以订正。

第二十九条　政府统计调查对象可以通过签订合同，委托民间统计调查组织代理统计调查活动。委托合同应当自签订之日起十个工作日内，由委托方报所在地县(市、区)人民政府统计机构备案。

第三十条　政府统计调查对象应当按照法律、行政法规和本条例以及统计调查制度的规定，真实、准确、完整、及时地提供统计调查所需的资料，不得提供不真实或者不完整的统计资料，不得迟报、拒报统计资料。

第三十一条　国家机关、企业事业单位和其他组织，应当以业务活动或者生产经营中形成的原始记录和凭证为依据，记录统计台账、编制统计调查表，并按照统计调查制度的规定报送统计资料。

原始记录、凭证、统计台账、统计调查表等统计资料应当留存归档。

第三十二条　承担经常性政府统计调查任务的国家机关、企业事业单位和其他组织，应当任用、聘用具有统计从业资格或者统计专业技术职务资格的人员从事统计工作。

第五章　机构和人员

第三十三条　县级以上地方人民政府有关部门根据各自职责和统计任务的需要，设立从事统计工作的机构或者明确承担综合统计工作职责的机构，配备相适应的统计人员，并指定统计负责人，在本级人民政府统计机构的指导下负责本部门、本行业的统计工作。

国家级和省级开发园区根据经济和人口规模，明确承担统计工作职责的机构，配备相适应的统计人员，负责统计资料的搜集、整理、汇总、上报以及催报、查询和数据核查工作。

第三十四条　乡镇人民政府和街道办事处根据经济和人口规模，明确承担统计工作职责的机构，配备相适应的统计人员，负责本区域统计工作的组织实施、管理、协调，履行政府综合统计的职能。

基层群众性自治组织应当指定专人负责统计工作。

第三十五条　政府统计机构、统计人员应当依法履行职责，如实搜集、报送统计资料，不得伪造、篡改统计资料，不得以任何方式要求任何单位和个人提供不真实的统计资料，不得有其他违反法律、行政法规和本条例规定的行为。

政府统计机构、统计人员对其负责搜集、审核、录入的统计资料与统计调查对象报送的统计资料的一致性负责。

第三十六条　政府统计机构、有关部门应当对统计人员开展统计专业培训和职业道德教育，提高其综合素质。

统计人员应当接受统计继续教育，提高业务素质和职业道德水平。

统计人员所在单位应当支持和保障统计人员接受统计继续教育，参加统计专业培训。

第六章　监督检查

第三十七条　县级以上地方人民政府及其监察机关，应当对下级人民政府、本级人民政府统计机构和有关部门执行统计法律、行政法规及本条例的情况实施监督。

第三十八条　政府统计机构应当加强对政府统计活动、民间统计调查活动的监督检查，依法查处统计违法行为。政府统计机构在实施监督检查时，有关部门、单位和个人应当予以配合。

第三十九条　县级以上地方人民政府有关部门应当对职责范围内的统计活动实施监督检查，及时向本级人民政府统计机构移送有关涉嫌统计违法的材料，协助查处统计违法案件。

第四十条　政府统计机构应当明确承担统计执法检查职责的内设机构，配备相适应的统计执法检查人员。

第四十一条　政府统计机构在调查统计违法行为或者核查统计数据时，可以发出统计检查查询书。被查询对象收到统计检查查询书后，应当按照规定期限如实书面答复，提供相关证明和资料。

第七章　法律责任

第四十二条　违反本条例规定，政府统计机构或者有关部门有下列行为之一的，由本级人民政府、上级人民政府统计机构、本级人民政府统计机构责令限期改正，予以通报；对直接负责的主管人员和其他直接责任人员，由任免机关或者监察机关依法给予处分：

（一）违反第十一条第一款规定，地方统计调查项目未经批准或者虽经批准但未依法公布，擅自组织实施的；

（二）违反第十二条第二款规定，拒绝向本级人民政府统计机构提供统计所需的行政记录的；

（三）违反第三十五条第一款规定，不依法履行职责，不如实搜集、报送统计资料，伪造、篡改统计资料或者要求政府统计调查对象提供不真实统计资料的；

（四）违反第三十八条、第三十九条规定，不依法履行统计监督检查职责或者不依法查处统计违法行为的。

第四十三条　违反本条例第十五条第一项、第二项、第三项规定，政府统计调查对象未在规定期限内补正的，由政府统计机构责令补正，给予警告；拒不补正的，对企业事业单位或者其他组织处以二千元以上一万元以下罚款，对个体工商户处以二百元以上一千元以下罚款。

第四十四条　违反本条例第十七条规定，地方各级人民政府、政府统计机构或者有关部门、单位的主要负责人及其他负责人有下列行为之一的，由任免机关或者监察机关依法给予处分，并由政府统计机构予以通报：

（一）自行修改统计资料、编造虚假统计数据的；

（二）要求政府统计机构、统计人员或者其他机构、人员拒报、虚报、瞒报或者伪造、篡改统计资料的；

（三）对依法履行职责或者拒绝、抵制统计违法行为的统计人员打击报复的；

（四）对揭发、检举统计违法行为的人员打击报复的；

（五）对本地区、本部门、本单位发生的严重统计违法行为不履行监督管理职责的。

第四十五条　违反本条例第十九条第二款规定，民间统计调查组织超出委托权限或者范围实施统计调查活动的，由政府统计机构责令改正，给予警告，并处一万元以上五万元以下罚款。

第四十六条　违反本条例第二十一条规定，民间统计调查组织者有下列行为之一的，由政府统计机构责令停止调查，给予警告，并处一万元以上五万元以下罚款：

（一）强迫调查对象接受调查的；

（二）冒用政府统计调查的名义组织实施调查的；

（三）欺骗、蒙蔽调查对象的；

（四）未经调查对象同意，对外提供、泄露能够识别或者推断单个调查对象身份的信息和数据的。

民间统计调查组织者冒用政府统计调查的名义组织实施调查，情节严重的，由政府统计机构处以五万元以上十万元以下罚款。

第四十七条　违反本条例第二十二条规定，应当公布统计资料而未公布，或者公布统计资料不符合规定要求的，对直接负责的主管人员和其他直接责任人员由任免机关或者监察机关依法给予处分。

第四十八条　违反本条例第二十四条规定，有下列情形之一的，由政府统计机构责令停止发布、公开更正，给予警告，可以处以五千元以上二万元以下罚款：

（一）民间统计调查组织者发布伪造、篡改的民间统计调查资料，发布时不按照要求说明相关内容，或者不注明资料来源的；

（二）新闻媒体和其他单位、组织对外发布信息引用民间统计调查资料未注明民间统计调查组织者名称，或者伪造、篡改民间统计调查资料的。

第四十九条　违反本条例第三十二条规定，承担经常性政府统计调查任务的国家机关、企业事业单位和其他组织，任用、聘用不具有统计从业资格或者统计专业技术职务资格的人员从事统计工作的，由政府统计机构责令改正，给予警告；拒不改正的，直接负责的主管人员和其他直接责任人员属于国家工作人员的，由任免机关或者监察机关依法给予处分。

企业事业单位或者其他组织有前款行为，拒不改正的，由政府统计机构处以二千元以上一万元以下罚款。

第八章　附　则

第五十条　涉外民间统计调查活动，按照国家有关规定执行。

第五十一条　本条例自 2014 年 5 月 1 日起施行。1989 年 12 月 15 日江苏省第七届人民代表大会常务委员会第十二次会议通过，1997 年 7 月 31 日江苏省第八届人民代表大会常务委员会第二十九次会议修正的《江苏省统计管理条例》同时废止。

中国统计出版社有限公司最新图书简目

（仅供参考，以实际出版为准）

统计资料

中国统计年鉴　中国统计摘要　中国第三产业统计年鉴
中国第三次全国农业普查综合资料　国际统计年鉴　金砖国家联合统计手册
中国－东盟国家统计手册　中国农村统计年鉴　中国县域统计年鉴
中国农产品价格调查年鉴　中国城市统计年鉴　中国价格统计年鉴
中国贸易外经统计年鉴　中国零售和餐饮连锁企业统计年鉴　中国商品交易市场统计年鉴
大中型批发零售和住宿餐饮企业统计年鉴　中国住户调查年鉴　中国工业统计年鉴
中国环境统计年鉴　中国能源统计年鉴　中国建筑业统计年鉴
中国房地产统计年鉴　中国固定资产投资统计年鉴　中国对外直接投资统计公报
中国人口和就业统计年鉴　中国劳动统计年鉴　中国社会统计年鉴
中国科技统计年鉴　中国高技术产业统计年鉴　全国企业创新调查年鉴
中国文化及相关产业统计年鉴　2018 年时间利用调查资料　中国妇女儿童状况统计资料
中国基本单位统计年鉴　中国教育统计年鉴　中国教育经费统计年鉴
中国民族统计年鉴　中国残疾人事业统计年鉴　长江经济带发展统计年鉴

省级综合统计年鉴系列

北京　天津　河北　山西　内蒙古　辽宁　吉林　黑龙江　上海　江苏　浙江　安徽　福建　江西　山东　河南　湖北　湖南　广东　广西　海南　重庆　四川　贵州　云南　西藏　陕西　甘肃　青海　宁夏　新疆　新疆生产建设兵团

市（县）级综合统计年鉴系列

滨海新区　石家庄　唐山　邯郸　保定　沧州　邢台　廊坊　承德　衡水　秦皇岛　张家口　太原　大同　阳泉　长治　晋城　朔州　晋中　运城　忻州　临汾　吕梁　呼和浩特　鄂尔多斯　包头　沈阳　大连　长春　延吉　四平　白山　通化　哈尔滨　齐齐哈尔　黑龙江垦区　上海浦东新区　南京　无锡　徐州　常州　苏州　南通　连云港　淮安　盐城　扬州　镇江　泰州　宿迁　江阴　丹阳　海门　张家港　杭州　宁波　温州　嘉兴　湖州　绍兴　金华　衢州　舟山　台州　丽水　合肥　安庆　福州　厦门　宁德　漳州　龙岩　莆田　泉州　三明　南平　南昌　九江　上饶　新余　抚州　赣州　景德镇　济南　青岛　潍坊　枣庄　潍坊　聊城　郑州　洛阳　平顶山　三门峡　南阳　商丘　信阳　济源　汝州　武汉　十堰　荆州　宜昌　荆门　咸宁　黄冈　长沙　鹰潭　广州　深圳　惠州　东莞　汕尾　湛江　肇庆　南宁　柳州　桂林　贵港　梧州　来宾　河池　防城港　海口　三亚　儋州　成都　内江　贵阳　黔南　毕节　昆明　文山　德宏　西安　延安　安康　铜川　汉中　商洛　银川　兰州　庆阳　乌鲁木齐　昌吉　阿勒泰　兵团一师、二师、三师、四师、六师、七师、八师、十师、十三师、十四师

调查年鉴系列

天津　内蒙古　上海　河南　湖北　湖南　广东　广西　重庆　四川　云南　甘肃　宁夏　南宁　贵港　昆明

统计方法应用/实用手册

Python 数据分析基础（第二版）　医用多元统计分析（第三版）　中华生物统计用表
中国国民经济核算体系（2016）基础知识　国民经济核算初级教程　医学统计学手册
全国统计专业技术资格考试系列考试用书：统计业务知识（第四版修订版）　统计业务知识学习指导与习题
全国统计专业技术资格考试系列考试用书：统计业务知识（第四版）　统计相关知识学习指导与习题

统计通俗读物/统计科普图书

领导干部统计知识问答　《防范和惩治统计造假、弄虚作假督察工作规定》辅导读本
统计新媒体运营指南　统计公文知识问答　理解国民账户　中国古代统计史简编

重点图书

新中国 70 年　第三次全国农业普查农作物面积遥感测量图集　中国第四次经济普查年鉴
新编英汉汉英统计大词典　中国国民经济核算体系 2016　国民经济行业分类注释
挑大学选专业 2019－考研择校指南　挑大学选专业 2019－高考志愿填报指南　中华医学统计百科全书

发行部电话：（010）63376907　63376908　63376909　同椢行书店电话：68783171　68783172
地址：北京市丰台区西三环南路甲 6 号　邮政编码：100073　网址：http://www.zgtjcbs.com